論語365

夏之卷

越古而來的薰風　徐迎人生四季好修養

孫中興 著

夏之卷

目次

公冶長 · 第五

1

子謂公冶長：「可妻也。雖在縲絏之中，非其罪也。」以其子妻之。

孔子評論公冶長這個人：「可以將女兒嫁給這個人。雖然他被關在監牢裡，可是卻不是因為他做錯了事（，而是被冤枉的）。」於是就把自己的女兒嫁給他。

這章是《論語》第五篇〈公冶長〉的開始。這一篇有二十七、二十八，和二十九三種分章節的做法。我根據「中國哲學書電子化計畫」網站，將本章分成二十八章。

皇侃認為：「此篇明時無明君，賢人獲罪者也。所以次前者，言公冶雖在枉濫縲絏，而為聖師證明若不近仁，則曲直難辨，故〈公冶〉次〈里仁〉也。」邢昺則說：「此篇大指明賢人君子仁知剛直，以前篇擇仁者之里而居，故得學為君子，即下云『魯無君子，斯焉取斯』是也，故次〈里仁〉。」朱子認為：「此篇皆論古今人物賢否得失，蓋格物窮理之一端也。」各家說法都同意本章重點在於臧否賢人，所以放在〈里仁〉之後。

公冶長，一說是齊國人（《史記·仲尼弟子列傳》〈72〉），一說是魯國人（《孔子家語·七十二弟子解》〈20〉），是孔子弟子，字子長。個性以能「忍恥」見長。

這章難解的字只有下面幾個：

「子謂公冶長」的「謂」——是「評論」。孔子評論過的人包括季氏（〈八佾1〉）、南容（〈公冶長2〉）、子賤（〈公冶長3〉）、子產（〈公冶長16〉）、顏淵（〈子罕21〉）和衛公子荊（〈子路8〉）。如果「謂」之後有「曰」，就該做「跟某人說話」的意思，如「孔子謂冉有曰」（〈八佾6〉）、「子謂子貢曰」（〈公冶長9〉）、「子謂仲弓曰」（〈雍也6〉）、「子謂子夏曰」（〈雍也13〉）、「子謂顏淵曰」（〈述而11〉）和「子謂伯魚曰」（〈陽貨10〉）。

「可妻也」和「以其子妻之」之「妻」——都當成動詞，念成「氣」，就是「嫁（女兒）」。如果是名詞，《說文解字》：「妻，婦與夫齊者也。」這裡強調「與夫齊者也」，應該有「夫妻平等」的意思在內。我記得毓老師有這麼強調過。

「雖在縲絏之中」的「縲」——音「雷」，是黑色的繩子；「絏」——音「謝」，是捉拿。「縲絏」就是「坐牢」。

大家都知道孔子有個兒子叫孔鯉，往往不知孔子也有女兒，這章就是最好的證據。只是大家都不知道這女兒叫什麼名字，其他更是一無所知。順便一說，孔子也有姊姊（《禮記·檀弓上》〈48〉提到過孔子姊姊的喪禮），當然也是不知其名。這是女人沒有名字的時代。

另外，孔子沒明說公冶長為何冤枉入獄。所以後來的好事者就編造了古書都沒記載的「江湖傳說」。皇侃的注解中就有這本《論釋》對此的記載：有一天公冶長從衛國回到魯國，走到邊界時，聽到一群鳥在呼朋引伴到清溪去吃死人肉。不久，他看到一位老太太在路上哭泣。公治長問老太太，才知道她的兒子久不返家，應該是已經死了，只是不知道命喪何處。公治長於是主動告知他聽到一群鳥的話，推測老太太的兒子應該就死在清溪。老太太去了一看，果然。於是她將這件事告訴村里的長官，長官問她從何得知，她便如實以告。村里的長官推斷：人應該是公治長殺的，不然他怎麼會知道人死在哪裡？就這樣把他抓去坐牢。公治長覺得冤枉，辯解說自己聽得懂鳥語，不是凶手。村官不信，關了他六十天。直到有天監獄外飛來一群麻雀，嘰嘰喳喳說個不停，公治長聽了就笑。村官好奇，問公治長麻雀說了什麼？公治長轉述麻雀說有個地方翻了車，車上糧食都落在了地上，麻雀吃了好高興。村官不信，派人去查，結果確有此事。公治長還聽得懂豬和燕子講話，而且後來都查證屬實，村官於是最後把他放了。

小時候我聽讀過私塾的父親講過這個故事，至今記憶猶新。後來才知道西方也有個聽得懂動物講話的醫生杜立德，應該可以稱為「西方的公治長」吧！

東漢的王充質疑孔子的做法不妥當：他認為孔子嫁女兒給公治長的原因，一個可能是因為公治長已經三十歲；如果是這樣，就不應該說他因冤獄坐牢。如果是因為他的品德高尚，也不應該提到因冤獄坐牢的事。孔門中有德行者多矣，很多人沒有結婚，孔子可以將女兒嫁給這些人中的任何一位，不需廣為宣傳。如果是因為公治長的德行比別人強太多了，就應表揚他的德行，不必說他坐牢的事。孔子這裡只強調他的無辜，沒說他有什麼德行，就這樣把女兒嫁了，實在有欠考慮。如果要強調公治長的賢，也應該像下一章那樣才對啊！

欲知下一章到底說了什麼，且聽下回分解。

附錄

《禮記・檀弓上》〈48〉孔子與門人立，拱而尚右，二三子亦皆尚右。**孔子曰**：「二三子之嗜學也，我則有**姊**之喪故也。」二三子皆尚左。

《論衡・問孔》〈14〉問曰：孔子妻**公冶長**者，何據見哉？據年三十可妻邪？見其行賢可妻也？如據其年三十，不宜稱在縲紲；如見其行賢，亦不宜稱在縲紲。何則？諸入孔子門者，皆有善行，故稱備徒役。徒役之中，無妻則妻之耳，不須稱也。如徒役之中多無妻，**公冶長**尤賢，故獨妻之，則其稱之，宜列其行，不宜言其在縲紲也。何則？世間彊受非辜者多，未必盡賢人也。恆人見枉，眾多非一。必以非辜為孔子所妻，則是孔子不妻賢，妻冤也。案孔子之稱**公冶長**，有非辜之言，無行能之文。實不賢，孔子妻之，非也；實賢，孔子稱之不具，亦非也。誠似妻南容云：「國有道，不廢；國無道，免於刑戮。」具稱之矣。

2

子謂南容：「邦有道，不廢；邦無道，免於刑戮。」以其兄之子妻之。

孔子評論南容：「諸侯邦家政治清明的時候，自己能夠為諸侯所重用；諸侯邦家政治混亂時，自己又可以逃避牢獄之災。」所以就將自己姪女嫁給他。

成就這章的原因，是孔子因為南容的德行而將其姪女嫁給他。

「南容」是孔子弟子，古注出現過五個不同名字的說法：「括」、「适」、「韜」、「說」、「閱」，莫衷一是（不厭其煩的人可以參考劉寶楠的注解）。他的字是子容，這點是有共識的（《史記·仲尼弟子列傳》〈74—75〉和《孔子家語·七十二弟子解》〈21〉），《孔子家語》還說他「以智自將，世清不廢，世濁不污」，大致就是本章的意思。陸德明的《經典釋文》說他是「孟僖子之子」，所以也是個官二代，而且是風評比較好的官二代。朱子的介紹最詳細：「南容，孔子弟子，居南宮，名縚，又名适，字子容，謚敬叔，孟懿子之兄也。」如果他是南宮敬叔，他就曾經受其父孟釐子的遺命跟孔子學過禮

（《史記・孔子世家》〈4〉），他還跟魯君申請一起和孔子到周的國都去訪問過（《史記・孔子世家》〈6〉）。不過，程樹德認為南容和南宮敬叔是不同的兩個人。

承前章的將女兒嫁給「公冶長」，這裡孔子也是因為「南容」德行足以知進退存亡之道，所以主婚將姪女嫁給他；特別是因為他比起公冶長能「免於刑戮」，有更多的「德行」。在後面的章節中，還有一段記載，說明南容是因為每天多次誦讀「白圭」之詩，提醒自己不可以被社會大染缸給汙染，孔子才將自己的姪女嫁給他（〈先進6〉）；這應該是弟子在傳述同一件事情時著重的重點不同。總之，「南容」是個「有為有守的君子」這點沒有疑問。可是，他並沒有列名孔門的「德行四傑」（顏淵、閔子騫、冉伯牛、仲弓），可能是因為他不算是孔門弟子，或是他的德行還排不上前四名，或因為他是親戚，避嫌比較好，也或者是「孔門四科」的排行，其實是有漏網之魚的。

這章特別強調「邦有道」和「邦無道」（有些古籍是「國有道」和「國無道」）的對舉，其實就是一個人在這兩種極端狀況時所做的「進退存亡」的選擇。

孔子讚許南容在「邦有道」的時候，因為自己的德行和才能被君上重用；「邦無道」的時候，又會隱居求志，不被牽連入獄。這人顯然是《易經・乾卦》〈24〉所讚揚的「進退存亡而不失其正」的「大人」。孔子在哥哥過世後，主婚將姪女嫁給這麼一位優秀的青年，這段話於是好像是婚禮上主婚人誇獎新郎的致詞。

「廢」——有「黜」（戴望）、「舍」（劉寶楠）兩種意思；負面的「不廢」，就是「見任用」（王弼）的意思。

「兄之子」——指孔子同父異母的哥哥，腳有殘疾的「孟皮」（也叫伯尼，像個英文名字）的女兒。因為當時孟皮過世了，所以孔子代替他主婚。

從東漢王充開始，就有不少古人拿這章和上一章對比，認為孔子厚待自己的姪女，讓她嫁給才德兼備的南容，卻把自己的女兒嫁給受冤枉但不知德行如何的「公治長」。這種說法認為孔子是「厚彼薄己」。有些古注就此替孔子辯解：皇侃認為，這不是同時發生的事，而且兩女的年紀不同，孔子是因應不同的狀況才做不同的決定。朱子注引用程子的說法，也與此類似。

《論語》中還有另外五個段落強調「邦有道」和「邦無道」兩種極端狀況時的自處之道〔參考附錄〕。這一直是「士」或「君子」所要面臨的「進退存亡」抉擇問題。「擇不處仁，焉得知？」〈里仁1〉

最後順便一提，孔子的這個姪女，後來在她婆婆過世時還受過孔子教誨，講述應有的喪禮髮飾「髽」〔音「抓」〕禮節。（《孔子家語・曲禮子貢問》〈18〉）

現在父母對嫁女兒一事大概都插不上嘴，只有等著被告知出錢和參加婚禮，姪女的婚禮就更難管得著了。結婚管不著，不結婚也管不著，就算父母到「相親公園」去招親，也很難讓現代年輕人感受到「父母之恩」。大家都得學著「與時俱進」。

附錄

《孔子家語・曲禮子貢問》〈18〉南宮縚之妻，孔子之兄女，喪其姑，夫子誨之髽，曰：「爾毋從從爾，毋扈扈爾。」蓋榛以為笄，長尺，而總八寸。

《史記・仲尼弟子列傳》〈74—75〉**南宮括**，字子容。問孔子曰：「羿善射，奡盪舟，俱不得其死然；禹稷躬稼而有天下？」孔子弗答。容出，孔子曰：「君子哉若人！上德哉若人！」「國有道，不廢；國無道，免於刑戮。」三復「白珪之玷」，以其兄之子妻之。

《孔子家語・七十二弟子解》〈21〉**南宮韜**，魯人，字子容。以智自將，世清不廢，世濁不污。孔子以兄子妻之。

《史記・孔子世家》〈4〉孔子年十七，魯大夫孟釐子病且死，誡其嗣懿子曰：「孔丘，聖人之後，滅於宋。其祖弗父何始有宋而嗣讓厲公。及正考父佐戴、武、宣公，三命茲益恭，故鼎銘云：『一命而僂，再命而傴，三命而俯，循墻而走，亦莫敢余侮。饘於是，粥於是，以餬余口。』其恭如是。吾聞聖人之後，雖不當世，必有達者。今孔丘年少好禮，其達者與？吾即沒，若必師之。」及釐子卒，懿子與魯人南宮敬叔往學禮焉。是歲，季武子卒，平子代立。

——〈6〉魯南宮敬叔言魯君曰：「請與孔子適周。」魯君與之一乘車，兩馬，一豎子俱，適周問禮，蓋見老子云。辭去，而老子送之曰：「吾聞富貴者送人以財，仁人者送人以言。吾不能富貴，竊仁人之號，送子以言，曰：『聰明深察而近於死者，好議人者也。博辯廣大危其身者，發人之惡者也。為人子者毋以有己，為人臣者毋以有己。』」孔子自周反於魯，弟子稍益進焉。

《大戴禮記・衛將軍文子》〈13〉獨居思仁，公言言義；其聞之詩也，一日三復白圭之玷，是**南宮縚**之行也。夫子信其仁，以為異姓。

《論衡・問孔》〈14〉問曰：孔子妻公冶長者，何據見哉？據年三十可妻邪？見其行賢可妻也？如據其年三十，不宜稱在縲紲；如見其行賢，亦不宜稱在縲紲。何則？諸入孔子門者，皆有善行，故稱備徒役。徒役之中，無妻則妻之耳，不須稱也。如徒役之中多無妻，公冶長尤賢，故獨妻之，則其稱之，宜列其行，不宜言其在縲紲也。何則？世間彊受非辜者多，未必盡賢人也。恆人見枉，眾多非一。必以非辜為孔子所妻，則是孔子不妻賢，妻冤也。案孔子之稱公冶長，有非辜之言，無行能之文。實不賢，孔子妻之，非也；實賢，孔子稱之不具，亦非也。誠似妻南容云：「**國有道**，不廢；**國無道**，免於刑戮。」具稱之矣。

《禮記．中庸》〈10〉子路問強。子曰：「南方之強與？北方之強與？抑而強與？寬柔以教，不報無道，南方之強也，君子居之。衽金革，死而不厭，北方之強也，而強者居之。故君子和而不流，強哉矯！中立而不倚，強哉矯！**國有道**，不變塞焉，強哉矯！**國無道**，至死不變，強哉矯！」

——〈28〉大哉，聖人之道！洋洋乎發育萬物，峻極於天。優優大哉！禮儀三百，威儀三千，待其人然後行。故曰：苟不至德，至道不凝焉。故君子尊德性而道問學，致廣大而盡精微，極高明而中庸。溫故而知新，敦厚以崇禮。是故居上不驕，為下不倍；**國有道**，其言足以興，**國無道**，其默足以容。《詩》曰：「既明且哲，以保其身。」其此之謂與！

《春秋繁露．身之養重於義》〈1〉仲尼曰：「**國有道**，雖加刑，無刑也。**國無道**，雖殺之，不可勝也。」其所謂有道、無道者，示之以顯德行與不示爾。

《大戴禮記．曾子制言》〈下2〉**國有道**，則突若入焉；**國無道**，則突若出焉，如此之謂義。

《孔子家語》〈三恕11〉子路問於孔子曰：「有人於此，披褐而懷玉，何如？」子曰：「**國無道**，隱之可也；**國有道**，則衮冕而執玉。」

——〈正論解22〉樊遲問於孔子曰：「鮑牽事齊君，執政不撓，可謂忠矣，而君刖之。其為至闇乎？」孔子曰：「古之士者，**國有道**則盡忠以輔之，**無道**則退身以避之。今鮑莊子食於淫亂之朝，不量主之明暗，以受大刑，是智之不如葵，葵猶能衛其足。」

《論衡・指瑞》〈3〉案人操行，莫能過聖人，聖人不能自免於厄，而鳳、麟獨能自全於世，是鳥獸之操，賢於聖人也。且鳥獸之知，不與人通，何以能知**國有道**與**無道**也？人同性類，好惡均等，尚不相知，鳥獸與人異性，何能知之？人不能知鳥獸，鳥獸亦不能知人，兩不能相知，鳥獸為愚於人，何以反能知之？儒者咸稱鳳皇之德，欲以表明王之治，反令人有不及鳥獸，論事過情，使實不著。

《史記・管晏列傳》〈7〉晏平仲嬰者，萊之夷維人也。事齊靈公、莊公、景公，以節儉力行重於齊。既相齊，食不重肉，妾不衣帛。其在朝，君語及之，即危言；語不及之，即危行。**國有道**，即順命；**無道**，即衡命。以此三世顯名於諸侯。

《列女傳・柳下惠妻》〈1〉魯大夫柳下惠之妻也。柳下惠處魯，三黜而不去，憂民救亂。妻曰：「無乃瀆乎！君子有二恥。**國無道**而貴，恥也；**國有道**而賤，恥也。今當亂世，三黜而不去，亦近恥也。」柳下惠曰：「油油之民，將陷於害，吾能已乎！且彼為彼，我為我，彼雖裸裎，安能污我！」油油然與之處，仕於下位。柳下既死，門人將誄之。妻曰：「將誄夫子之德耶，則二三子不如妾知之也。」乃誄曰：「夫子之不伐兮，夫子之不竭兮，夫子之信誠而與人無害兮，屈柔從俗，不強察兮，蒙恥救民，德彌大兮，雖遇三黜，終不蔽兮，愷悌君子，永能厲兮，嗟乎惜哉，乃下世兮，庶幾遐年，今遂逝兮，嗚呼哀哉，魂神泄兮，夫子之謚，宜為惠兮。」門人從之以為誄，莫能竄一字。君子謂柳下惠妻能光其夫矣。《詩》曰：「人知其一，莫知其他。」此之謂也。

3

子謂子賤：「君子哉若人！魯無君子者，斯焉取斯？」

孔子評論子賤這個人：「真是個君子啊，這個子賤！魯國要是沒有很多君子幫著他，大概他也不會有現在〔治理單父〕的成就吧？」

這章接著上兩章，提到公冶長和南容兩位，之後提到孔子的弟子「子賤」。

「若人」——是「如此人也」（皇侃）或「此人也」（戴望）。「斯焉取斯」——第一個「斯」是指「斯此人」（朱子），就是「子賤這個人」。「焉」是「安」（皇侃），就是「怎麼會」。第二個「斯」是指「斯此德」，也就是「這樣的治理單父的成就」，朱子說是「此德」，就是「君子之德」，劉寶楠引用《呂氏春秋・察賢》認為是指他治理「單父」的成就。

「子賤」姓「宓」，名「不齊」，字「子賤」。比孔子小三十歲（《史記・仲尼弟子列傳》〈65—67〉），和孔門第一弟子顏淵同年。一說小孔子四十歲（《孔子家語・七十二弟子解》〈15〉），那就比顏淵要小十歲。他曾經當過「單父」這個地方的主管，很有智慧，對百姓很好，受到百姓的愛戴。孔子因此在這裡誇獎他，順便指出魯國有不少君子幫著他，強調團隊合作，不是一個人的功勞。

子賤在《論語》中只出現這麼一次，孔子在這節又沒明說子賤到底做了什麼值得被誇是「君子」，讓讀《論語》的人好生疑惑。

其實如果大家用「子賤」作關鍵字，在「中國哲學書電子化計畫」網站上，可以找到許多漢朝書籍上對他的事蹟描述，其中有不少是重複的（可參考本節附錄）。

綜合來說，和子賤有關的幾個故事如下：第一則是說他主管「單父」的時候，每天啥事不做，只彈琴，大門不出二門不邁，像個「宅男」，可是那地方的治安可好得很。換上了巫馬期來主管同一個地方，事必躬親、早出晚歸，忙得像條狗似的，也是把這地方管理得很好。巫馬期搞不懂為什麼兩人不同的「管理模式」都可以造成同樣的結果，就去請教子賤。子賤的分析是：自己任用賢能，借力使力，是「任人」；巫馬期不相信別人，只相信自己，是「任力」。（《說苑・政理》〈23〉、《韓詩外傳・卷二》〈24〉和《呂氏春秋・開春論》〈察賢2〉）

第二則故事：孔子請教子賤治理「單父」的「祕訣」。子賤的回答其實也是孔子說過的：讓當爸爸的有爸爸的樣子，當兒子的有兒子的樣子，照顧好沒父母的孤兒，老百姓有喪事我都跟著哀悼——就這樣。可是孔子認為應該不只如此。於是子賤又說了他任用賢能的人，其中有三位有孝行，有五人有「弟行」（恭敬對待任何長輩），有十一人是很好的教學楷模。孔子認為這樣應該還是不夠。子賤就又說，我常常向本地五位比我有才德的人請教，他們都會教我治理之術。孔子認為這樣「舉賢才」（〈子路2〉）以及「就有道而正焉」（〈學而14〉）才正是治理的王道。他也因此讚嘆，如果可以讓子賤治理更大的邦國，那麼他一定可以繼承堯舜那樣的德政。（《說苑・政理》〈24〉、《孔子家語・辯政》〈7〉和《韓詩外傳・卷八》〈10〉）

第三則故事：子賤要去「單父」上任前，向孔子辭行，孔子告誡他當官要能高深莫測（讀《論語》到現在，你什麼時候看到孔子這麼說過？所以這應該是謠言）。上任路途中碰到一個叫「陽晝」的人，子賤跟他請益，對方以釣魚的經驗回應：有種叫「陽橋」的魚很容易上鉤，但是魚肉不鮮美；魴魚通常好像要上鉤又不上鉤的，味道最好。子賤受教之後，便到了「單父」。有一幫人列隊歡迎他，他並沒有停車，把這些人看作「陽橋」，接著又將該地的賢能之士當成「魴魚」，邀請他們一起共同治理「單父」。（《說苑・政理》〈25〉）

第四則故事：孔蔑（有說是孔子的弟子，或說是他姪子）和子賤一起當官。孔子問孔蔑當官後有何得失？孔蔑說無所得，卻有三種失：其一、一旦忙起公事，就不得學習，這樣就學不好；其二、薪水太少，不夠招待親戚，所以就疏於來往；其三、公事太忙，親朋好友的紅白喜事或生病都無法到場致意，所以就都疏遠了。孔子聽完，很不高興，就去見子賤。孔子問他同樣的問題。子賤卻有相反的回答：沒什麼損失，倒是收穫有三。其一、以前學的東西現在都用得上，所以學問日益精進；其二、薪水雖然少，但是還有餘力幫助親戚，所以和親戚越走越近；其三、公事雖然忙碌，但是每次都能去弔喪探病，朋友間變得更親近。孔子聽完，感動不已，於是說了本章的話。（《說苑・政理》〈26〉）

第五則故事是說：魯君剛開始要聘子賤來主管單父時，他並沒有馬上答應，而是請魯君派兩位擅於寫書法的人來。這兩個人來了以後，子賤每次在他們寫字的時候都從旁推擠他們的手肘，讓他們寫不成漂亮的字。這兩人一氣之下請辭回去告訴魯君，不過魯君一聽就知道，子賤的用意是怕魯君在他背後下指導棋，就全權信任他，單父的教化也因此才能成功。於是，孔子講了這章的話來誇獎子賤的美德。（《新序・雜事二》〈36〉）

第六則故事是子賤在治理單父時，孔子的弟子有若問他說：「您有擔心害怕的事情嗎？」子賤謙虛的說自己的能力差，怕辜負了魯君讓他治理的好意，所以常常擔心害怕。有若就告訴他說：「以前舜治天下，也只是彈彈琴、唱唱詩，天下就自然治理了。現在你連單父這種小地方都管不好，還擔心害怕，將來怎麼能治理天下呢？你要學點治術，這樣才能無為而治，否則無術而治，終究一事無成，怕也沒用。」（《韓非子・外儲說左上》〈9〉）這個故事出自《韓非子》，借題發揮「治術」的重要性，其他古書都沒這麼說。可見不同門派，都有自己一套有關子賤的故事。

最後，司馬遷曾經記載，古書上比較過以下這三個人治理的政績和人民的反應：「子產治鄭，民不能欺；子賤治單父，民不忍欺；西門豹治鄴，民不敢欺。」最後司馬遷還問：「這三個人哪個最賢能？大家應該可以做出區別。」（《史記・滑稽列傳》〈26〉）

看來，子賤的政績應該可以列入「政事門」才對。

附錄

《說苑・政理》〈23〉 **宓子賤**治單父，彈鳴琴，身不下堂而單父治。巫馬期亦治單父，以星出，以星入，日夜不出，以身親之，而單父亦治。巫馬期問其故於**宓子賤**，**宓子賤**曰：「我之謂任人，子之謂任力；任力者固勞，任人者固佚。」人曰**宓子賤**，則君子矣，佚四肢，全耳目，平心氣而百官治，任其數而已矣。巫馬期則不然，弊性事情，勞煩教詔，雖治猶未至也。

——〈24〉孔子謂宓子賤曰：「子治單父而眾說，語丘所以為之者。」曰：「不齊父其父，子其子，恤諸孤而哀喪紀。」孔子曰：「善小節也小民附矣，猶未足也。」曰：「不齊也，所父事者三人，所兄事者五人，所友者十一人。」孔子曰：「父事三人，可以教孝矣；兄事五人，可以教弟矣；友十一人，可以教學矣。中節也，中民附矣，猶未足也。」曰：「此地民有賢於不齊者五人，不齊事之，皆教不齊所以治之術。」孔子曰：「欲其大者，乃於此在矣。昔者堯、舜清微其身，以聽觀天下，務來賢人，夫舉賢者，百福之宗也，而神明之主也，不齊之所治者小也，不齊所治者大，其與堯、舜繼矣。」

——〈25〉宓子賤為單父宰，辭於夫子，夫子曰：「毋迎而距也，毋望而許也；許之則失守，距之則閉塞。譬如高山深淵，仰之不可極，度之不可測也。」子賤曰：「善，敢不承命乎！」宓子賤為單父宰，過於陽晝曰：「子亦有以送僕乎？」陽晝曰：「吾少也賤，不知治民之術，有釣道二焉，請以送子。」子賤曰：「釣道奈何？」陽晝曰：「夫扱綸錯餌，迎而吸之者也，陽橋也，其為魚薄而不美；若存若亡，若食若不食者，魴也，其為魚也博而厚味。」宓子賤曰：「善。」於是未至單父，冠蓋迎之者交接於道，子賤曰：「車驅之，車驅之。」夫陽晝之所謂陽橋者至矣，於是至單父請其耆老尊賢者而與之共治單父。

——〈26〉孔子弟子有孔蔑者，與宓子賤皆仕，孔子往過孔蔑，問之曰：「自子之仕者，何得、何亡？」孔蔑曰：「自吾仕者未有所得，而有所亡者三，曰：王事若襲，學焉得習，以是學不得明也，所亡者一也。奉祿少鬻，鬻不足及親戚，親戚益疏矣，所亡者二也。公事多急，不得弔死視病，是以朋友益疏矣，所亡者三也。」孔子不說，而復往見子賤曰：「自子之仕，何得、何亡也？」子賤曰：「自吾之仕，未有所亡而所得者三：始誦之文，今履而行之，是學日益明也，所得者一也。奉祿雖少鬻，鬻得及親戚，是以親戚益親也，所得者二也。公事雖急，夜勤，弔死視病，是以朋友益親也，所得者三也。」孔子謂子賤曰：「君子哉若人！君子哉若人！魯無君子也，斯焉取斯？」

《新序・雜事二》〈36〉魯君使宓子賤為單父宰，子賤辭去，因請借善書者二人，使書憲為教品；魯君予之。至單父，使書，子賤從旁引其肘，書醜則怒之，欲好書則又引之，書者患之，請辭而去。歸以告魯君，魯君曰：「子賤苦吾擾之。使不得施其善政也。」乃命有司無得擅徵發單父，單父之化大治。故孔子曰：「君子哉子賤，魯無君子者，斯安取斯？」美其德也。

《韓非子・外儲說左上》〈9〉宓子賤治單父，有若見之曰：「子何臞也？」宓子曰：「君不知賤不肖，使治單父，官事急，心憂之，故臞也。」有若曰：「昔者舜鼓五絃之琴，歌南風之詩而天下治。今以單父之細也，治之而憂，治天下將奈何乎？故有術而御之，身坐於廟堂之上，有處女子之色，無害於治；無術而御之，身雖瘁臞，猶未有益。」

《史記・滑稽列傳》〈26〉傳曰：「子產治鄭，民不能欺；子賤治單父，民不忍欺；西門豹治鄴，民不敢欺。」三子之才能誰最賢哉？辨治者當能別之。

4

子貢問曰：「賜也何如？」子曰：「女器也。」曰：「何器也？」曰：「瑚璉也。」

子貢請問孔子：「那我怎麼樣？」孔子回答說：「你就是個器。」子貢又問：「什麼樣的器呢？」孔子說：「瑚璉。」

這章孔子把子貢比做瑚璉。

此段話沒有開頭，有人認為和前幾章有關。子貢聽完孔子先後評論完公冶長、南容和子賤，想聽一聽孔子對自己的看法，所以有此一問。皇侃和朱子就是這麼想的。劉寶楠的想法略有不同。他認為孔子評論弟子並不是只有這一次，是後來的記載者將這些評論放在一起，所以不同意前面的看法。兩種說法都有道理。司馬遷把這段話定位在子貢剛入孔門時發生的事（《史記・仲尼弟子列傳》〈37〉）。

這段話的關鍵是「瑚璉」。孔子以「瑚璉」比喻子貢，到底是誇還是貶，還是另有意思？

從褒獎的立場來看，「瑚璉」是指「祭拜宗廟的貴器」。包咸最早就說：「瑚璉，黍稷器也。夏曰瑚；殷曰璉；周曰簠簋，宗廟器之貴者也。」後來的古注大都遵循這樣的解釋。邢昺還說：「此章明弟子子貢之德也。」朱子也特別解釋：「器者，有用之成材。」劉寶楠認為，孔子說過：「賜也達，於從政乎何有？」（〈雍也8〉），所以才比喻他是「宗廟貴器」。

從玩笑立場來看的，只有黃懷信。他說：「孔子比子貢為瑚璉，蓋言其祇能盛黍稷，猶今人罵人飯桶，戲辭也。」我認為這是很有意思的解釋。可以看出孔門活潑的生氣。這是用幽默模式來看孔子，比起傳統的「嚴肅模式」要能多出點「味道」，至於「到位」與否，大概只有孔子知道了。

另外也很有趣的是，孔子也說過「君子不器」〈為政12〉，這裡又說子貢是「器」。如果照「三段論法」來看：「君子不器」，而「子貢是器」，所以「子貢不是君子」。孔子如果這麼拐彎抹角罵子貢，或開子貢玩笑，這不讓子貢生氣才怪。孔子可能會再安慰他說：我說的是：「君子不『氣』，你怎麼就生氣了呢？」從幽默社會學的立場來看，通常有權力的人可以和相對沒權力的人開玩笑。孔門之中就有這種「開玩笑關係」。歷來的古注都太過嚴肅，關閉了後人欣賞「孔門之樂」的機會。是吧？孔老夫子？我這樣說，您老沒生氣吧？

至於本章的關鍵字「器」，孔安國說是「器用之人也」；朱子說是「有用之成材」。毓老師強調的是「容人之量」或是「器量」。「器」在《論語》中有著不同的意思，但並非都是不好的意思：孔子評論「管仲之器小哉」，批評的不是管仲的奢或儉、知禮或不知禮的層次，而是他的「器量」（〈八佾22〉）；孔子提到過居上位的人在讓人民服勞役時，應該「器之」，也就是「因才任事」（〈子路25〉），才能發揮最大的效果；子貢問行仁之道時，孔子告誡他「工欲善其事，必先利其器」（〈衛靈公10〉）。其他儒家經典，也強調「玉不琢，不成器，人不學，不知道」（《禮記・學記》〈2〉）〔後來童蒙讀物《三字經》將最後一句改為「不知義」〕；《禮記．學記》〈17〉也強調「大道不器」是志於學的人必須明察的四大務本之道之一。

最有意思的是西漢賈誼（西元前二〇〇—西元前一六八年）說過：「士能言道而弗能行者謂之器。」（《新書．卷九》〈4〉）。如果孔子說的是這裡的意思，就和孔子死後子貢去拜訪原憲，被原憲批評的「學而不能行之謂病」（《韓詩外傳．卷一》〈9〉、《孔子家語．七十二弟子解》〈6〉、《莊子．讓王》〈9〉和《史記．仲尼弟子列傳》〈71〉）不謀而合。

這種用「器」或「病」來表示「學而不能行」最足以為天下讀書人深自警惕。難道孔子說的「器」，是雙關語？

附錄

《史記．仲尼弟子列傳》〈37〉子貢既已受業，問曰：「**賜何人也？**」**孔子曰：「汝器也。」曰：「何器也？」曰：「瑚璉也。」**

《禮記》〈學記2〉玉不琢，不成器；人不學，不知道。是故古之王者建國君民，教學為先。《兌命》曰：「念終始典於學。」其此之謂乎！

——〈17〉君子曰：大德不官，大道不器，大信不約，大時不齊。察於此四者，可以有志於學矣。三王之祭川也，皆先河而後海；或源也，或委也。此之謂務本。

《新書．卷九》〈4〉故士能言道而弗能行者謂之器，能行道而弗能言者謂之用，能言之能行之者謂之實。

《揚子法言・先知卷第九》〈11〉或曰：「齊得夷吾而霸，仲尼曰小器。請問大器。」曰：「大器其猶規矩準繩乎？先自治而後治人之謂大器。」

《韓詩外傳・卷一》〈9〉原憲居魯，環堵之室，茨以蒿萊，蓬戶甕牖，桷桑而無樞，上漏下濕，匡坐而絃歌。子貢乘肥馬，衣輕裘，中紺而表素，軒不容巷，而往見之。原憲楮冠黎杖而應門，正冠則纓絕，振襟則肘見，納履則踵決。子貢曰：「嘻！先生何病也！」原憲仰而應之曰：「憲聞之：無財之謂貧，學而不能行之謂病。憲、貧也，非病也。若夫希世而行，比周而友，學以為人，教以為己，仁義之匿，車馬之飾，衣裘之麗，憲不忍為之也。」子貢逡巡，面有慚色，不辭而去。原憲乃徐步曳杖，歌商頌而反，聲淪於天地，如出金石。天子不得而臣也，諸侯不得而友也。故養身者忘家，養志者忘身，身且不愛，孰能忝之。《詩》曰：「我心匪石，不可轉也；我心匪席，不可卷也。」

《孔子家語・七十二弟子解》〈6〉端木賜，字子貢，衛人。少孔子三十一歲，有口才著名，孔子每詘其辯。家富累千金，常結駟連騎，以造原憲。憲居蒿廬蓬戶之中，與之言先王之義，原憲衣弊衣冠，並日蔬食，衎然有自得之志。子貢曰：「甚矣！子如何之病也。」原憲曰：「吾聞無財者謂之貧，學道不能行者謂之病。吾貧也，非病也。」子貢慚。終身恥其言之過。子貢好販，與時轉貨，歷相魯衛而終齊。

《莊子・讓王》〈9〉原憲居魯，環堵之室，茨以生草，蓬戶不完，桑以為樞而甕牖，二室，褐以為塞，上漏下溼，匡坐而弦。子貢乘大馬，中紺而表素，軒車不容巷，往見原憲。原憲華冠縰履，杖藜而應門。子貢曰：「嘻！先生何病？」原憲應之曰：「憲聞之：『無財謂之貧，學而不能行謂之病。』今憲，貧也，非病也。」子貢逡巡而有愧色。原憲笑曰：「夫希世而行，比周而友，學以為人，教以為己，仁義之慝，輿馬之飾，憲不忍為也。」

《史記·仲尼弟子列傳》〈71〉孔子卒，原憲遂亡在草澤中。子貢相衛，而結駟連騎，排藜藿入窮閻，過謝原憲。憲攝敝衣冠見子貢。子貢恥之，曰：「夫子豈病乎？」原憲曰：「吾聞之，無財者謂之貧，學道而不能行者謂之病。若憲，貧也，非病也。」子貢慚，不懌而去，終身恥其言之過也。

5

或曰：「雍也，仁而不佞。」子曰：「焉用佞？禦人以口給，屢憎於人。不知其仁，焉用佞？」

有人批評仲弓：「有仁德，可惜沒口才。」孔子回答說：「靠口才有什麼用呢？光靠口才（而沒有德行），常讓人討厭。仲弓是否可以稱得上『仁』我不敢說，但是口才有什麼用呢？」

這章還是在評論弟子，順便提到「仁」和「佞」的道德優位關係。這裡提到的「雍」，是孔子弟子，姓冉，名雍，字仲弓（《史記・仲尼弟子列傳》〈12〉和《孔子家語・七十二弟子解》〈4〉）。他的出身不好，孔子曾經鼓勵他，看好他的成就斐然（〈雍也6〉）。他在「孔門四科」中，列名「德行科」第四位（〈先進3〉）但其實在古代文獻中，他除了德行之外，還有「政事」方面的成就，孔子曾經誇過他「可使南面（治國）」（〈雍也1〉），他也說過居上位者應該「居竟以行簡以臨其民」（〈雍也2〉），他還當過季氏的家臣（〈子路2〉）也算是有德有才，能知又能行的孔門弟子。

這裡稍微難一點的句子是「禦人以口給」。「禦」——有說是「猶對也」（皇侃）、「當也，猶應答也」（朱子），或是「禁」（《爾雅．釋言》）；「給」——唸成「己」，有很多樣的解釋：「捷」（皇侃）、「辨」（朱子）、「疾」（戴望）、「足」（劉寶楠）。這樣一來，整句話的解釋也會有差異。簡單來說，口才好的人和人應對時，不管有理沒理，都以口才好、反應快取勝。特別是沒理由還說得頭頭是道、不知反省，這樣常常會讓人討厭。所以光是口才好而沒有仁德為底蘊，這又有什麼用呢？〔我這裡補充了很多我認為孔子蘊含著卻沒說出的意思，有人認為這叫「增字解經」，也是讓人討厭的。〕

從這裡可以看出來一般人認為「仁」和「佞」這兩個造型很像的字，應該指涉的德行也差不多。阮元就認為原來「佞」的意思很多元，並不是只有「口才好」單一的解釋，還包括：巧、材、柔等意思，不完全是貶義。所以有人覺得仲弓只做到「仁」，沒做到「佞」，恐怕也只是說雖未達上層境界，但是也不錯了。這個人顯然認為「仁」很容易做到，「佞」則難。

孔子對於「仁」和「佞」的觀念顯然和一般人不同，這就是他在「思想上的革命」，賦予舊字新的意義。他極度討厭口才好的這種「佞」（參見〈雍也16〉、〈先進25〉、〈憲問32〉、〈衛靈公11〉和〈季氏4〉），有時他也稱之為「巧言」（〈學而3〉、〈公冶長25〉、〈衛靈公27〉和〈陽貨17〉），也不輕意誇讚人「仁」（〈公冶長8〉），甚至認為仁者講話謹慎（「仁者其言也訒」〈顏淵3〉），特別不強調「好口才」，他認為「辭達而已矣」（〈衛靈公41〉），所以給了這麼個「不褒亦不貶」的答案。這可能也是孔門中雖有「言語科」，但是「言語二傑」的宰我和子貢，常讓孔子生氣的原因。

冉雍有一次請教孔子有關仁德的問題，孔子回答他說：「到任何場合都要像是會見重要賓客一樣的恭敬慎重，要讓人民服勞役時，要像舉辦重大祭祀典禮那樣恭敬慎重。自己不想要別人強加在身上的事情，也不要強加在人民身上。這樣不管是在諸侯治理的領域還是士大夫所管轄的領域，都不會引起人民的怨恨。」（〈顏淵2〉）孔子的教誨，都是建議以戒慎恐懼的同理心來治理人民，沒有一個字提到「佞」這種要讓人民聽到覺得舒服、好聽的政治謊言。

其他秦漢古籍中還有冉雍請教孔子「刑」和「政」的問題：他說到夏朝和商朝的亡國之君都是「用刑而不用政」，而周朝的成康之治則是「用政不用刑」，請教孔子有沒有這回事。孔子就告訴他：「聖人之治化也，必刑政相參。」最好的做法是「以德教民，而以禮齊之」；其次是「以政言導民，以刑禁之」；以上辦法皆無效，最不得已才用到刑（《孔子家語・刑政》〈1〉）。孔子也比較過古今刑罰的差別：「古之刑省，今之刑繁。其為教，古有禮然後有刑，是以刑省；今無禮以教，而齊之以刑，刑是以繁。」（《孔叢子・刑論》〈1〉）此外還進一步教誨他《書經》上「哀矜折獄」的意涵：「古之聽訟者察貧賤、哀孤獨、及鰥寡、老弱不肖而無告者，雖得其情，必哀矜之。死者不可生，斷者不可屬。若老而刑之謂之悖；弱而刑之謂之克；不赦過謂之逆；率過以小罪為之枳。故宥過赦小過，老弱不受刑，先王之道也。」（《孔叢子・刑論》〈6〉）這些都是仁政的內在核心，也完全沒有談到「佞」。

現在的教育強調學生要有清楚表達的能力，如果有德行當底蘊，那麼超強的表達能力真是一個彰顯德行的利器，這就是「言德合一」，和「言行合一」是一樣重要的，否則真是只剩下一張嘴，無德無能、鸚鵡不如。

許多政客真的就是一張嘴，佞而不仁。

附錄

《孔子家語．刑政》〈1〉**仲弓**問於孔子曰：「雍問至刑無所用政，至政無所用刑。至刑無所用政，桀、紂之世是也；至政無所用刑，成、康之世是也。信乎？」孔子曰：「聖人之治化也，必刑政相參焉。太上以德教民，而以禮齊之。其次以政言導民，以刑禁之，刑不刑也。化之弗變，導之弗從，傷義以敗俗，於是乎用刑矣。顓五刑必即天倫，行刑罰則輕無赦。刑，侀也；侀，成也。壹成而不可更，故君子盡心焉。」**仲弓**曰：「古之聽訟，尤罰麗於事，不以其心，可得聞乎？」孔子曰：「凡聽五刑之訟，必原父子之情，立君臣之義以權之；意論輕重之序，慎深淺之量以別之；悉其聰明，正其忠愛以盡。大司寇正刑明辟以察獄，獄必三訊焉。有旨無簡，則不聽也。附從輕，赦從重，疑獄則泛與眾共之，疑則赦之，皆以小大之比成之。是故爵人必於朝，與眾共之也；刑人必於市，與眾棄之也。古者公家不畜刑人，大夫弗養其。士遇之塗，弗與之言，屏諸四方，唯其所之，弗及與政，弗欲生之也。」**仲弓**曰：「聽獄，獄之成成何官？」孔子曰：「成獄於吏，吏以獄之成告於正；正既聽之，乃告大司寇；大司寇聽之，乃奉於王；王命三公卿士，參聽棘木之下，然後乃以獄之成疑於王。王三宥之，以聽命而制刑焉。所以重之也。」**仲弓**曰：「其禁何禁？」孔子曰：「巧言破律，遁名改作，執左道與亂政者，殺；作婬聲，造異服，設伎奇器以蕩上心者，殺；行偽而堅，言詐而辯，學非而博，順非而澤，以惑眾者，殺；假於鬼神時日卜筮以疑眾者，殺。此四誅者，不以聽。」**仲弓**曰：「其禁盡於此而已？」孔子曰：「此其急者。其餘禁者十有四焉。命服命車不粥於市；珪璋璧琮不粥於市；宗廟之器不粥於市；兵軍旍旗不粥於市；犧牲秬鬯不粥於市；戎器兵甲不粥於市；用器不中度，不粥於市；布帛精麤不中數，廣狹不中量，不粥於市；姦色亂正色，不粥於市；文錦珠玉之器，雕飾靡麗，不粥於市；衣服飲食不粥於市；果食不時，不粥於市；五木不中伐，不粥於市；鳥獸魚鱉不中殺，不粥於市。凡執此禁以齊眾者，不赦過也。」

6

子使漆雕開仕。對曰：「吾斯之未能信。」子說。

孔子要讓漆雕開去當官。漆雕開回答說：「我不相信有這樣的事。」（或「我對自己的當官能力沒有信心（因為還沒學到當官的本事）」或「我覺得沒有得到當政者的信任」）孔子聽了（覺得他真有自知之明）很高興。

這段還是和孔子的弟子有關。「漆雕開」是孔子弟子，姓「漆雕」，名「開」，字「子開」（《史記・仲尼弟子列傳》〈87〉）或「子若」（《孔子家語・七十二弟子解》〈26〉），一說是魯國人（邢昺引鄭玄說法），一說是蔡國人，小孔子十一歲（《孔子家語・七十二弟子解》〈26〉）。有關漆雕開的記載很少，也很片段。有的書記載他有身體上的殘缺（形殘）（《孔叢子・詰墨》〈11〉）。《孔子家語・七十二弟子解》〈26〉說他專攻《尚書》，可是不愛當官。孔子認為他的年紀大到再不當官就錯過了最好的時機，所以建議他當官。其他書說他「論情性」，還有當今已經失傳的著作（《漢書・藝文志》〈151〉）。甚至還說他的影響力很大，是孔子死後「儒家八大門派」之一（《韓非子・顯學》〈1〉）。

古注沒對任何字做注解。稍微難一點的是「吾斯之未能信」一句，只有朱子有解釋。其中「斯」，朱子說是：「指此理而言。」我認為應該是指「孔子要他當官」這件事。另一個是「信」，朱子說：「謂真知其如此而無毫髮之疑也。」王夫之和劉寶楠就說：「信者，有諸己之謂也。」我覺得就是「相信」。

這裡的「信」其實有幾種解釋的方向，一個從自己的自信來解，孔安國以後的很多古注都是採此解。孔安國解釋為什麼「吾斯之未能信」：「仕進之道未能信者，未能究習也。」一種是從上位者的信任來解，皇侃就指出有這麼一解：「時君未能信，則不可仕也。」我想另外一種是師生之間的信，漆雕開可能不相信孔子會對自己有這樣的指派，原因可能在於他的能力，更可能在他的意願。我想既然前面幾章都是孔子評論自己的學生，這章應該也可以這麼看。孔子以當官這件事測試漆雕開，而他果然如孔子所料，孔子高興於自己識人不差，所以樂。

最後的「子說」的「說」就是「悅」。這裡也沒說孔子為什麼高興聽到漆雕開這麼回答。古注認為漆雕開自認沒有當官的德行和才能，所以孔子高興的是他有自知之明。也有人說是漆雕開不汲汲於榮祿，可是孔子教學就是要「用世」，漆雕開不願用世，孔子何樂可言呢？

《論語》中孔子很少表達出高興的情緒，這章雖然有點莫名其妙，但是孔子因為學生的回答而高興，這種除了「顏回之樂」之外的「孔門之樂」，也是孔門活潑精神的一部分吧！

附錄

《論衡．本性》〈2〉周人世碩以為人性有善有惡，舉人之善性，養而致之則善長；性惡，養而致之則惡長。如此，則性各有陰陽，善惡在所養焉。故世子作〈養書〉一篇。密子賤、漆雕開、公孫尼子之徒，亦論情性，與世子相出入，皆言性有善有惡。

《韓非子．顯學》〈1〉世之顯學，儒、墨也。儒之所至，孔丘也。墨之所至，墨翟也。自孔子之死也，有子張之儒，有子思之儒，有顏氏之儒，有孟氏之儒，有漆雕氏之儒，有仲良氏之儒，有孫氏之儒，有樂正氏之儒。自墨子之死也，有相里氏之墨，有相夫氏之墨，有鄧陵氏之墨。故孔、墨之後，儒分為八，墨離為三，取捨相反、不同，而皆自謂真孔、墨，孔、墨不可復生，將誰使定世之學乎？孔子、墨子俱道堯、舜，而取捨不同，皆自謂真堯、舜，堯、舜不復生，將誰使定儒、墨之誠乎？殷、周七百餘歲，虞、夏二千餘歲，而不能定儒、墨之真，今乃欲審堯、舜之道於三千歲之前，意者其不可必乎！無參驗而必之者，愚也；弗能必而據之者，誣也。故明據先王，必定堯、舜者，非愚則誣也。愚誣之學，雜反之行，明主弗受也。

7

子曰：「道不行，乘桴浮於海。從我者，其由與？」子路聞之喜。子曰：「由也！好勇過我，無所取材。」

孔子（也許處於困阨，也許周遊列國後回到魯國，感嘆自己「法天行道」還是不見知用，所以感嘆「此處不留爺，自有留爺處」）說：「乾脆搭船到海外算了。如果這樣的話，大概只有子路會跟著我去吧？」子路聽了之後（覺得自己在孔子心目中的地位比其他弟子高）高興萬分。孔子隨即潑他冷水說：「由啊！真是比我勇啊，只是現在還找不到做船的材料（或解「只可惜你沒什麼其他長才可用」）。」

這章承前面幾章，也和孔子評論弟子有關，另外也從這個故事展現出處憂患時以幽默自嘲的「孔門之樂」。孔子和子路之間也許因為年齡相近（子路小孔子九歲），也許因為有段「歷史」（子路曾經凌暴過孔子，不過不知詳情）師生之間有很特別的「開玩笑關係」。

子路在〈為政17〉就出現過，那次孔子教誨他：「誨女知之乎？知之為知之，不知為不知，是知也。」

「道」——是「吾道一以貫之」的「道」，也就是孔子「法天道」而倡導的「無私尚公和行健不息」的「禮運大同」。這個理想無法在當時的社會落地，所以孔子希望能「藏道」或「行道」於海外，孔子也因此才說要搭船出國，不是像現代人那樣為了避難或享受。

「桴」——馬融說：「編竹木大者曰筏，小者曰桴。」朱子說是「筏也」。「浮海」——劉寶楠說是：「指東夷，即渤海也。」

子路之勇，是讀過《論語》的人都會有的印象，讓人感覺像《三國》故事裡的張飛。這點毛病他一直改不掉，孔子就藉機教育，讓他知道光是有「勇」是無濟於事的。我覺得，孔子在這裡有意用了「材」這個雙關語，來提醒子路「勇」的限制。

孔子雖然讚賞「勇」（〈為政24〉、〈子罕29〉和〈憲問28〉），但是在《論語》的其他章節中，孔子都再三強調「勇」要受到「禮」（〈泰伯2〉和〈陽貨24〉）或「義」（〈陽貨23〉）這兩種更高道德的節制。他也強調「學以制勇」（〈陽貨8〉），否則「好勇疾貧」也是一種「亂」（〈泰伯10〉）。他也認為「勇」的道德位階比「仁」低，所以說「仁者必有勇，勇者不必有仁」（〈憲問4〉）。

孔子要到海外傳道，子路只有以「勇」相隨，「道的傳人」又要靠誰呢？

孔子最後畢竟還是沒「乘桴浮於海」，可是毓老師因為歷史和人為因素的作弄，完成了孔子沒有做到的「理想」。要是沒有碰到毓老師傳的夏學奧質，我們恐怕都還活在思想的萬古長夜中。「微毓老師，吾其被髮左衽矣！」

8

孟武伯問：「子路仁乎？」子曰：「不知也。」又問。子曰：「由也，千乘之國，可使治其賦也，不知其仁也。」「求也何如？」子曰：「求也，千室之邑，百乘之家，可使為之宰也，不知其仁也。」「赤也何如？」子曰：「赤也，束帶立於朝，可使與賓客言也，不知其仁也。」

孟武伯請問孔子：「子路算不算得上是個有仁德的人？」孔子回答說：「不知道。」〔孟武伯〕又追問，孔子才回答說：「仲由這個人啊！可以擔任一個有一千輛四匹馬拉車的國家中擔任軍事工作，可是不知道他有沒有仁德。」〔孟武伯接著問：〕「冉求怎麼樣？」孔子回答說：「冉求這個人啊！可以擔任一千戶人家和一百輛四匹馬拉的馬車的諸侯國中擔任家臣，可是不知道他有沒有仁德。」〔孟武伯最後問到：〕「公西赤怎麼樣？」孔子回答說：「公西赤這個人啊，可以讓他穿著正式的禮服，和外來的賓客交談，可是不知道他有沒有仁德。」

這章仍然是孔子對弟子的評論。這章借孟武伯（《史記．仲尼弟子列傳》〈17〉說問的人是季康子）問「弟子仁乎」，孔子一次評論了三個弟子不同的才能，但都避開了「仁」的問題。發問的孟武伯，在〈為政6〉就出現過，那次他向孔子「問孝」。這次，他問孔子子路是否合乎「仁」的標準。看來是像現在「徵才」時要參考的「推薦人的意見」。

這裡提到的孔門三弟子：仲由，字子路，弁（或作卞）國人，小孔子九歲（《孔子家語．七十二弟子解》〈8〉和《史記．仲尼弟子列傳》〈19〉）。冉求，字子有，少孔子二十九歲（《孔子家語．七十二弟子解》〈7〉和《史記．仲尼弟子列傳》〈16〉）。公西赤，字子華，少孔子四十二歲（《孔子家語．七十二弟子解》〈18〉和《史記．仲尼弟子列傳》〈99〉）。

「千室之邑」——「卿大夫之邑也」（孔安國和邢昺）或「大邑」（朱子）。「百乘」——「卿大夫之家」（朱子）或「大夫之家」（戴望）。「千室」和「百乘」，孔安國說是「諸侯千乘、大夫百乘」。「宰」是「家臣」（孔安國）或「邑長家臣之通號」（朱子）。

孔子對三個弟子「仁乎」的答案一律說「不知也」。不過，他還是說出了三位學生的材性不同之處，顯示出他平常的觀察，以及他推薦弟子都希望能適才適性，在最恰當的崗位上，盡己推人，絕不因為要推銷弟子就隨便對人亂吹捧。

他認為子路的才幹可以治理政經資源豐富的邦國（千乘之國），特別是他有徵兵和軍需方面（賦）的長才。冉求的才幹比子路小，大概可以治理政經資源不算豐富的小邦國（十室之邑、百乘之家），他的才能可以當個管理邦國的家臣（宰）。公西華的才幹又更小，大概可以擔當外交場合的禮賓工作。三人中的冉有和子路同屬「孔門四科」「政事門」（〈先進3〉），公西赤沒排上名。他們三個還有一起被孔子提到過兩次，其才能和自知之明，也都和這裡孔子的評斷一致。

在〈先進22〉中，孔子針對子路和冉有問的同一個問題「聞斯行諸」（是不是聞知了道就要去實踐？）卻給了完全不同的答案，資質不高的公西華於是問孔子其中的道理。孔子表明提問的兩人的個性不同，所以因材施教，給了不同的建議。

有一次，他們仨和曾皙（曾子的父親，在《論語》中只出現過一次），在孔子的要求下，說出對自己能力的評估以及未來生涯的規劃（〈先進26〉）。他們仨的說法類似孔子這裡的說法。這段十分精彩，我有不同的見解，請等我到該章時分解。

後來，子路和冉有都成為魯國當時當家的季氏的家臣，不過孔子對他們的做法不甚滿意：冉求不能阻止「季氏旅於泰山」，讓孔子悲歎「泰山不如林放」（〈八佾6〉）；他還為季氏「聚斂」，讓孔子氣到要讓門人「鳴鼓而攻之」（〈先進17〉）；子路和冉有哥倆後來當了季氏的家臣，不能阻止季氏要找藉口侵奪顓臾，也讓孔子很生氣（〈季氏1〉）。至於公西華，他讚嘆過孔子的「為之不厭，誨人不倦」是弟子很難比得上的（〈述而34〉）。公西赤家庭的經濟狀況不錯，他在出使齊國的時候，孔子認為不必給他母親太多糧食補助，可是冉求很愛護這位學弟，並沒有遵照孔子的指示，擅自給了公西赤的母親多一點糧食（〈雍也4〉）。

孔子對這三位弟子的評價是如此，而與這三人同門的子貢對他們的評價也和老師差不多：子貢認為子路的長處在於「不畏強禦，不侮矜寡；其言曰性，都其富哉，任其戎，是仲由之行也」，還說孔子認為他「強乎武哉，文不勝其質」（《大戴禮記・衛將軍文子》〈5〉）；冉求的長處在於「恭老恤孤，不忘賓旅，好學省物而不懃，是冉求之行也」，還說孔子認為他可以為「國老」（〈衛將軍文子6〉）；公西赤的長處則是「志通而好禮，擯相兩君之事，篤雅其有禮節也，是公西赤之行也」，並引述孔子說過可以跟他學「賓客之事」（〈衛將軍文子7〉）。

還有一個有趣的故事：有一次，魯哀公問冉有：「人順著本質做人就好了，何必還要學才能成為君子呢？」冉有回答：「雖有良玉，不刻鏤則不成器；雖有美質，不學則不成君子。」他還舉例說：「子路原來是卞這個地方的野人，子貢則是衛國的商人，因為跟孔子學，才成為『天下顯士』，讓諸侯卿大夫都對他們親愛有加，這就是學的效果。」所以他的結論是「士必學問，然後成君子」（《韓詩外傳・卷八》〈25〉）。

孔子不像當時的人那樣，輕易就認為某些人值得「仁」的稱號。他也沒說過自己有這個「德」，甚至認為自己不夠格稱為「仁」，更別說是「聖」（〈述而34〉）。學生中最可能有「仁德」的候選人，應該算是「孔門四科」中「德性四傑」：顏淵、閔子騫、冉伯牛和仲弓，特別是顏淵（可是孔子頂多誇他「賢」（〈雍也11〉））。可是在這裡孟武伯沒問起，孔子也沒說。

在孔子的心目中，「仁德」標準太高，只有能以天下為念的人才能當之無愧，這包括「殷之三仁」（微子、箕子和比干）（〈微子1〉）和管仲（〈憲問16〉）。這又顯現出孔子的標準都和當時人不同，無怪乎不能見容於世。

他走在一條孤獨的道路上，大家都難望其項背。下一章就是這樣的主題。

附錄

《大戴禮記・衛將軍文子》〈5〉不畏強禦，不侮矜寡；其言曰性，都其富哉，任其戎，是**仲由**之行也。夫子未知以文也，詩云：「受小共大共，為下國恂蒙。何天之寵，傅奏其勇。」夫強乎武哉，文不勝其質。

——〈6〉恭老恤孤，不忘賓旅，好學省物而不懃，是**冉求**之行也。孔子因而語之曰：「好學則智，恤孤則惠，恭老則近禮，克篤恭以天下，其稱之也，宜為國老。」

——〈7〉志通而好禮，擯相兩君之事，篤雅其有禮節也，是**公西赤**之行也。孔子曰：「禮儀三百，可勉能也；威儀三千，則難也。」**公西赤**問曰：「何謂也？」孔子曰：「貌以擯禮，禮以擯辭，是之謂也。」主人聞之以成。孔子之語人也，曰：「當賓客之事則通矣。」謂門人曰：「二三子欲學賓客之事者，於赤也。」

《韓詩外傳・卷八》〈25〉魯哀公問**冉有**曰：「凡人之質而已，將必學而後為君子乎？」**冉有**對曰：「臣聞之：雖有良玉，不刻鏤，則不成器；雖有美質，不學，則不成君子。」曰：「何以知其然也？」「夫子路，卞之野人也，子貢，衛之賈人也，皆學問於孔子，遂為天下顯士，諸侯聞之，莫不尊敬，卿大夫聞之，莫不親愛，學之故也。昔吳楚燕代謀為一舉而欲伐秦，袱賈，監門之子也，為秦往使也，遂絕其謀，止其兵，及其反國，秦王大悅，立為上卿。夫百里奚，齊之乞者也，逐於齊西，無以進，自賣五羊皮，為一軶車，見秦繆公，立為相，遂霸西戎。太公望少為人婿，老而見去，屠牛朝歌，賃於棘津，釣於磻溪，文王舉而用之，封於齊。管仲親射桓公，遂除報讎之心，立以為相，存亡繼絕，九合諸侯，一匡天下。此四子者，皆嘗卑賤窮辱矣，然其名聲馳於後世，豈非學問之所致乎？由此觀之，士必學問然後成君子。《詩》曰：『日就月將。』」於是哀公嘻然而笑曰：「寡人雖不敏，請奉先生之教矣。」

9

子謂子貢曰：「女與回也孰愈？」對曰：「賜也何敢望回。回也聞一以知十，賜也聞一以知二。」子曰：「弗如也！吾與女弗如也。」

孔子想要試一試子貢，就問他：「你比起顏回如何？」子貢回答說：「我哪敢和顏回比啊！顏回聽聞一件事就可以知行十件事，我聽聞一件事頂多知行兩件。」孔子就跟他說：「你說得對，你是不能跟他比的。」

這章看似簡單，卻有很不同的解釋。這章還是孔子評論弟子，只不過他這次讓弟子自己評論、比較，而接受老師測試的是生意做得很好的子貢（已入社會的子貢跟著老師學習，就相當在修現在的EMBA學位吧！）。

這裡的「女」是「汝」，就是「你」的意思。「愈」——「勝也」（孔安國和皇侃）或「賢」（戴望），也就是「強」、「能幹」或「勝出」的意思；子貢曾經拿子張和子夏做比較，請問孔子「孰愈」（〈先進16〉），也是同樣的意思。「望」——邢昺說是「比視」，劉寶楠引用《釋名．釋姿容》說：「望，茫也，遠視茫茫也。」也就是說，不僅是「看」，而且是「站在遠處看」。這裡其實已經表明了子貢自己知道他和顏淵的距離相去甚遠，難以「望其項背」。這是他的自知之明。

「聞」——不是只是「聽」，而且還要「聽懂」，這才是「知」；可是「知」也不是僅僅是「知」，還包括「知」了會去「行」，達到「知行合一」，才算是「真知」。「聞一知十」和「聞一知二」應該不是在數量上的勝出，而是在「知行」上的勝出。孔子被問到「弟子孰為好學」時（〈雍也3〉和〈先進7〉）都舉顏淵為例，不是他讀書多，記憶力強，而是他「不遷怒、不貳過」，德性好，也就是「聞德、知德和行德合一」。這裡的「聞—知—行」可以算是孔門的「三位一體」吧！

比較有爭議的是「吾與女」的「與」的解釋：一種當成連接詞「和」，也就是「我和你都不如顏淵」，有古人就認為老師怎麼會不如學生，所以就產生第二種把「與」當成「許」來解釋（皇侃），就是「同意」或「贊成」的意思，也就是說「我贊成你的說法，你是不如顏淵的」。我覺得第二種解釋比較符合孔子的一貫教誨。

我想孔子對「子貢不如顏淵」的評斷是正確的。子貢年齡只小顏淵一歲，可是在器識上卻有天壤之別。在〈為政13〉時，孔子還對問怎麼當「君子」的子貢耳提面命說：「先行，其言而後從之。」子貢不能「知行合一」不是什麼新鮮事。在兩漢時期的不同文獻就記載著孔子死後，子貢趾高氣昂去見小他五歲、隱居在草澤之中的原憲（原思），看著學弟衣衫襤褸，以為他病了。沒想到這位「孔門四科」排不上「德性四傑」的學弟說：「以前老師教誨過我們，沒錢沒財叫做貧，學得道卻不能知行合一才叫做病。我是貧，不是病。」當場打臉這位驕富逼人的學長（《韓詩外傳．卷一》〈9〉、《孔子家語．七十二弟子解》〈6〉、《莊子・讓王》〈9〉和《史記・仲尼弟子列傳》〈71〉）。可見這位在孔子死後比別人守在孔子墓旁多出一倍時間的弟子，只是多花了比別人長一倍時間，卻沒有長出多出一倍的智慧。這個被孔子比喻為「瑚璉」的弟子，當然還有其他外交長才，只是未臻德性上層，有愧先師教誨。有些「器」就是改不了本性，連孔子都沒辦法救。

可見有「自知之明」是不夠的，這只是第一步。要改過遷善，見賢思齊，知行合一，才是「孔門好子弟」。

這章可以算是「孔門四科」中「德性門」顏淵和「言語門」子貢的比較，勝負立判，不用多說。孔門中「德性」優位，也是不爭的事實。如果有「言語」之材，而無「德性」的底蘊，那也不過就是「巧言亂德」，「孔門之棄（氣）」，那就更不用費唇舌。如果連子貢都沒得比，「言語門」的另一位列名者宰我，那相去就更不用道里來計了，大概在九天之外了吧！

說宰我，宰我下章就出現。

附錄

《韓詩外傳・卷一》〈9〉**原憲**居魯，環堵之室，茨以蒿萊，蓬戶甕牖，桷桑而無樞，上漏下濕，匡坐而絃歌。**子貢**乘肥馬，衣輕裘，中紺而表素，軒不容巷，而往見之。**原憲**楮冠黎杖而應門，正冠則纓絕，振襟則肘見，納履則踵決。**子貢**曰：「嘻！先生何病也！」**原憲**仰而應之曰：「憲聞之：無財之謂貧，學而不能行之謂病。憲，貧也，非病也。若夫希世而行，比周而友，學以為人，教以為己，仁義之匿，車馬之飾，衣裘之麗，憲不忍為之也。」**子貢**逡巡，面有慚色，不辭而去。**原憲**乃徐步曳杖，歌商頌而反，聲淪於天地，如出金石。天子不得而臣也，諸侯不得而友也。故養身者忘家，養志者忘身，身且不愛，孰能忝之。《詩》曰：「我心匪石，不可轉也；我心匪席，不可卷也。」

《孔子家語．七十二弟子解》〈6〉端木賜，字**子貢**，衛人。少孔子三十一歲，有口才著名，孔子每詘其辯。家富累千金，常結駟連騎，以造**原憲**。憲居蒿廬蓬戶之中，與之言先王之義，**原憲**衣弊衣冠，並日蔬食，衎然有自得之志。**子貢曰**：「甚矣！子如何之病也。」**原憲曰**：「吾聞無財者謂之貧，學道不能行者謂之病。吾貧也，非病也。」**子貢**慚。終身恥其言之過。**子貢**好販，與時轉貨，歷相魯衛而終齊。

《莊子．讓王》〈9〉**原憲**居魯，環堵之室，茨以生草，蓬戶不完，桑以為樞而甕牖，二室，褐以為塞，上漏下溼，匡坐而弦。**子貢**乘大馬，中紺而表素，軒車不容巷，往見**原憲**。**原憲**華冠縰履，杖藜而應門。**子貢曰**：「嘻！先生何病？」**原憲**應之曰：「憲聞之：『無財謂之貧，學而不能行謂之病。』今憲，貧也，非病也。」**子貢**逡巡而有愧色。**原憲**笑曰：「夫希世而行，比周而友，學以為人，教以為己，仁義之慝，與馬之飾，憲不忍為也。」

《史記．仲尼弟子列傳》〈71〉孔子卒，**原憲**遂亡在草澤中。**子貢**相衛，而結駟連騎，排藜藿入窮閻，過謝**原憲**。憲攝敝衣冠見**子貢**。**子貢**恥之，曰：「夫子豈病乎？」**原憲曰**：「吾聞之，無財者謂之貧，學道而不能行者謂之病。若憲，貧也，非病也。」**子貢**慚，不懌而去，終身恥其言之過也。

10

宰予晝寢。子曰：「朽木不可雕也，糞土之牆不可杇也，於予與何誅？」子曰：「始吾於人也，聽其言而信其行；今吾於人也，聽其言而觀其行。於予與改是。」

宰予上課打瞌睡。孔子指桑罵槐地說：「腐朽的木頭不能拿來雕刻出精美的作品，糞土不能用來砌出堅固的牆壁。對於宰予這個不成材的傢伙啊，我責備他又有什麼用呢？」孔子又補充說了一段：「我以前都聽人家講什麼就相信他，現在我聽到別人說的話，要更仔細觀察他會怎麼做，都是因為宰予，我才改變了過去的習慣。」

這章有的書分成兩章，但上下文頗為相關，所以放在一起也是有道理的。

宰我（也就是宰予，其字「子我」，因此又稱「宰我」）在〈八佾21〉就因為強解「周人社主用栗樹是要使民戰慄」而被孔子訓誨，這一章又被孔子罵到滿頭包。歷來的讀書人都知道這個典故，讓宰我的名聲遺臭萬年，而忘掉他好歹也是「孔門四科」中「言語二傑」的「狀元」（「榜眼」是子貢）。

「晝寢」——從漢朝以來就有兩種並行的解釋：最常見的說法是「白天上課打瞌睡」（皇侃說是「宰予惰學而晝眠」，邢昺說是「晝日寢寐」，朱子說「當晝而寐」），或是說是「睡午覺」，意思都差不多。另外是把「晝」字當成是「畫」而作「繪畫寢室」（劉寶楠引用李匡義《資暇錄》和周密《齊東野語》的說法），就是「粉刷修飾宿舍」。還有第三種比較罕見的解釋，是宰予「畫限其功以冀休息」。「依經驗解經」，我自己當學生時下午第一節課常會打瞌睡，現在的學生也一樣，所以覺得還是第一種解釋比較合理。

「朽」——是「腐」（包咸和邢昺）或「敗爛」（皇侃）。「朽木」就是「腐朽之木」（戴望）；「彫」——同「雕」，是「雕琢刻畫」（包咸、皇侃和邢昺）或「飾也」（戴望）。「糞」——劉寶楠引用胡紹勳《四書拾義》的說法，認為「除穢謂糞，所除之穢亦謂糞」，所以「糞土」就是「穢土」。「牆」——是「牆壁」（皇侃）。「杇」——（音屋）是「鏝」（王弼和邢昺）或「圬墁之使之平泥」（皇侃）「用泥土砌牆」。「與」——是「語助」（皇侃）或「語辭」（邢昺和朱子），就是無意義的字；劉寶楠引用王引之《經傳釋詞》的說法把「與」當「也」講。「誅」——是「責」（王弼、邢昺和朱子）或「譴責」（黃懷信）。

這種「以言取人」和「以行取人」的高下，不是孔子的專利智慧。更早先，在周厲王失道的時候，芮伯就說過：「以言取人，人飾其言，以行取人，人竭其行，飾言無庸，竭行有成。」（《逸周書・芮良夫解》〈1〉）智慧之言說是說了，但有沒有被聽到，聽到後有沒有被實踐，就有不同的命運了。

這章大家都習以為常用「嚴肅模式」來看待孔聖人的話。我倒覺得孔子在這裡表現出「詼諧」的教學方式和生活情調。自稱「有教無類」的孔子怎麼會因為一位學生上課打瞌睡就大聲開罵，這哪夠格當上「萬世師表」？恐怕連我這個當過「優良教師」的「遜（古字作「孫」）咖」都不如！所以我認為這一段是孔子開宰我的玩笑，希望用輕鬆的方式，化解他上課打瞌睡的尷尬場面。誰上課沒打過瞌睡，就算當了老師也實在不必大驚小怪。提醒學生別著涼就好，還能怎樣？

第二句話也不能只以嚴肅模式對待。有古人認為這兩段不是同時間講的話。不管是不是，這句話和宰我，甚至前章的子貢，這兩位孔門四科中的「言語雙傑」一起看都很有啟發性。以前孔子認為大家都跟他一樣是「知行合一」的，理所當然會在聽完一個人說的話之後，就期待對方會實踐自己的諾言。哪知道，處處都有說話不算話的人，所以他深惡痛絕「巧言」、「佞人」等等靠一張嘴走江湖的人，更不希望門下有這種學生。比較不公平的是孔子說他之所以會這麼改變，是因為宰我的關係。可是宰我「晝寢」又沒說了什麼後來沒做到的事，《論語》以及其他古書也沒記載宰予講了什麼他後來沒做到的事。用嚴肅模式來看孔子評論宰予，實在是證據不夠，徒然讓宰我成為後人心目中的「孔門罪人」，實在「冤枉」。自稱「有教無類」、「教不厭、誨不倦」以及被尊稱為「萬世師表」的人，應該是「亦莊亦諧」地在說這句話的吧？否則言行不一的人，不就是孔老夫子自己了嗎？

有些古人不相信列名孔門四科十哲的宰予會有孔子咒罵的惡行，所以想替他開脫。他們認為宰我這樣做是故意的：皇侃的注解中引用到一位「珊琳公」的話，認為宰我看到當時的晚輩有懈怠惰學之心，才自我犧牲用晝寢引發孔子的切磋之教，以警醒後人。這種強為聖人或為聖門弟子解套的說法（現在這種強作辯解的狀況，美國人稱做「另類事實」），就是讓孔子或儒家後來討人厭的原因之一。我們如果把孔子和他的弟子當人來看，不就能看出活活潑潑的師門氣象嗎？

《大戴禮記・五帝德》〈9〉中記載孔子認為不能以「顏色」取人，他的學生澹臺滅明就是個例證；也不可以以「語言」取人，宰我就是個例證；也不可以外表取人，子張就是個例證。這都是孔子歷年來對眾弟子「聽言觀行」的心得（《說苑・尊賢》〈9〉）。孔子對顏淵也是「退而省其私」，發現他「亦足以發」，才總結出「回也不愚」的結論（〈為政9〉）。他也曾經總結了考察人的方法：「視其所以，觀其所由，察其所安。人焉廋哉？人焉廋哉？」（〈為政10〉）綜合來說，觀人應該包括了「言」和「行」兩方面，方法就應該是層層轉密「視」、「聽」、「觀」、「察」四步驟。

孔子是這麼給同學打成績的。

附錄

《大戴禮記・五帝德》〈9〉孔子曰：「予！大者如說，民說至矣；予也，非其人也。」**宰我**曰：「予也不足，誠也，敬承命矣。」他日，**宰我**以語人，有為道諸夫子之所。**孔子**曰：「吾欲以顏色取人，於**滅明**邪改之；吾欲以語言取人，於**予**邪改之；吾欲以容貌取人，於**師**邪改之。」**宰我**聞之，懼，不敢見。

《說苑・尊賢》〈9〉哀公問於孔子曰：「人若何而可取也？」孔子對曰：「毋取拑者，無取健者，毋取口銳者。」哀公曰：「何謂也？」孔子曰：「拑者大給利不可盡用；健者必欲兼人，不可以為法也；口銳者多誕而寡信，後恐不驗也。夫弓矢和調而後求其中焉；馬慤愿順，然後求其良材焉；人必忠信重厚，然後求其知能焉。今有人不忠信重厚而多智能，如此人者，譬猶豺狼與，不可以身近也。是故**先其仁義之誠者**，然後**親之**；於**是有知能者**，然後**任之**；故曰：**親仁而使能**。夫**取人之術也**，**觀其言而察其行**，夫言者所以抒其匈而發其情者也，能行之士必能言之，是故**先觀其言而揆其行**，夫以言揆其行，雖有姦軌之人，無以逃其情矣。」哀公曰：「善。」

11

子曰：「吾未見剛者。」或對曰：「申棖。」子曰：「棖也慾，焉得剛？」

> 孔子對人說：「我活這麼大把年紀了，就是沒看過可以稱得上『剛』的人。」有弟子馬上不以為然地提出反駁說：「申棖算得上是『剛』吧？」孔子也很不以為然地回答說：「申棖那個人嗜慾這麼多、這麼深，怎麼能算得上是『剛』？」

這章也算是延續孔子評論弟子的脈絡，這次提到的是比較不知名的申棖（音「成」）。「申棖」這個人，每次出現的時候名字都不太一樣，一說他姓申，名黨（或作「棠」），字周（《史記・仲尼弟子列傳》〈131〉）。一說他姓申，名績（或作「續」），字子周（《孔子家語・七十二弟子解》〈69〉）。總之他姓申，名字發音都近似，用字卻不確定。唐朝時的孔廟，「申棖」和「申黨」被當成兩個人祭祀，明朝才撤掉「申黨」，變成只有「申棖」。這人在《論語》中只出現過這麼一次，古書中也沒有記載與他相關的其他事。申棖是因為《論語》裡的這章在歷史留名，不過卻不是太好的名。如果他自己真知道孔子對自己的評價是這樣，大概也是要改名換姓，或是隱姓埋名活下去吧！

孔子沒正面說明「剛」，可是卻從反面說了「剛」不是什麼；特別是「嗜欲」（「欲」同「慾」）過度，就和「剛」絕緣。毓老師也因為這章而常講「無欲則剛」，或者用他年輕時的偶像印度聖雄甘地的話說：「將欲望降到零度以下。」在距離課堂四十年後的今天，我還可以清楚記得老師講這句話時的腔調和神情。另外，孔子其實有在別處說到只有「剛」而沒有「學」的流弊，就是「輕狂」：「好剛不好學，其蔽也狂。」（〈陽貨8〉）還是沒正面表述「剛」的特質。

平心而論，孔子這裡只批評申棖的「欲」，從孔安國開始就解作「多情慾」，但我覺得孔子不是走極端的人，所以這裡指的既不是「多慾」或「少慾」，也不是「無慾」，而是「慾」沒有以禮或義節制。從已經學過《論語》的相關章節來看，我們可以合理的推論孔子對於物質和身體的「慾」有個最低的門檻，只要能讓生活過下去就好（「食無求飽，居無求安。」（〈學而14〉）），他自己要追求的是「道」（「士志於道，而恥惡衣惡食者，未足與議也。」（〈里仁9〉）），當然也教導學生要「志於道」。綜合來看，恐怕「剛」就是「懲忿窒欲」（《易經·損卦》〈象傳1〉），「懲忿」是「情緒管理」，培養高度情商；「窒欲」不是「無欲」，而是「節制欲望」的「制欲」，不能沒有，也不能過多。這正是《禮記·中庸》〈1〉說的：「喜怒哀樂之未發謂之中，發而皆中節謂之和。中也者，天下之大本也；和也者，天下之達道也。致中和，天地位焉，萬物育焉。」

鄭玄說「剛」是「彊志不屈撓」，朱子說是「堅強不屈」。我覺得鄭玄和朱子都沒有像孟子這個「私淑弟子」那樣得到「心傳」，「剛」應該就是：「居天下之廣居，立天下之正位，行天下之大道。得志與民由之，不得志獨行其道。富貴不能淫，貧賤不能移，威武不能屈。此之謂大丈夫。」（《孟

子・滕文公下》〈7〉）

申棖這樣的學生連這個「孔門要旨」都不懂，老師教了不是白教嗎？而提出「申棖」為「剛」的代表人物的人，如果是外人就算了，如果也是「孔門弟子」，更顯得有許多弟子不了解「孔門要旨」，這個當老師的不是「難過上再加個難過」嗎？我看就連孔子應該也會說「吾未見懂我者」吧！

最後，順便說一下，孔子還滿常用「吾未見」或「我未見」這樣的話，應該是一種誇張的用法，不見得符合事實。總計他在《論語》中說過自己沒見過的有：

1.「好仁者」及「惡不仁者」。（〈里仁6〉）
2.「能見其過而內自訟者」。（〈公冶長27〉）
3.「好德如好色者」。（〈子罕18〉和〈衛靈公13〉）
4.「吾見其〔顏回〕進也，未見其退」。（〈子罕21〉）
5.「蹈仁而死者」。（〈衛靈公35〉）
6.「隱居以求其志，行義以達其道」。（〈季氏11〉）

其實，孔子只要找面鏡子照照，就可以像我們讀《論語》一樣，看到這樣的人了。

12

子貢曰：「我不欲人之加諸我也，吾亦欲無加諸人。」子曰：「賜也，非爾所及也。」

> 子貢說：「我不想要在言語上被別人評論時誤會冤枉，我也希望在評論時不要誤會冤枉別人。」孔子說：「賜啊！這是你做不到的事啦！」

這章看起來很好懂，其實不然，不過孔子澆了子貢一盆冷水的狀況則是很清楚的。「我不欲人之加諸我也，吾亦欲無加諸人」這句，許多人都認為這就是「己所不欲，勿施於人」（〈顏淵2〉和〈衛靈公24〉）或是〈大學〉的「絜矩之道」的另外一種說法，《禮記・中庸》〈13〉也有類似的話：「施諸己而不願，亦勿施於人。」特別是在〈衛靈公24〉：「子貢問曰：『有一言而可以終身行之者乎？』子曰：『其恕乎！己所不欲，勿施於人。』」這章是子貢遵循孔子的教誨而立下的「志」。如果是這樣，孔子為什麼要打臉子貢說「這是你做不到的事啦」？孔子不是說過「仁遠乎哉？我欲仁，斯仁至矣！」（〈述而30〉）很不幸，因為朱子遵循程子做出這樣的解釋，成為後人效法的根據。

其實這裡的關鍵字是「加」。從馬融開始的古注（邢昺、戴望都是，朱子例外）都說：「加，陵也。」而「陵」就是「欺侮」的意思。皇侃也引用「袁氏」的說法：「加，不得理之謂也。」黃式三就根據《說文解字》中對於「誣」和「譄」（我查不到這個字，懷疑是「譖」）都被解釋成「加」，所以認為這裡的「加」應該有言語上的「誣告」和「毀謗」的意思。

劉寶楠認為這是孔子為了警惕子貢，才說出這樣的話；楊樹達認為孔子的用意在於激勵子貢，希望他能自行勉勵。這些當然都有道理。不過，我覺得子貢身為「孔門四科」中的「言語雙傑」，有可能有以言語毀謗別人之嫌，所以他希望別人不要毀謗他，就像他不想毀謗人一樣。也正因為他這個希望和他「愛批評人」的性格不合，孔子才會打臉說：「你做不到的。」還有一次子貢批評人，孔子也打臉說：「你有比別人好到哪裡去嗎？我才沒你這樣的閒工夫去批評別人呢！」（〈憲問29〉）否則，以孔子面對學生「溫而厲」（溫和而且講話語帶鼓勵）的情況來看，這樣打擊子貢，實在有損他「萬世師表」的形象。

在這種場合，用幽默模式解釋也是比較可行的方向。孔子最後說的「你做不到的啦」是開子貢的玩笑，這也是孔門中孔子和子貢的「開玩笑關係」，我們不要太認真。也或者孔子是希望能夠故意刺激子貢，讓他能從「言語」層次，進步到「德性」的層次。

附錄

《禮記》〈中庸13〉子曰：道不遠人。人之為道而遠人，不可以為道。《詩》云：「伐柯伐柯，其則不遠。」執柯以伐柯，睨而視之，猶以為遠。故君子以人治人，改而止。忠恕違道不遠，施諸己而不願，亦勿施於人。君子之道四，丘未能一焉：所求乎子以事父，未能也；所求乎臣以事君，未能也；所求乎弟以事兄，未能也；所求乎朋友先施之，未能也。庸德之行，庸言之謹，有所不足，不敢不勉，有餘不敢盡；言顧行，行顧言，君子胡不慥慥爾！

——〈大學12〉所謂平天下在治其國者：上老老而民興孝，上長長而民興弟，上恤孤而民不倍，是以君子有絜矩之道也。所惡於上，毋以使下；所惡於下，毋以事上；所惡於前，毋以先後；所惡於後，毋以從前；所惡於右，毋以交於左；所惡於左，毋以交於右。此之謂絜矩之道。《詩》云：「樂只君子，民之父母。」民之所好好之，民之所惡惡之，此之謂民之父母。《詩》云：「節彼南山，維石巖巖。赫赫師尹，民具爾瞻。」有國者不可以不慎，辟則為天下戮矣。

13

子貢曰：「夫子之文章，可得而聞也；夫子之言性與天道，不可得而聞也。」

子貢說：「我聽過老師談論過禮樂典章制度，可是我卻沒有聽過老師談論性和天道的事情。」

這章和上章一樣都和子貢有關。孔子在這章並沒有出場，只透過子貢的描述來襯托出師徒二人的關係。

子貢說了他在孔門時的心得。子貢沒有聽過，並不表示孔子沒有說過。子貢可能還沒向孔子問學，或者問學了卻不在場，或是在場但沒聽懂，所以就像沒聽過一樣。他聽過孔子的「文章」，沒聽過孔子談論「性和天道」。所以本章關鍵就在於「文章」、「性」與「天道」各是什麼意思。

「文章」不是我們現在所謂「寫文章」的「文章」。古注有解「文章」為「六籍」（皇侃），就是《六經》，朱子說是：「德之見於外者，威儀文辭皆是也。」戴望和劉寶楠說是：「《詩》、《書》、

《禮》、《樂》。」也有將「文」和「章」分開解者：「文」字古注無解。子貢後來問過「文」作為諡號的意義，孔子說：「敏而好學，不恥下問，是以謂之『文』也。」（〈公治長15〉）毓老師常說「經天緯地謂之文」（在這裡恐怕不適用）。「章」則是「明」（何晏、邢昺）。如果從「依經解經」的角度來看，〈泰伯19〉稱讚堯時，孔子說「煥乎，其有文章」，應該是指堯的功業彪炳，但在這裡似乎也不太適用。我覺得指的恐怕是孔子的「四教」：「文、行、忠、信」（〈述而25〉）或者是禮樂典章制度。如果再從《論語》中孔子對子貢的教誨來看，會發現大致都是這方面的對話。

「性」與「天道」也有兩種解讀方式：二分說和一體說。二分說將「性」和「天道」分開解：「性」是「人之所受以生者也」（何晏），或「天之所命，人所受以生」（邢昺），或「人所受之天理」（朱子）；「天道」是「元亨日新之道」（何晏、皇侃），或「天理自然之本體」。一體說的主張者是韓愈和李翱，以及劉寶楠。

如果從《論語》來看，「性」字只出現在「性相近也，習相遠也」一句（〈陽貨2〉）。孔子當著子貢的面提過「天何言哉？」（〈陽貨19〉），卻從來沒有出現過「天道」二字。但是「天」和「天道」的意思都是一樣強調「行健不息」：（魯哀）公曰：「敢問君子何貴乎天道也？」孔子對曰：「貴其『不已』。如日月東西相從而不已也，是天道也；不閉其久，是天道也；無為而物成，是天道也；已成而明，是天道也。」（《禮記·哀公問》〈12〉、《大戴禮記·哀公問於孔子》〈12〉和《孔子家語·大昏解》〈10〉）

劉寶楠用「六經」來分解「文」、「性」與「天道」：「文」指「《詩》、《書》、《禮》、《樂》」，「性與天道」指的是「《易》和《春秋》」。這是比較實在的說法。

不過，從《論語》來看，孔子弟子很少記載老師有關《易經》和《春秋》的言論。特別讓我感到好奇的是孔子傳《易》給商瞿，《孔子家語》和《史記》都言之鑿鑿（《孔子家語・七十二弟子解》〈25〉、《史記》〈仲尼弟子列傳83〉和〈儒林列傳19〉），可是《論語》卻沒任何記載。所以，恐怕不只是子貢沒聽過，其他弟子也都沒聽過吧。為什麼會這樣呢？難道《易經》是「孔門之密」？

朱子曾說過「在天曰命，在人曰性」，毓老師常常加上「在身曰心，在己曰獨」。四個名詞，四種體現，卻只有一個意思。由此推論，孔子的「文章」和「性與天道」也同樣只是一個意思，體現的方式不同而已。孔子都教了，子貢沒能發現這個「一以貫之」之道。甚至在孔子死後，他還被學弟諷刺有「學道而不能行」的「病」（《韓詩外傳・卷一》〈9〉、《孔子家語・七十二弟子解》〈6〉、《莊子・讓王》〈9〉，和《史記・仲尼弟子列傳》〈71〉）〔有關最後這個典故，請務必回頭去參考〈公冶長9〉〕。

我認為子貢的文化底蘊不高，所以沒了解其實孔子已經教他很多了，只是他不懂而已。

就拿「無言之教」來舉例吧！孔子有一天跟子貢說：「我想不要再多說話了！」子貢不懂地問：「老師您不說話的話，我們這些當弟子的要傳述什麼呢？」孔子提醒他：「老天爺說過話嗎？四時不是照著規律走，百物不是照著規律生，老天爺說過話嗎？」（〈陽貨19〉）我想子貢聽完還是不懂。孔子在這裡其實就是強調「行」重於「言」，不從「聽言」而學，也可以從「觀行」而學。聖人則天，不就是運用了「觀、視、察」的方法嗎？

毓老師過世後，許多外人聽聞我們這些弟子提到毓老師的事情，一定會問：「你們老師寫過什麼書？」知道老師沒寫書後，就有點悵悵然。其實老師身前的言行就是一本活生生的書，我們這些有幸的弟子們不是靠著「聽言」而學，更重要的是「觀行」而學。許多外人恐怕只能從弟子整理出來的筆記中感悟到「言教」，而「行健不息」的「法天身（深）教」，又要怎麼才學得到呢？

奉元言教得而聞
奉元身教觀而學
奉元先師言在耳
奉元諸生志在行

附錄

《孔子家語・七十二弟子解》〈25〉**商瞿**，魯人，字子木。少孔子二十九歲，特好《易》，孔子傳之，志焉。

《史記》〈仲尼弟子列傳83〉孔子傳易於**瞿**，**瞿**傳楚人馯臂子弘，弘傳江東人矯子庸疵，疵傳燕人周子家豎，豎傳淳於人光子乘羽，羽傳齊人田子莊何，何傳東武人王子中同，同傳菑川人楊何。何元朔中以治易為漢中大夫。

——〈儒林列傳19〉自魯**商瞿**受易孔子，孔子卒，**商瞿**傳易，六世至齊人田何，字子莊，而漢興。田何傳東武人王同子仲，子仲傳菑川人楊何。何以易，元光元年徵，官至中大夫。齊人即墨成以易至城陽相。廣川人孟但以易為太子門大夫。魯人周霸，莒人衡胡，臨菑人主父偃，皆以易至二千石。然要言易者本於楊何之家。

《韓詩外傳・卷一》〈9〉**原憲**居魯，環堵之室，茨以蒿萊，蓬戶甕牖，桷桑而無樞，上漏下濕，匡坐而絃歌。**子貢**乘肥馬，衣輕裘，中紺而表素，軒不容巷，而往見之。**原憲**楮冠黎杖而應門，正冠則纓絕，振襟則肘見，納履則踵決。**子貢**曰：「嘻！先生何病也！」**原憲**仰而應之曰：「憲聞之：無財之謂貧，學而不能行之謂病。憲、貧也，非病也。若夫希世而行，比周而友，學以為人，教以為己，仁義之慝，車馬之飾，衣裘之麗，憲不忍為之也。」**子貢**逡巡，面有慚色，不辭而去。**原憲**乃徐步曳杖，歌商頌而反，聲淪於天地，如出金石。天子不得而臣也，諸侯不得而友也。故養身者忘家，養志者忘身，身且不愛，孰能忝之。《詩》曰：「我心匪石，不可轉也；我心匪席，不可卷也。」

《孔子家語・七十二弟子解》〈6〉端木賜，字**子貢**，衛人。少孔子三十一歲，有口才著名，孔子每詘其辯。家富累千金，常結駟連騎，以造**原憲**。憲居蒿廬蓬戶之中，與之言先王之義，**原憲**衣弊衣冠，並日蔬食，衎然有自得之志。**子貢**曰：「甚矣！子如何之病也。」**原憲**曰：「吾聞無財者謂之貧，學道不能行者謂之病。吾貧也，非病也。」**子貢**慚。終身恥其言之過。**子貢**好販，與時轉貨，歷相魯衛而終齊。

《莊子・讓王》〈9〉**原憲**居魯，環堵之室，茨以生草，蓬戶不完，桑以為樞而甕牖，二室，褐以為塞，上漏下溼，匡坐而弦。**子貢**乘大馬，中紺而表素，軒車不容巷，往見**原憲**。**原憲**華冠縰履，杖藜而應門。**子貢**曰：「嘻！先生何病？」**原憲**應之曰：「憲聞之：『無財謂之貧，學而不能行謂之病。』今憲，貧也，非病也。」**子貢**逡巡而有愧色。**原憲**笑曰：「夫希世而行，比周而友，學以為人，教以為己，仁義之慝，與馬之飾，憲不忍為也。」

《史記・仲尼弟子列傳》〈71〉孔子卒，**原憲**遂亡在草澤中。**子貢**相衛，而結駟連騎，排藜藿入窮閻，過謝**原憲**。憲攝敝衣冠見**子貢**。**子貢**恥之，曰：「夫子豈病乎？」**原憲**曰：「吾聞之，無財者謂之貧，學道而不能行者謂之病。若憲，貧也，非病也。」**子貢**慚，不懌而去，終身恥其言之過也。

14

子路有聞，未之能行，唯恐有聞。

> 子路只要聽聞善言，就會想辦法馬上做到，如果還來不及做到，就很怕又聽到另外一件值得去實踐的善行。

這章言簡意賅，描述的是子路的即聞即行。第一個「有」唸成「友」，第二個「有」唸成「又」。

子路是個很講義氣的人，也是個急性子，允諾別人的事情一定會盡快做到。〈顏淵12〉就說他「無宿諾」，不會隔天才實踐諾言。毓老師說過子路是比明朝王陽明還早踐行「知行合一」的人。這章說他「未之能行，唯恐有聞」，很生動地描述了子路急躁求好的個性。

孔子在這章並沒有對子路的行為有任何評論。要參看〈先進22〉：子路問孔子：「是不是聽聞了善道就要去做？」孔子回答說：「總要和父兄先商量一下吧！怎麼可以這麼任性就去做了呢？」換成冉有來問同樣的問題，孔子就說：「是的。事不宜遲，馬上就去做吧！」另外一位弟子公西華聽到了孔子這麼極端的建議，大惑不解地問他原因何在。孔子回答說：「冉求行事保守，所以鼓勵他勇往直前，而子路行事衝動，所以就讓他再想一想。」

從這裡的故事看來，孔子會認為：「實踐」雖然很重要，但是更重要的是要「慎」（〈為政18〉），要「慮深通敏」，不可「有勇無謀」，特別不可「為了求快而快」：「欲速，則不達」（〈子路17〉）。但也不可思前想後，躊躇不前，這樣往往會誤了時機。他就反對季文子的「三思而後行」（〈公冶長20〉）。這種快慢的拿捏，除了看人的個性，也要看外在的情勢，不是一成不變的教誨。這也是孔子的「時」（因時因人而異）教。

15

子貢問曰：「孔文子何以謂之『文』也？」子曰：「敏而好學，不恥下問，是以謂之文也。」

子貢請問孔子：「孔文子死後的謚號為什麼用『文』這個字？」孔子回答說：「他這個人敏而好學，又不恥下問（符合謚法中「勤學好問」的標準），所以才有這個謚號。」

這是一篇談謚號的章節。「敏」，是「識之疾也」（孔安國）或「疾速也」（皇侃），不如毓老師強調的「慮深通敏」，也是做事之前有周全的準備和縝密的計畫。「下問」是「問凡在己下者也」（孔安國）。

孔文子是衛國的大夫，姓孔、名圉（音「語」），死後謚號被封為「文」。戴望說：「生有善行，死當加善謚。」所以謚號是「文」的人應該有下面幾種貢獻：「經緯天地曰文。道德博厚曰文。勤學好問曰文。慈惠愛民曰文。愍民惠禮曰文。錫民爵位曰文。」（《逸周書・謚法解》〈1〉）文獻上有關孔文子的記載不多，不知道是根據他的什麼生前善行給予這個諡號。朱子認為是「勤學好問」，可是我找不到證據。

倒是有一個故事說他請教孔子有關出兵打仗的問題，孔子沒有理他（《史記．衛康叔世家》〈34〉）。事情的緣起可能是因為他要將女兒嫁給太叔疾，就逼他把太太給休了。太叔疾顯然也不是什麼好東西，休妻之後又引誘前妻的妹妹，享了齊人之福。文子知道後很生氣，準備出兵討伐他，行前先去請教孔子。孔子推託說自己沒學過軍事方面的學問，後來還乾脆離開了衛國。孔子這時候感嘆地說：「鳥都知道該在哪棵樹上休息，樹可以選擇讓什麼樣的鳥來休息嗎？」於是，倦鳥歸巢，他回到魯國。這應該是孔子結束周遊列國，回去「刪詩書、定禮樂」之前的事（《孔子家語．正論解》〈17〉）。

其他古籍上也沒有說他「敏而好學」和「不恥下問」的故事（上述故事中請教孔子應該算不上「不恥下問」吧？除非孔子又說笑了）。有文獻記載孔子用「敏而好學」誇獎過「銅鞮伯華」這位前輩小時候的表現（《說苑．尊賢》〈19〉和《孔子家語．賢君》〈7〉），卻沒有用「不恥下問」誇獎過任何一個人。如果孔文子真有孔子說的這種德行，文獻卻沒記載，這樣好像不太對吧？

難道，孔子這裡意在戳穿當時「諡號」已成「騙局」，也就是「沒世而名不稱焉」（〈衛靈公20〉）這種君子不齒的情況嗎？不然，孔子當初為什麼在他一請教軍事問題時就走人呢？知書達禮的孔子，會這樣對待一位「敏而好學、不恥下問」的人嗎？

「文」唸成「問」的話，有「隱藏」或「隱瞞」的意思。子夏說：「小人之過也必文。」（〈子張8〉）難道說孔子認為孔文子的「文」有這種意思？

這事顯然有蹊蹺。

附錄

《史記・衛康叔世家》〈34〉孔子自陳入衛。九年，**孔文子**問兵於仲尼，仲尼不對。其後魯迎仲尼，仲尼反魯。

《孔子家語・正論解》〈17〉衛**孔文子**使太叔疾出其妻，而以其女妻之。疾誘其初妻之娣，為之立宮，與文子女，加二妻之禮。文子怒，將攻之。孔子舍璩伯玉之家，文子就而訪焉。孔子曰：「簠簋之事，則嘗聞學之矣。兵甲之事，未之聞也。」退而命駕而行，曰：「鳥則擇木，木豈能擇鳥乎？」文子遽自止之，曰：「圍也豈敢度其私哉！亦訪衛國之難也。」

《說苑・尊賢》〈19〉孔子閒居，喟然而歎曰：「銅鞮伯華而無死，天下其有定矣。」子路曰：「願聞其為人也何若。」孔子曰：「其幼也**敏而好學**，其壯也有勇而不屈，其老也有道而能以下人。」子路曰：「其幼也**敏而好學**則可，其壯也有勇而不屈則可；夫有道又誰下哉？」孔子曰：「由不知也。吾聞之，以眾攻寡而無不消也；以貴下賤，無不得也。昔在周公旦制天下之政而下士七十人，豈無道哉？欲得士之故也，夫有道而能下於天下之士，君子乎哉！」

《孔子家語・賢君》〈7〉孔子閑處，喟然而歎曰：「嚮使銅鞮伯華無死，則天下其有定矣！」子路曰：「由願聞其人也。」子曰：「其幼也，**敏而好學**；其壯也，有勇而不屈；其老也，有道能下人。有此三者，以定天下也，何難乎哉？」子路曰：「幼而好學，壯而有勇，則可也；若夫有道下人，又誰下哉？」子曰：「由！不知。吾聞以眾攻寡，無不剋也；以貴下賤，無不得也。昔者周公居冢宰之尊，制天下之政，而猶下白屋之士，日見百七十人，斯豈以無道也，欲得士之用也，惡有有道而無下天下君子哉？」

16

子謂子產：「有君子之道四焉：其行己也恭，其事上也敬，其養民也惠，其使民也義。」

孔子讚美子產：「有四種君子的道：自己行事謙遜不懈，對上司交辦的事情敬慎而為，對老百姓的福利很照顧，要請老百姓擔任公共勞動時，也會考慮到老百姓的作息和其他相關情況。」

這章延續前一章對當時重要政治人物的批評，上章談及孔文子，這章談子產。子產是鄭國的大夫，姓公孫，名僑。古書上對他的記載還不少，一致認為他很能照顧老百姓，是個讓人民懷念的政治人物。

孔子在此處分四方面來講：一是「行己」，這裡可以說是「修身」，強調的是「行」，所以是「做事時的自己」。「恭」，皇侃和邢昺都說是「恭從不忤逆人物」，朱子說是「謙遜」，戴望說是

「不懈於位」，總之就是「盡忠職守」，做好自己份內的事。〈衛靈公5〉在談到舜無為而治時，也說到就是因為他能「恭己」。「恭」是孔子認為「為仁於天下者」的五種德政之一（〈陽貨6〉），也是孔子的德行之一（〈學而10〉和〈述而38〉）。可是他也強調「恭」要有「禮」加以約束（〈學而13〉、〈泰伯2〉和〈顏淵5〉）。

「敬」的解釋只有朱子說是「謹恪」；我們現在常常將「恭敬」合起來講。《論語》中「敬」也常出現，場合略有不同：有時講對鬼神或祖先（「敬鬼神而遠之」〈雍也22〉；「祭思敬」〈子張1〉）；有時講對治國的態度（「敬事而信」〈學而5〉；「使民敬、忠以勸」〈為政20〉；「居敬以行簡」〈雍也2〉；「民莫敢不敬」〈子路4〉；「民不敬」〈衛靈公33〉）；有時是對父母親的態度（「不敬，何以別乎？」〈為政7〉；「又敬不違」〈里仁18〉）；有時講的是對於君上的態度（「事君，敬其事而後食」〈衛靈公38〉）；有時講的是修身（「修己以敬」〈憲問42〉）；有時是對朋友（「久而敬之」〈公冶長17〉；「君子敬而無失」〈顏淵5〉）；有時就是對事（「執事敬」〈子路19〉；「行篤敬」〈衛靈公6〉；「事思敬」〈季氏10〉）。

孔子提到子產和「民」的關係時，特別區分了「養民」和「使民」，用的動詞也分別是「惠」和「義」。「惠」——朱子說是「愛利」，戴望說是「心省卹人」，劉寶楠說是「仁」；這其實是人民最關心的事情，「小人懷惠」（〈里仁11〉）就是這個意思。「義」是「宜」，就是因時因地選擇最佳的情況來行事。邢昺說前者是「愛養於民，振乏賙無以恩惠也」，就是「以社會福利救濟需要的人民」；後者是「役使下民，皆於禮法得宜，不妨農也」，也就是要讓人民服義務勞動時，要選在農閒之時。

孔子在有一次樊遲問仁的時候（《論語》中記載過他三次「問仁」：〈雍也22〉、〈顏淵22〉、〈子路19〉）回答的話和這章有點類似：樊遲問仁。子曰：「居處恭，執事敬，與人忠。雖之夷狄，不可棄也。」（〈子

路19〉）

《論語》中孔子還有提過子產兩次：一是潤色鄭國正式公文書的人（〈憲問8〉），一是像這章一樣稱讚過他是「惠人」（〈憲問9〉；荀子也跟著孔子這麼說，見《荀子．大略》〈57〉）。孟子對他的評價就苛刻了些，說他是「惠而不知為政」，理由是他想討好所有的人民，就算是自稱「民為貴」的孟子也認為這是做不到的事（《孟子．離婁下》〈30〉），還說了一個子產被廚師騙了的故事（《孟子．萬章上》〈2〉）。可是別的書記載他治理鄭國的時候「內無國中之亂，外無諸侯之患也，子產之從政也，擇能而使之」，而且還記載他除了「惠民」，也會「除害」，他就因為鄧析「威侈」而殺了對方。（《說苑．政理》〈20〉和《呂氏春秋．審應覽》〈離謂4〉）

子貢曾建議季孫氏仿效子產治鄭：「夫奚不若子產之治鄭，一年而負罰之過省，二年而刑殺之罪亡，三年而庫無拘人。故民歸之，如水就下；愛之，如孝子敬父母。子產病，將死，國人皆吁嗟，曰：『誰可使代子產死者乎？』及其不免死也，士大夫哭之於朝，商賈哭之於市，農夫哭之於野。哭子產者皆如喪父母。」（《韓詩外傳．卷三》〈24〉）

另外，值得大書特書的是子產對於言論自由的保障，特別是批評時政的言論。當時有人在「鄉校」評論時政，有人建議子產查封「鄉校」。結果被子產拒絕：「胡為？夫人朝夕游焉，以議執政之善否。其所善者，吾將行之；其所惡者，吾將改之。是吾師也，如之何毀之？吾聞為國忠信以損怨，不聞作威以防怨。譬之若防川也，大決所犯，傷人必多，吾不能救也，不如小決之，使導吾聞而藥之也。」（《新序．雜事四》〈91〉）這大概是最早對政治言論自由的保障。

子產要過世之前，交代他的繼任者，仁者才能以「寬」治國，建議他要以「猛」來治國，結果繼任者沒忍心這樣做，後來讓鄭國治安敗壞，懊悔不已（《孔子家語・正論解》〈12〉和《韓非子・內儲說上》〈30〉）。孔子後來評論說，應該「寬猛並濟」才對。

最後要提一個有趣的故事：季康子比較了子產和孔子逝世後人民天差地別的反應，問道是不是孔子不如子產？子游用比喻回答：子產和夫子，就像一攤水和雨水，在一攤水的情況，浸在水中就活，沒有就會死；可是時雨是人民生活的必須，人民受益卻忘了感恩。這就是兩人的不同之處，也是人民反應有差別的原因。（《說苑・貴德》〈15〉）

附錄

《荀子・大略》〈57〉子謂子家駒續然大夫，不如晏子；晏子功用之臣也，不如**子產**；**子產**惠人也，不如管仲；管仲之為人，力功不力義，力知不力仁，野人也，不可為天子大夫。

《孟子》〈離婁下30〉**子產**聽鄭國之政，以其乘輿濟人於溱洧。孟子曰：「惠而不知為政。歲十一月徒杠成，十二月輿梁成，民未病涉也。君子平其政，行辟人可也。焉得人人而濟之？故為政者，每人而悅之，日亦不足矣。」

——〈萬章上2〉昔者有饋生魚於鄭**子產**，**子產**使校人畜之池。校人烹之，反命曰：「始舍之圉圉焉，少則洋洋焉，攸然而逝。」**子產**曰：「得其所哉！得其所哉！」校人出，曰：「孰謂**子產**智？予既烹而食之，曰：得其所哉？得其所哉。」故君子可欺以其方，難罔以非其道。彼以愛兄之道來，故誠信而喜之，奚偽焉？

《說苑・政理》〈20〉**子產**相鄭，簡公謂**子產**曰：「內政毋出，外政毋入。夫衣裘之不美，車馬之不飾，子女之不潔，寡人之醜也；國家之不治，封疆之不正，夫子之醜也。」子產相鄭，終簡公之身，內無國中之亂，外無諸侯之患也；子產之從政也，擇能而使之：馮簡子善斷事，子太叔善決而文，公孫揮知四國之為而辨於其大夫之族姓，變而立至，又善為辭令，裨諶善謀，於野則獲，於邑則否，有事乃載裨諶與之適野，使謀可否，而告馮簡子斷之，使公孫揮為之辭令，成乃受子太叔行之，以應對賓客，是以鮮有敗事也。

《呂氏春秋．審應覽》〈離謂4〉**子產**治鄭，鄧析務難之，與民之有獄者約，大獄一衣，小獄襦袴。民之獻衣襦袴而學訟者，不可勝數。以非為是，以是為非，是非無度，而可與不可日變。所欲勝因勝，所欲罪因罪。鄭國大亂，民口讙譁。**子產**患之，於是殺鄧析而戮之，民心乃服，是非乃定，法律乃行。今世之人，多欲治其國，而莫之誅鄧析之類，此所以欲治而愈亂也。

《孔子家語．正論解》〈12〉鄭**子產**有疾，謂子太叔曰：「我死，子必為政。唯有德者能以寬服民，其次莫如猛。夫火烈，民望而畏之，故鮮死焉。水濡弱，民狎而翫之，則多死焉。故寬難。」**子產**卒，子太叔為政。不忍猛，而寬。鄭國多掠盜。太叔悔之，曰：「吾早從夫子，必不及此。」孔子聞之，曰：「善哉！政寬則民慢，慢則糾於猛；猛則民殘，民殘則施之以寬，寬以濟猛，猛以濟寬，寬猛相濟，政是以和。《詩》云：『民亦勞止，汔可小康。惠此中國，以綏四方。』施之以寬。『毋縱詭隨，以謹無良。式遏寇虐，慘不畏明。』糾之以猛也。『柔遠能邇，以定我王。』平之以和也。又曰：『不競不絿，不剛不柔；布政優優，百祿是遒。』和之至也。」**子產**之卒也，孔子聞之，出涕，曰：「古之遺愛也。」

《韓非子．內儲說上》〈30〉**子產**相鄭，病將死，謂游吉曰：「我死後，子必用鄭，必以嚴莅人。夫火形嚴，故人鮮灼；水形懦，人多溺。子必嚴子之形，無令溺子之懦。」故**子產**死，游吉不肯嚴形，鄭少年相率為盜，處於雚澤，將遂以為鄭禍。游吉率車騎與戰，一日一夜，僅能剋之。游吉喟然歎曰：「吾蚤行夫子之教，必不悔至於此矣。」

《說苑．貴德》〈15〉季康子謂子游曰：「仁者愛人乎？」子游曰：「然。」「人亦愛之乎？」子游曰：「然。」康子曰：「鄭子產死，鄭人丈夫舍玦珮，婦人舍珠珥，夫婦巷哭，三月不聞竽琴之聲。仲尼之死，吾不聞魯國之愛夫子奚也？」子游曰：「譬子產之與夫子，其猶浸水之與天雨乎？浸水所及則生，不及則死，斯民之生也必以時雨，既以生，莫愛其賜，故曰：譬子產之與夫子也，猶浸水之與天雨乎？」

17

子曰：「晏平仲善與人交，久而敬之。」

孔子說過：「晏嬰因為很善於和人交朋友，所以久而久之大家都尊敬他。」

這章也承接上兩章，評論當代人物，講的是晏嬰，文意清楚明白。

晏嬰，字平仲，是齊國人。當過齊國的宰相，以節儉著稱（《史記・管晏列傳》〈7〉），常常被拿來和管仲的奢華生活對照（《禮記・禮器》〈16〉、《孔子家語・曲禮子貢問》〈6〉和《禮記・雜記下》〈119〉）。對待君上，也能在國有道之時，順命而行，國無道的時候，視情況（衡命）而行。古書中沒有特別提到他交友的部分，所以不知道孔子這樣說是不是有什麼歷史上沒有記載的故事。

「交」是「交朋友」，孔子的弟子說得比老師多：曾子說過：「與朋友交而不信乎？」（〈學而4〉）；子夏說過：「與朋友交言而有信。」（〈學而7〉）；子夏的門人請教過子張「交」的問題（〈子張3〉）。

孔子這麼誇獎晏嬰，可是《史記．孔子世家》〈10〉上記載：齊景公希望將尼谿的田賜給孔子時，晏嬰極力反對，而且說了一些對孔子和「儒者」不利的話：「這些儒者，講話很難捉摸而且不可當成榜樣，講什麼事情都是他們自己對，別人都不對；在喪事上又特別花力氣，就算破產了也要辦得奢侈，大家可無法跟著這麼做；他們到處遊說國君用他們的辦法來治國，這也是行不通的。自從周王室大權旁落之後，禮樂不受重視而有殘缺。孔子利用這個空缺，把禮節搞得很繁瑣，很講究應對進退的細節，根本就讓人花幾生幾世也學不完，就算費一年光陰也難搞懂那些複雜的禮。如果國君想要用這種方式來影響人民，我看是行不通的。」後來景公就打消了聘用孔子的念頭。晏嬰如果這樣排斥過孔子和儒者，孔子還能說他「善與人交，久而人敬之」，就很奇怪了。

《孔叢子．詰墨》〈19〉記載孔子的九世孫孔附，曾經提過類似以上這種晏嬰排擠孔子的話，以及類似的記載，其實都是墨家「矯稱」晏嬰的故事，基本上是造謠。其實晏嬰和孔子對彼此的評價都很高，晏嬰也極為讚賞孔門弟子的各項能力，也是孔子說出本章「晏平仲善與人交，久而敬之」的原因。作為孔子後人，替先人辯護是可以理解的，但是我們希望看到的是其他記載的佐證，而不是後人或敵人各自表述的立場。

歷史有時候就是沒有留下切確的證據。面對不同的傳說，我們要選擇會讓自己有正能量的那種。

附錄

《史記．管晏列傳》〈7〉晏平仲嬰者，萊之夷維人也。事齊靈公、莊公、景公，以節儉力行重於齊。既相齊，食不重肉，妾不衣帛。其在朝，君語及之，即危言；語不及之，即危行。國有道，即順命；無道，即衡命。以此三世顯名於諸侯。

《禮記．禮器》〈16〉管仲鏤簋朱紘，山節藻棁，君子以為濫矣。**晏平仲祀其先人**，豚肩不揜豆；浣衣濯冠以朝，君子以為隘矣。

《孔子家語．曲禮子貢問》〈6〉子貢問曰：「管仲失於奢，晏子失於儉。與其俱失也，二者孰賢？」孔子曰：「管仲鏤簋而朱紘，旅樹而反坫，山節藻棁，賢大夫也，而難為上。**晏平仲**祀其先祖，而豚肩不揜豆，一狐裘三十年，賢大夫也，而難為下。君子上不僭下，下不逼上。」

《禮記．雜記下》〈119〉孔子曰：「管仲鏤簋而朱紘，旅樹而反坫，山節而藻棁。賢大夫也，而難為上也。**晏平仲**祀其先人。豚肩不掩豆。賢大夫也，而難為下也。君子上不僭上，下不逼下。」

《史記．孔子世家》〈10〉景公問政孔子，孔子曰：「君君，臣臣，父父，子子。」景公曰：「善哉！信如君不君，臣不臣，父不父，子不子，雖有粟，吾豈得而食諸！」他日又復問政於孔子，孔子曰：「政在節財。」景公說，將欲以尼谿田封孔子。**晏嬰**進曰：「夫儒者滑稽而不可軌法；倨傲自順，不可以為下；崇喪遂哀，破產厚葬，不可以為俗；游說乞貸，不可以為國。自大賢之息，周室既衰，禮樂缺有間。今孔子盛容飾，繁登降之禮，趨詳之節，累世不能殫其學，當年不能究其禮。君欲用之以移齊俗，非所以先細民也。」後景公敬見孔子，不問其禮。異日，景公止孔子曰：「奉子以季氏，吾不能。」以季孟之間待之。齊大夫欲害孔子，孔子聞之。景公曰：「吾老矣，弗能用也。」孔子遂行，反乎魯。

《孔叢子．詰墨》〈19〉曹明問子魚曰：「觀子詰墨者之辭，事義相反，墨者妄矣。假使墨者復起，對之乎？」答曰：「苟得其禮，雖百墨吾亦明白焉。失其正，雖一人猶不能當前也。墨子之所引者，矯稱晏子。晏子之善吾先君，吾先君之善晏子，其事庸盡乎。」曹明曰：「可得聞諸？」子魚曰：「昔齊景公問晏子曰：『吾欲善治，可以霸諸侯乎？』對曰：『官未具也。臣亟以聞，而君未肯然也。臣聞孔子聖人，然猶居處勬惰，廉隅不修，則原憲、季羔侍；血氣不休，志意不通；則仲由、卜商侍；德不盛，行不勤；則顏閔、冉雍侍。今君之朝臣萬人，立車千乘，不善之政，加於下民者眾矣，未能以聞者。臣故曰：官未備也。』此又晏子之善孔子者也。曰：『晏平仲善與人交，久而敬之。』此又孔子之貴晏子者也。」曹明曰：「吾始謂墨子可疑，今則決不妄疑矣。」

18

子曰：「臧文仲居蔡，山節藻梲，何如其知也？」

孔子說過：「臧文仲（僭越君王之禮）在家裡養了占卜國運用的大烏龜，房子的梁柱也畫上了君王居處的裝飾畫，怎能算是個明智的人呢？」

這章也是孔子評論當代人物。前面幾章都是正面評價，這章轉為負面。

臧文仲是魯國大夫臧孫辰，諡號曰文；不知道是根據《逸周書．諡法解》的哪一項：「經緯天地曰文。道德博厚曰文。勤學好問曰文。慈惠愛民曰文。愍民惠禮曰文。錫民爵位曰文。」更值得深思的是：如果他的諡號是有德行的「文」，孔子在這裡怎麼說他「不知（智）」呢？

本章的兩個關鍵詞是「居蔡」和「山節藻梲（音卓）」。孔子因為臧文仲做了這兩件事，所以批評說：「怎麼可以說臧文仲是『知』（同「智」）呢？」所以我們應該循著「不知」這條線索來研究這章的要義。

「居蔡」很容易被解釋成「住在蔡這個地方」。錯！也不完全錯！「居」是「蓄」（皇侃）、「藏」（朱子）；「蔡」有兩種說法：一是包咸說：「國君之守龜出蔡地，因以為名焉，長尺有二吋。」皇侃說得更簡單，說是「大龜」（其實更早的杜預注《春秋左傳》就是這麼說的，朱子也這麼解），然後追加解釋說：「禮，為諸侯以上得蓄大龜，以卜國之吉凶，大夫以下不得蓄之。」所以「居蔡」就是「蓄養了國君才能養的神龜」。二是《孔子家語・好生》〈8〉說「蔡」是大龜的名字。不管怎麼解「蔡」，「居蔡」是僭越禮法，行出其位。我們現在都知道孔子痛惡這些僭越禮法的人，可是為什麼不說他們「不知禮」而說是「不知（智）」？難道漏了一個「禮」字？

「山節藻梲」的解釋歷來無異義。皇侃說：「山節者，刻柱頭露節為山，如今拱斗也。藻梲者，畫梁上侏儒柱為藻文也。」朱子簡單說：「刻山於節，畫藻於梲。」《禮記・明堂位》〈9〉就說了是「天子之廟飾也」。管仲也這麼做過，也被批評過（《禮記・禮器》〈16〉和《孔子家語・曲禮子貢問》〈6〉）。臧文仲這麼做，當然也是「僭越禮法」，豈止是包咸所說的「奢侈」而已。所以孔子批評他「不知」，恐怕也是漏了一個「禮」字。

「何如其知也」，是孔子對上述兩項行為的評論。皇侃解釋說：「時人皆謂文仲是有智之人，故孔子出其僭奢之事而譏時人也，故云何如其智也。」朱子的解釋方向不同：「當時以文仲為知，孔子言其不務民義而諂瀆鬼神如此，安得為知？」這些都沒說明為什麼「僭」和「奢」是「不知」，而不採取更簡明扼要的「不知禮」？這不也正是孔子的「一貫之道」嗎？在《禮記・禮器》〈17〉孔子就這麼批評過：「臧文仲安知禮！」

孔子和臧文仲的關係有些奇妙。〈衛靈公14〉孔子批評他明知柳下惠是個賢能的人，可是卻沒有提拔他，因此懷疑他是個「竊位者」（「尸位素餐」）。《孔子家語．顏淵》〈4〉又說他「三不仁」和「三不智」。但是這裡說的「不智」並沒有本章的「居蔡」和「山節藻梲」。《春秋左傳》記載了臧文仲的「金玉良言」（參見附錄所引），甚至認為他的「立言垂法」是「三不朽」（《春秋左傳．襄公二十四年》〈2〉和《國語．晉語八》〈91〉）。《史記．仲尼弟子列傳》〈2〉說孔子「數稱（幾度讚美）臧文仲」，應該就是讚美這些「不朽良言」。可惜《論語》並沒有這方面的記載，應該是孔門弟子及再傳弟子在編輯《論語》時的疏失。

「依經解經」，讓我們更能超越古注，看到另外的可能性。

附錄

《禮記．禮器》〈17〉孔子曰：「臧文仲安知禮！夏父弗綦逆祀，而弗止也。燔柴於奧，夫奧者，老婦之祭也，盛於盆，尊於瓶。」

《孔子家語．顏回》〈4〉顏回問於孔子曰：「臧文仲、武仲孰賢？」孔子曰：「武仲賢哉！」顏回曰：「武仲世稱聖人，而身不免於罪，是智不足稱也；好言兵討，而挫銳於邾，是智不足名也。夫文仲、其身雖歿，而言不朽，惡有未賢？」孔子曰：「身歿言立，所以為文仲也。然猶有不仁者三，不智者三，是則不及武仲也。」回曰：「可得聞乎？」孔子曰：「下展禽，置六關，妾織蒲，三不仁。設虛器，縱逆祀，祠海鳥，三不智。武仲在齊，齊將有禍，不受其田，以避其難，是智之難也。夫臧武仲之智，而不容於魯，抑有由焉，作而不順，施而不怨也夫。《夏書》曰：『念茲在茲，順事恕施。』」

《春秋左傳・襄公二十四年》〈2〉二十四年，春，穆叔如晉，范宣子逆之問焉，曰：「古人有言曰：『死而不朽，何謂也？』」穆叔未對。宣子曰：「昔丐之祖，自虞以上為陶唐氏，在夏為御龍氏，在商為豕韋氏，在周為唐杜氏，晉主夏盟為范氏，其是之謂乎。」穆叔曰：「以豹所聞，此之謂世祿，非不朽也，魯有先大夫曰**臧文仲**，既沒，其言立，其是之謂乎，豹聞之。大上有立德，其次有立功，其次有立言。雖久不廢，此之謂不朽，若夫保姓受氏，以守宗祊，世不絕祀，無國無之，祿之大者，不可謂不朽。」

《國語・晉語八》〈91〉魯先大夫**臧文仲**，其身歿矣，其言立於後世，此之謂死而不朽。

《史記・仲尼弟子列傳》〈2〉孔子之所嚴事：於周則老子；於衛，蘧伯玉；於齊，晏平仲；於楚，老萊子；於鄭，子產；於魯，孟公綽。數稱**臧文仲**、柳下惠、銅鞮伯華、介山子然，孔子皆後之，不並世。

19

子張問曰：「令尹子文三仕為令尹，無喜色；三已之，無慍色。舊令尹之政，必以告新令尹。何如？」子曰：「忠矣！」曰：「仁矣乎？」曰：「未知，焉得仁？」「崔子弒齊君，陳文子有馬十乘，棄而違之。至於他邦，則曰：『猶吾大夫崔子也。』違之。之一邦，則又曰：『猶吾大夫崔子也。』違之。何如？」子曰：「清矣！」曰：「仁矣乎？」曰：「未知。焉得仁？」

子張請問孔子：「楚國的令尹子文三次被任命當令尹，臉上並沒有露出高興的表情；三次被罷黜，看起來也不生氣。在交接的時候，他都會交代得很清楚。這樣的人，老師怎麼評價呢？」孔子回答說：「可以算是忠吧！」（子張接著）問：「算得上是仁嗎？」（孔子回答）說：「連智都稱不上，怎麼算得上仁呢？」「崔子殺掉了齊國的國君，陳文子帶著十輛由四匹馬拉的馬車離開齊國。到了別的國家，（看到臣子殺死國君的情況，）就說：『這不是和我們國家的崔子一樣嗎？』又離開這個國家。到了另外一個國家，（又看到臣子殺死國君的情況，）又說：『這不是和我們國家的崔子一樣嗎？』又離開這個國家。這樣的人，老師怎麼評價呢？」孔子回答說：「算得上是清吧！」〔子張又〕問：「算得上仁嗎？」〔孔子〕回答說：「連智都稱不上，怎麼能算得上仁呢？」

這章分成兩段，問的事情雖然不同，但是都呈現了孔子和弟子對於「仁」看法不同，而且孔子顯然認為弟子提到的這些人都還算有初階的道德，但是連中階的道德都算不上，遑論高階的「仁」。子張在〈為政18〉請問過孔子做官的問題，在〈為政23〉問過「十世可知也」。也許因為他很佩服令尹子文「三上三下都不忘交代繼任者」這種做官的方式，所以在這裡就請教老師這樣算不算「仁」？

這一章明顯分成兩個部分，子張認為這兩個人具有「仁德」，而孔子只許以「忠」和「清」，而不許「仁」。第一個部分是有關「令尹子文」的事和孔子和弟子的差異評價。

「令尹」是楚國的官名，邢昺說是「宰」，而且還說「令」有「善」的意思，「尹」有「正」的意思。合起來說，這樣的官應該要有「守善為正」的德行才足以擔當此位。根據孔安國的說法，「子文」是楚國的大夫，姓鬬，名穀，字於菟（要唸成「烏塗」），朱子說他名穀於菟。在《論語》中他只出現過這一次，也沒說明他的功績，只說他當令尹「三上三下」，也不知道是什麼原因。這裡孔子只勉強稱許他「忠」（有清楚交接職務，讓繼任者好做事），卻沒達到「知（智）」的進階境界，更別說孔子的最高標準「仁」。

其他古書有關「令尹子文」的記載都表明他是個公正的人，不願意自己族人犯法還能享受特別待遇（《說苑．至公》〈17〉），這樣「大公無私」的為官，大概是子張佩服的原因，可是他沒跟孔子提到這個故事。也有稱讚他很「廉潔」，頗得人民愛戴（《戰國策．楚策》〈威王問於莫敖子華2〉和《列女傳．陶荅子妻》〈2〉）。倒是王充說到本章時提到令尹子文曾經做了一個錯誤的建議，讓楚國打了敗仗，損傷慘重（《論衡．問孔》〈25〉），這是他的不「明智之舉」，可是孔子並沒有舉這個例子。孔子畢竟稱許他的「三上三下都跟繼任者有清楚交代」是「忠」。劉寶楠引證了不少古書，認為這個「三上三下」的故事主人翁說是孫叔敖，同樣是楚國人。不過清朝的閻若璩考證過了，孫叔敖的當官時間大約只有七八年，不可能「三上三下」。孫叔敖也是清官。真是好樣的孫氏祖先，孫氏後人以您為榮。

這一段的「已」字其實看上下文也猜得到，古注說是「黜止」（皇侃），劉寶楠引用古書說是「去」或「止」，就是「被罷黜」，沒官當。被罷黜的理由則沒說。

孔子說令尹子文是「忠」，應該只是「忠於職守」，是忠於「事」，也就是「居之無倦，行之以忠」（〈顏淵14〉），也就是「居處恭，執事敬，與人忠」（〈子路19〉）並沒有後代忠於「君」的意思，雖然他說過「臣事君以忠」（〈八佾19〉）。

第二個故事是有關陳文子。他的君上是齊國的國君，被崔子給殺了。他就放棄身家財產，想找個不作亂的邦國安居。沒想到到哪兒去都碰到「臣弒其君」的亂象。子張認為這樣的行為應該算得上是「仁」。沒想到孔子只淡淡地說：「這勉強可以算是『清』。」可是這樣的行為連「智」都談不上，怎麼算得上「仁」呢？

在〈微子8〉中，孔子誇獎過：「虞仲、夷逸，隱居放言。身中清，廢中權。」「清」雖然不錯，但顯然不夠上乘。

崔子是「齊大夫崔杼」（皇侃）。「齊君，莊公，名光」（朱子）。「陳文子亦齊大夫，名須無。」（朱子）這一段也沒什麼太難的字，看上下文都可以懂。「弒」是「臣殺君也」（《說文解字》）指下位者殺死上位者的行為。古代這種和社會階級有關的字眼是很精確的，不同社會地位的人的死亡也都有不同的字：「天子死曰崩，諸侯曰薨，大夫曰卒，士曰不祿，庶人曰死。在床曰尸，在棺曰柩。羽鳥曰降，四足曰漬。死寇曰兵。」（《禮記・曲禮下》〈121〉）「乘」是「四匹馬拉的馬車」，「十乘」就是「十輛由四匹馬拉的馬車」。「違」，是「去」（皇侃）。「之一邦」的「之」，則是「往」（皇侃）。

這章其實蘊含著三階段的道德：「忠」和「清」都是初階；「知（智）」是中階；「仁」是最高階。孔子不輕易稱許任何人「仁」。孔子雖然罵過管仲「奢」和「不知禮」，但他能「九和諸侯、一匡天下」，保文化於不墜，孔子認為這就是管仲的「仁」之所在（〈憲問16〉和〈憲問17〉）。他也稱讚過「伯夷」和「叔齊」，「求仁而得仁」，不過他只稱這兩位為「古之賢人」（〈述而15〉），沒說是「仁人」。他也稱讚過「殷之三仁」：微子、箕子，和比干（〈微子1〉）。

孔子在本章說：「焉得仁？」在《論語》中孔子也說過兩次「不知其仁」：一次是有人批評冉雍「仁而不佞」，孔子辯解說：「不知其仁，焉用佞？」（〈公冶長5〉）一次是孟武伯問子路、冉有和公西赤是否「仁」？孔子分別說子路「千乘之國可使治其賦也」，冉求「千室之邑，百乘之家，可使為之宰也」，公西赤「束帶立於朝，可使與賓客言也」。雖然說了這些推薦的話，最後孔子卻對三個人都說「不知其仁也」（〈公冶長8〉）。

弟子的眼界真不如老師，如此可見一斑。孔門弟子如此，其他學生不如孔門弟子，老師又不如孔子的，就算在千百年之後，又如何？

附錄

《說苑・至公》〈17〉楚**令尹子文**之族有干法者，廷理拘之，聞其令尹之族也而釋之。子文召廷理而責之曰：「凡立廷理者將以司犯王令而察觸國法也。夫直士持法，柔而不撓；剛而不折。今棄法而背令而釋犯法者，是為理不端，懷心不公也。豈吾營私之意也，何廷理之駮於法也！吾在上位以率士民，士民或怨，而吾不能免之於法。今吾族犯法甚明，而使廷理因緣吾心而釋之，是吾不公之心，明著於國也。執一國之柄而以私聞，與吾生不以義，不若吾死也。遂致其族人於廷理曰：「不是刑也，吾將死！」廷理懼，遂刑其族人。成王聞之，不及履而至於子文之室曰：「寡人幼少，置理失其人，以違夫子之意。」於是黜廷理而尊子文，使及內政。國人聞之，曰：「若令尹之公也，吾黨何憂乎？」乃相與作歌曰：「子文之族，犯國法程，廷理釋之，子文不聽，恤顧怨萌，方正公平。」

《戰國策・楚策》〈威王問於莫敖子華2〉昔令**尹子文**，緇帛之衣以朝，鹿裘以處；未明而立於朝，日晦而歸食；朝不謀夕，無一月之積。故彼廉其爵，貧其身，以憂社稷者，**令尹子文**是也。

《列女傳・陶荅子妻》〈2〉昔楚**令尹子文**之治國也，家貧國富，君敬民戴，故福結於子孫，名垂於後世。

《論衡・問孔》〈25〉子張問：「**令尹子文**三仕為令尹，無喜色；三已之，無慍色。舊令尹之政，必以告新令尹。何如？」子曰：「忠矣。」曰：「仁矣乎？」曰：「未知，焉得仁？」子文曾舉楚子玉代己位而伐宋，以百乘敗而喪其眾，不知如此，安得為仁？

20

季文子三思而後行。子聞之，曰：「再，斯可矣。」

季文子是個拿不定主意的人，凡事思前想後、畏首畏尾。孔子聽到人們這麼說季文子，就開玩笑說：「想兩次就可以了，別想太多！」

這章是孔子開玩笑評論魯國的前輩季文子（西元前六五一—五六八）。「三思」是「思之多，能審慎也」（劉寶楠）。「斯」是「此」（皇侃）或「語詞」（朱子）。

根據鄭玄的說法，季文子是魯大夫季孫行父，謚號是文。古籍中有關季文子的記載不少：一個故事是講他「三窮（沒被重用）三通（被重用）」的事。子貢說他沒被重用的時候，就會去向賢者請益，他被重用的時候就會想方設法幫助有才能卻沒被重用的人；他有錢的時候會接濟貧窮的人；他社會地位高的時候會以禮對待社會地位低的人。他這樣對朋友、宗親和百姓都好，所以他能被重用是理所當然的，沒被重用就只是命不好罷了！（《說苑．善說》〈25〉）

另外一個故事流傳甚廣，都說他在魯國當宰相的時候，他的小老婆們都不穿高貴布料的衣服，他的馬也不吃最好的飼料。有人認為他這樣做會讓邦國丟臉，他卻認為：「君子要用德行替國家增光，而不是靠著小老婆的衣服布料和馬的飼料。」讓這個給提建議的人慚愧而退。（《說苑・反質》〈13〉和《國語・魯語上》〈16〉）

還有一個發生在魯成公七年（西元前五八四年）的故事，那年吳國伐郯國，兩國最後和談，他從此事件看出中國已經不敵蠻夷，可是卻沒人注意到這樣的危機。（《春秋左傳・成公七年》〈2〉）

最後記載指出他死後家貧如洗，果然「無衣帛之妾」，也無「無食粟之馬」、更「無藏金玉」，「無重器備」（《春秋左傳・襄公五年》〈2〉）。他這位三朝為官的人身後卻如此清廉，可見絕對是和前章的「令尹子文」來個「忠臣」大PK。

以上的記載都沒說到季文子「三思」的事情。再加上他又是孔子的前輩，孔子應該只是開他一個玩笑罷了。否則，慮深通敏，孔子應該不會反對才是。

現在很多人不同意對方的意見時不好意思明說，往往就會說「請三思」。其實，講「請再思」即可。還有「三」是代表「多」的意思，並不是實指的「三」。

有趣的是古書中提到的另外一種「三思」。孔子曰：「君子有三思而不可不思也：少而不學，長無能也；老而不教，死無思也；有而不施，窮無與也。是故君子少思長，則學；老思死，則教；有思窮，則施也。」（《荀子・法行》〈8〉和《孔子家語・三恕》〈2〉）這種「學、教、施」的「三思」恐怕更值得我們「三思」，不，「再思而後行」。

附錄

《說苑》〈善說25〉衛將軍文子問子貢曰：「**季文子**三窮而三通，何也？」子貢曰：「其窮事賢，其通舉窮，其富分貧，其貴禮賤。窮而事賢則不悔；通而舉窮則忠於朋友，富而分貧則宗族親之；貴而禮賤則百姓戴之。其得之，固道也；失之，命也。」曰：「失而不得者，何也？」曰：「其窮不事賢，其通不舉窮，其富不分貧，其貴不理賤，其得之，命也；其失之，固道也。」

——〈反質13〉**季文子**相魯，妾不衣帛，馬不食粟。仲孫它諫曰：「子為魯上卿，妾不衣帛，馬不食粟，人其以子為愛，且不華國也。」文子曰：「然乎？吾觀國人之父母衣麤食蔬，吾是以不敢。且吾聞君子以德華國，不聞以妾與馬。夫德者得於我，又得於彼，故可行；若淫於奢侈，沈於文章，不能自反，何以守國？」仲孫它慚而退。

《國語・魯語上》〈16〉**季文子**相宣、成，無衣帛之妾，無食粟之馬。仲孫它諫曰：「子為魯上卿，相二君矣，妾不衣帛，馬不食粟，人其以子為愛，且不華國乎！」文子曰：「吾亦願之。然吾觀國人，其父兄之食粗而衣惡者猶多矣，吾是以不敢。人之父兄食粗衣惡，而我美妾與馬，無乃非相人者乎！且吾聞以德榮為國華，不聞以妾與馬。」

《春秋左傳》〈成公七年2〉七年，春，吳伐郯，郯成。**季文子**曰：「中國不振旅，蠻夷入伐，而莫之或恤，無弔者也。夫詩曰：『不弔昊天，亂靡有定。』其此之謂乎！有上不弔，其誰不受亂。吾亡無日矣！君子曰：『知懼如是，斯不亡矣。』」

——〈襄公五年2〉**季文子**卒，大夫入斂，公在位，宰庀家器為葬備，無衣帛之妾，無食粟之馬，無藏金玉，無重器備，君子是以知**季文子**之忠於公室也，相三君矣，而無私積，可不謂忠乎。

《史記・魯周公世家》〈51〉五年，**季文子**卒。家無衣帛之妾，廄無食粟之馬，府無金玉，以相三君。君子曰：「**季文子**廉忠矣。」

21

子曰：「甯武子邦有道則知，邦無道則愚。其知可及也，其愚不可及也。」

孔子說過：「甯武子這個人，當政治清明的時候，他展現智慧；當政治昏亂時，他佯裝愚笨。他展現智慧的時候是別人也做得到的，可是他佯裝的愚笨卻無人可以比擬。」

這章是孔子誇獎甯武子「會視情況展現智或愚」。「邦有道」（或「國有道」）和「邦無道」（或「國無道」）的對舉，在〈公冶長2〉就出現過。各位可以溫故知新。

孔子在這裡沒有舉例說明他說的：「邦有道則知，邦無道則愚。」《春秋左傳》有一個記載也許可以算是例證。〈僖公二十八年2〉有一個他和衛人結盟的故事，也表現了他的外交手腕。〈僖公三十一年2〉他駁斥康叔託夢之說，有點像孔子所說的：「非其鬼而祭之，諂也。」藉此希望國君改變不合禮法的祭祀。這兩個都可以算得上是他「邦有道則知」的例證。

另外還有他對於周威公問：「取士有道乎？」甯武子回答的是：「有，窮者達之，亡者存之，廢者起之；四方之士，則四面而至矣。窮者不達，亡者不存，廢者不起；四方之士，則四面而畔矣。」（《說苑・尊賢》〈8〉）他對「士道」的強調和孔子也沒有太大差別。

至於他「愚」的例證，可以參考下面的故事：衛國的大夫甯武子到魯國做外交拜訪。魯文公設宴，席間朗誦了〈湛露〉和〈彤弓〉兩首詩。甯武子並沒有依照外交禮節加以回話，也沒有賦詩答謝。魯文公覺得有蹊蹺，就請部下私下問明理由。甯武子回答說：「我以為當時魯君是在練習。因為以前只有在諸侯朝拜天子的時候，天子才會朗誦〈湛露〉，表示天子面對著太陽，諸侯就形同露水，所以諸侯要報效天子。諸侯討伐天子的仇敵，天子就賞賜他紅色的弓一把，紅色的箭一百枝，黑色的弓十把，當作酬謝。這時候天子就要朗誦這首〈彤弓〉。現在我不過是個衛國的陪臣，只是來發展外交關係，而魯君卻以這麼隆重的宴樂大禮來招待我，我何德何能自取其辱呢？」（《春秋左傳・文公四年》〈2〉）甯武子的裝傻行為替不知禮的魯文公留了情面。這就是外交手腕的高明之處。恐怕這也可以算是孔子誇獎他「其愚不可及也」的例證吧！

附錄

《春秋左傳》〈僖公二十八年2〉六月，晉人復衛侯。**甯武子**與衛人盟於宛濮，曰：「天禍衛國，君臣不協，以及此憂也。今天誘其衷，使皆降心以相從也。不有居者，誰守社稷？不有行者，誰扞牧圉？不協之故，用昭乞盟於爾大神，以誘天衷。自今日以往，既盟之後，行者無保其力，居者無懼其罪。有渝此盟，以相及也。明神先君，是糾是殛。」國人聞此盟也，而後不貳，衛侯先期入，甯子先，長牂守門，以為使也，與之乘而入。公子歂犬、華仲前驅，叔孫將沐，聞君至，喜，捉髮走出，前驅射而殺之。公知其無罪也，枕之股而哭之。歂犬走出，公使殺之。元咺出奔晉。

——〈僖公三十一年2〉冬，狄圍衛，衛遷於帝丘，卜曰：「三百年。」衛成公夢康叔曰：「相奪予享！」公命祀相。甯武子不可，曰：「鬼神非其族類，不歆其祀。杞、鄫何事？相之不享，於此久矣，非衛之罪也。不可以間成王、周公之命祀，請改祀命。」

——〈文公四年2〉衛甯武子來聘，公與之宴，為賦〈湛露〉及〈彤弓〉。不辭，又不答賦。使行人私焉。對曰：「臣以為肄業及之也。昔諸侯朝正於王，王宴樂之，於是乎賦〈湛露〉，則天子當陽，諸侯用命也。諸侯敵王所愾，而獻其功，王於是乎賜之彤弓一，彤矢百，玈弓矢千，以覺報宴。今陪臣來繼舊好，君辱貺之，其敢干大禮以自取戾？」

22

子在陳曰：「歸與！歸與！吾黨之小子狂簡，斐然成章，不知所以裁之。」

孔子在陳國，感嘆地說：「我還是回國去吧！還是回去吧！故鄉的弟子一個個都狂妄自大，把家國搞得沒了個章法，不知道要篤守中庸之道〔讓我來好好教教他們，讓他們能將道傳下去〕。」

這章和前後章評論古人的內容有別。孔子沒有評論任何人，只是想回到魯國，理由是弟子沒得到適當的教誨，已經失了做人的中庸之道。用弟子需要教誨當成回家的藉口，難言之隱，呼之欲出。

「狂」的特色是「進取」，是超過「中庸之道」的「太過」，相對的是「狷」，是「不及」中庸之道。兩者都不是孔子希望弟子有的「中行」樣態（〈子路21〉）。「簡」，古注多說是「大」，這樣就把弟子都歸在「太過」的一邊，而沒有「不及」的意思。有人覺得這裡的「簡」應該就是「狷」，《孟子・盡心下》〈83〉作「獧」（音倦），這和上面提到的「狂狷」對照，比較說得通。孔子弟子中應該是兩類人都有的，不會只有狂者。

其實，孔子對狂者沒有什麼好感：他對於「狂而不直」的仁很失望（〈泰伯16〉）；他也說過：「好剛不好學，其蔽也狂。」（〈陽貨8〉）他還區分了古今不同的「狂」：「古之狂也肆，今之狂也蕩。」（〈陽貨16〉）被列為法家的韓非子也說：「心不能審得失之地謂之狂。」（《韓非子．解老》〈13〉）和孔子的說法差別不大。

相對來說，孔子對於「簡」的討論少，不過也頗不以為然：孔子就批評過子桑伯子「簡」，不過他也同意仲弓的補充，「簡」要有「居敬」來配合才適當（〈雍也2〉）。

孟子在這一章有他的發揮。他的弟子萬章不解為什麼孔子會思念魯之「狂士」，孟子就以〈子路21〉的話來開導他，強調孔子希望的是能有個能行「中道」的弟子，可是事與願違，才退而求其次，能有個「太過」的「狂」者也可以勉強湊合。萬章又問道孔門弟子中哪些人算是「狂」者？孟子舉了「琴張」、「曾皙」和「牧皮」三人為例，因為這三個人開口閉口都是要學古人如何如何，可是又都只是嘴巴說說，根本做不到。如果都沒有狂者，那只好再退而求其次，找弟子中的「獧」者。（《孟子．盡心下》〈83〉）

有趣的是孟子所提到的「孔門三狂」都不是孔門「四科十哲」（〈先進3〉）：「琴張」有說是「琴牢」（《論語》中沒出現過），有說是「子張」；「曾皙」是曾子的父親，在〈先進26〉有一場讓大家驚豔的表現（他在《論語》只出現過這麼一次），「牧皮」則不知是何許人也。以這三個歷史記載很少的人為證，實在讓後人好生困擾，無法證實孟子說法的真確性。所以，就算「依經解經」引證了孟子，也沒加深我們對這章的了解。

《史記．孔子世家》〈28〉認為這是孔子離開陳國之前說的話，但是這更可能是孔子周遊列國，發現難以施展自己的一貫之道，想著回到魯國，用遊說邦君以外的方式來宣揚自己的理念。各國邦君不受教，最後的希望寄託在故鄉的子弟身上。還好孔子不像後來的項羽，覺得自己「無顏見江東父老」，而且還深信自己的道終將可以為「木鐸」，所以「藏道」於弟子，以待來日。我們這些「來日弟子」也才能透過孔子的「祕藏之道」，稍微知道「做人」和「做事」是怎麼回事。

這樣說來，如果我們把《論語》學好了，身修家齊，進而國治天下平，這樣也可以稱得上是孔子的「文化老鄉」吧！否則，我們只是「孔子的異鄉人」！

附錄

《孟子．盡心下》〈83〉萬章問曰：「孔子在陳曰：『盍歸乎來！吾黨之士**狂**簡，進取，不忘其初。』孔子在陳，何思魯之**狂**士？」孟子曰：「孔子『不得中道而與之，必也**狂**狷乎！**狂**者進取，狷者有所不為也』。孔子豈不欲中道哉？不可必得，故思其次也。」「敢問何如斯可謂**狂**矣？」曰：「如琴張、曾皙、牧皮者，孔子之所謂**狂**矣。」「何以謂之**狂**也？」曰：「其志嘐嘐然，曰『古之人，古之人』。夷考其行而不掩焉者也。**狂**者又不可得，欲得不屑不潔之士而與之，是狷也，是又其次也。孔子曰：『過我門而不入我室，我不憾焉者，其惟鄉愿乎！鄉愿，德之賊也。』」曰：「何如斯可謂之鄉愿矣？」曰：「『何以是嘐嘐也？言不顧行，行不顧言，則曰：古之人，古之人。行何為踽踽涼涼？生斯世也，為斯世也，善斯可矣。』閹然媚於世也者，是鄉愿也。」萬子曰：「一鄉皆稱愿人焉，無所往而不為愿人，孔子以為德之賊，何哉？」曰：「非之無舉也，刺之無刺也；同乎流俗，合乎汙世；居之似忠信，行之似廉潔；眾皆悅之，自以為是，而不可與入堯舜之道，故曰德之賊也。孔子曰：『惡似而非者：惡莠，恐其亂苗也；惡佞，恐其亂義也；惡利口，恐其亂信也；惡鄭聲，恐其亂樂也；惡紫，恐其亂朱也；惡鄉愿，恐其亂德也。』君子反經而已矣。經正，則庶民興；庶民興，斯無邪慝矣。」

《史記．孔子世家》〈28〉孔子居陳三歲，會晉楚爭彊，更伐陳，及吳侵陳，陳常被寇。孔子曰：「歸與！歸與！吾黨之小子狂簡，進取不忘其初。」於是孔子去陳。

23

子曰：「伯夷、叔齊不念舊惡，怨是用希。」

孔子說過：「伯夷和叔齊兩個人不計較別人對不起他們的地方，所以很少人會怨恨他們。」

這章是孔子對伯夷和叔齊兩位古人的評論。

陸德明《經典釋文》清楚記載兩人的姓名：他們都姓墨，伯夷名允，字公信，謚曰夷（《逸周書・謚法解》：「克殺秉政曰夷。安民好靜曰夷。」），排行老大；叔齊名元，一說名智，字公達，謚曰齊（《逸周書・謚法解》：「執心克莊曰齊。資輔共就曰齊。」），排行老三。沒人提起過兩人中間排行第二的兄弟，只提這老大和老三，也是一件歷史怪事。

《史記・伯夷列傳》〈3〉有專門記載伯夷和叔齊的故事。他們的父王是孤竹國的國君。父王想將王位給三弟叔齊繼承，可是後來叔齊禮讓王位給大哥伯夷，兩人讓來讓去，最後決定誰也別當王，逃離了孤竹國。王位由兩人中間那一位沒留下姓名的老二繼承。這兩人後來勸誡周武王不要伐紂，並且以「不孝和不仁」來警告周武王的「犯上」行為。後來周武王定天下，伯夷和叔齊發誓不吃周朝土地生長的糧食，也因此餓死在首陽山。故事中沒有提到兩人「不念舊惡」的事情，更沒提到別人對他們的怨恨。

孔子在〈述而15〉中稱讚兩人是「求仁得仁」的古之賢人。他們本身是「無怨」的。〈季氏12〉中也稱頌他們餓死首陽山的氣節。〈微子8〉中更稱讚他們倆「不降志辱身」。

孟子也稱讚伯夷（可是沒提到叔齊）是「聖之清者」，因為他：「眼睛不隨便看不該看的東西，耳朵不聽不該聽的聲音。不是自己的君上就不替他服務，不是自己的人民也不讓他們服勞役。政治清明就出仕，政治昏亂就退隱。不住在政治不清明的地方，也不跟不講道理的人相處。他和自己同鄉相處，也都正襟危坐，戰戰兢兢。紂王當道，他們避居北海，靜待天下太平。所以聽到伯夷做事的風格，就算是貪官都會慚愧收斂變得廉潔，膽小怕事的人也會受到鼓舞而立志行道。」（《孟子・萬章下》〈10〉和《韓詩外傳・卷三》〈33〉）孟子講的這故事比古書都長，希望不是自己想出來的。

《大戴禮記・衛將軍文子》〈17〉（和《孔子家語・弟子行》〈1〉）也記載孔子說他們倆：「不克不忌，不念舊惡。」一樣沒舉證。恐怕也是沿襲自這章的記載。

其他先秦諸子也都有關他們倆的記載和評論，不過和孔門的想法大不同。被稱為法家的韓非子就說這兩人：「不畏重誅，不利重賞，不可以罰禁也，不可以賞使也。此之謂無益之臣也。吾所少而去也，而世主之所多而求也。」（《韓非子・姦劫弒臣》〈5〉）在〈說疑3〉，韓非子把他們倆和其他十位古人並列為「不令之民」（頑固的人民），「當今之世，將安用之？」就差沒罵「廢物」之類的話。韓非子顯然對兩人或這類人是有「怨」的，而且還是「深怨」。這是高壓當局無法威脅到的人。

莊子則將兩人勸誡周武王的故事加以「演義」，最後稱讚他們：「高節戾行，獨樂其志，不事於世，此二士之節也。」（《莊子·讓王》〈16〉和《呂氏春秋·季冬紀》〈誠廉2〉）

以上各家不論是褒是貶的記載，都同樣沒有說到本章說的「不念舊惡，怨是用希」的例證。這裡的關鍵詞是「怨」。常見的情況是「怨天」、「怨地」、「怨命」、「怨社會」、「怨別人」和「怨自己」。總之覺得自己不應該淪落到這番田地，就產生「怨」。

伯夷和叔齊不怨別人，別人也不怨他們。江湖無怨，這是何等境界？

附錄

《史記·伯夷列傳》〈3〉**伯夷**、**叔齊**，孤竹君之二子也。父欲立**叔齊**，及父卒，**叔齊**讓**伯夷**。**伯夷**曰：「父命也。」遂逃去。**叔齊**亦不肯立而逃之。國人立其中子。於是**伯夷**、**叔齊**聞西伯昌善養老，盍往歸焉。及至，西伯卒，武王載木主，號為文王，東伐紂。**伯夷**、**叔齊**叩馬而諫曰：「父死不葬，爰及干戈，可謂孝乎？以臣弒君，可謂仁乎？」左右欲兵之。太公曰：「此義人也。」扶而去之。武王已平殷亂，天下宗周，而**伯夷**、**叔齊**恥之，義不食周粟，隱於首陽山，采薇而食之。及餓且死，作歌。其辭曰：「登彼西山兮，采其薇矣。以暴易暴兮，不知其非矣。神農、虞、夏忽焉沒兮，我安適歸矣？于嗟徂兮，命之衰矣！」遂餓死於首陽山。

《孟子·萬章下》〈10〉**孟子曰**：「**伯夷**，目不視惡色，耳不聽惡聲。非其君不事，非其民不使。

治則進，亂則退。橫政之所出，橫民之所止，不忍居也。思與鄉人處，如以朝衣朝冠坐於塗炭也。當紂之時，居北海之濱，以待天下之清也。故聞**伯夷**之風者，頑夫廉，懦夫有立志……伯夷，**聖之清者也**。」

《韓詩外傳．卷三》〈33〉**伯夷**、**叔齊**目不視惡色，耳不聽惡聲；非其君不事，非其民不使；橫政之所出，橫民之所止，弗忍居也；思與鄉人居，若朝衣朝冠坐於塗炭也。故聞**伯夷**之風者、貪夫廉，懦夫有立志。至柳下惠則不然，不羞汙君，不辭小官；進不隱賢，必由其道；阨窮而不憫，遺佚而不怨；與鄉人居，愉愉然不去也，雖袒裼裸裎於我側，彼安能浼我哉！故聞柳下惠之風，鄙夫寬，薄夫厚。至乎孔子去魯，遲遲乎其行也，可以去而去，可以止而止，去父母國之道也。**伯夷**、聖人之清者也，柳下惠、聖人之和者也，孔子、聖人之中者也。《詩》曰：「不競不絿，不剛不柔。」中庸和通之謂也。

《韓非子．說疑》〈3〉若夫許由、續牙、晉伯陽、秦顛頡、衛僑如、狐不稽、重明、董不識、卞隨、務光、**伯夷**、**叔齊**，此十二人者，皆上見利不喜，下臨難不恐，或與之天下而不取，有萃辱之名，則不樂食穀之利。夫見利不喜，上雖厚賞無以勸之；臨難不恐，上雖嚴刑無以威之；此之謂不令之民也。此十二人者，或伏死於窟穴，或槁死於草木，或飢餓於山谷，或沉溺於水泉。有民如此，先古聖王皆不能臣，當今之世，將安用之？

24

子曰：「孰謂微生高直？或乞醯焉，乞諸其鄰而與之。」

> 孔子〔很不以為然地〕說過：「誰說微生高這個人直？有人跟他要點醋，〔他自己家也沒了〕他就跑到隔壁去幫人家要。」

本章又是孔子和時人對於「直」的觀念有異。

這裡的「微生高」也是個歷史上沒什麼記載的人物。有些書以為他是「尾生」，因為「微」和「尾」的發音很近，可能因此傳聞不一，記載就不一。先秦兩漢經典中有提到尾生與女子相約在橋下見面，結果女子沒來，卻來了大水，他抱梁柱而死，這樣的「信」是古人期期以為不可的（《莊子・盜跖》〈1〉和《中論・貴言》〈2〉），但古籍都沒說到他「直」的事。所以，可能不是同一個人。

孔子這裡也沒說微生高做過什麼事情讓人覺得他「直」。就像〈公冶長11〉有人說申棖「剛」，孔子也沒舉證。只舉例說他「欲」，所以算不得「剛」。孔子在這裡用「跟隔壁鄰居借醋給人」的事來說明微生高算不上「直」。這裡沒說「向隔壁借醋給人」是不對的，只是這樣的行為算不上「直」，應該還算是好人好事一樁。

問題因此就來了：「直」是什麼？沒有弟子接著問，孔子也沒說。古注都說「用意委曲，非為直人」（孔安國、皇侃和邢昺），朱子引用范氏的說法最清楚：「是曰是，非曰非，有謂有，無謂無，曰直。」這樣一來，「直」好像也像「知之為知之，不知為不知」一樣簡單。

如果孔子評論微生高不「直」，那麼「直」是高階道德嗎？若從《論語》中出現的「直」來看，正面的評價居多：「舉直錯諸枉」（〈為政19〉和〈顏淵22〉）、「人之生也直」（〈雍也19〉）、「狂而不直」（〈泰伯16〉）、「質直而好義」（〈顏淵20〉）、「直躬」（〈子路18〉）、「以直抱怨」（〈憲問34〉）、「直哉史魚！」（〈衛靈公7〉）、「直道而行」（〈衛靈公25〉）、「友直」（〈季氏4〉）、「古之愚也直」（〈陽貨16〉）、「惡訐以為直者」（〈陽貨24〉）、「直道而事人」（〈微子2〉）。

但是更重要的是下面兩句：「直而無禮則絞」（〈泰伯2〉）和「好直不好學，其蔽也絞」（〈陽貨8〉）。這兩句強調「直」要靠「禮」和「學」來節制，否則就會流入「絞」（讓人覺得像刺一樣討厭）。從這兩句看來，「直」還有更多努力空間，因此道德位階應不算最高。

「直」既然不是頂級道德，孔子說微生高不「直」，可是解釋成是批評：連「直」這樣的標準都做不到，還能做到什麼？也可能只是不「直」，但是還替人去借醋，沒有拒人於千里之外，這種替人排難解紛的服務行為，難道不能算是更高的德行嗎？不然，人家來跟你借醋，你很直地說沒有，然後就關上大門嗎？還是補上一句，你到隔壁問問看？自己跟鄰居熟，借起來比較方便，不就舉手之勞幫了忙，這樣有什麼不好呢？除非自己去向鄰人借醋卻騙說是自己家的，這才是要譴責的啊？我覺得孔子舉例沒講清楚，可惜了！

附錄

《莊子・盜跖》〈1〉**尾生**與女子期於梁下，女子不來，水至不去，抱梁柱而死。

《中論・貴言》〈2〉**尾生**與婦人期於水邊，水暴至不去而死，欲以為信也，則不如無信焉。

25

子曰：「巧言、令色、足恭，左丘明恥之，丘亦恥之。匿怨而友其人，左丘明恥之，丘亦恥之。」

> 孔子說過：「說好聽的話，表現出好臉色，外表過度恭敬，（卻沒有內心的真感情）這是左丘明不齒的行為，我也覺得不齒；心裡暗暗怨恨一個人卻還跟他做朋友，左丘明不齒這樣的行為，我也不齒這樣的行為。」

孔子在這章表明自己和古代賢人左丘明一樣都不齒的幾種行為。這段話分成兩部分：前段是講「巧言、令色和足恭」三件事；後段說的是「匿怨而友其人」。這兩部分孔子都和左丘明一樣覺得是不齒的行為。

「巧言」和「令色」在〈學而3〉和〈陽貨17〉都出現過，就是說「說好聽話（卻不是真心）」和「給人好臉色看（卻也不是真心）」。孔子認為這樣的人「仁」的正能量都很稀薄，所以他也說過

「巧言亂德」（〈衛靈公27〉）。這裡多加了個「足恭」，乍看和「腳」有關，其實是「外表恭敬（卻不是真心）（邢昺認為「足」是「成」，全句是「巧言令色以成其恭，取媚於人」；朱子認為「足」是「過」，就是「過度恭敬」）。李巡和戴望都認為這三項分別代表：口柔、面柔和體柔。這三項孔子都和左丘明一樣，不齒這樣只重外表形式而沒有真心的行為。

「匿怨而友其人」，講的是：「明明心中對這個人有強烈的不滿，卻不跟他說，而外表還和他像朋友一樣親近。」孔子和左丘明一樣，不齒這樣用外表的親善來掩飾內在的怨恨行為。

總之，左丘明和孔子一樣，都不齒這種「表裡不一」的行為。至於本章的「左丘明」是否就是傳說中寫《春秋左傳》（或稱《左氏春秋》，或簡稱《左傳》），古人並沒有定論。除了吹毛求疵的人之外，一般人都不覺得很重要。總之左丘明應該是孔子的偶像才是。跟偶像站在同一個道德高度上是很令人高興的。

最後要談一下「恥」。這是孔子覺得士人該有的自我內在道德要求，而不只是看外人的批評反應才會覺知的反省。換句話說，「恥」不該只是為了「面子」這樣的「外控道德」，更應該是自我要求的「內發道德」。《說文解字》說：「恥，辱也。」對現代人習慣「恥辱」合體來說，等於沒解釋。其實從「耳」和「心」的組合，似乎也可以看出是「聽到別人的批評以後會頭去內心反省」的意思。如果是「耳」和「止」的組合，也可以看成「聽到別人的批評之後就停止不當的行為」。總之，知恥就要勇於改，所以說「知恥近乎勇」（《禮記・中庸》〈21〉）。

《論語》中提到君子「恥」的項目有五：「躬之不逮」（〈里仁22〉）、「邦有道，貧且賤焉；邦無道，富且貴焉」（〈泰伯13〉）；「行己有恥」（〈子路20〉）；「邦無道，穀」（〈憲問1〉）；「言過其行」（〈憲問27〉）。「不能恥」的項目則有兩項：「惡衣惡食」（〈里仁9〉）、「下問」（〈公治長15〉）。

孟子更是努力提倡知恥：他說過：「人不可以無恥，無恥之恥，無恥矣！」（《孟子．盡心上》〈6〉）接著又強調說：「恥之於人大矣！為機變之巧者，無所用恥焉！不恥若人，何若人有？」（《孟子．盡心上》〈7〉）這些都是對孔子說法的進一步發揮。

荀子也說：「君子恥不修，不恥見汙；恥不信，不恥不見信；恥不能，不恥不見用。是以不誘於譽，不恐於誹，率道而行，端然正己，不為物傾側，夫是之謂誠君子。」（《荀子．非十二子》〈14〉）這些話也很能承傳孔子說法的要義。

其他古籍上也有類似的話：「君子恥服其服而無其容，恥有其容而無其辭，恥有其辭而無其德，恥有其德而無其行。」（《禮記．表記》〈21〉）；「卑賤貧窮，非士之恥也。夫士之所恥者，天下舉忠而士不與焉，舉信而士不與焉，舉廉而士不與焉；三者在乎身，名傳於後世，與日月並而不息，雖無道之世不能污焉。然則非好死而惡生也，非惡富貴而樂貧賤也，由其道，遵其理，尊貴及己，士不辭也。」（《說苑．立節》〈1〉）；「夫有恥之士，富而不以道則恥之，貧而不以道則恥之。」（《大戴禮記．曾子制言上》〈2〉）；「孔子曰：『君子有三患。未之聞，患不得聞；既得聞之，患弗得學；既得學之，患弗能行。有其德而無其言，君子恥之；有其言而以無其行，君子恥之；既得之而又失之，君子恥之；地有而民不足，君子恥之；眾寡均而人功倍己焉，君子恥之。』」（《孔子家語．好生》〈15〉）；「君子有五恥：居其位，無其言，君子恥之；有其言，無其行，君子恥之；既得之而又失之，君子恥之；地有餘而民不足，君子恥之；眾寡均而倍焉，君子恥之。」（《禮記．雜記下》〈122〉和《說苑．談叢》〈50〉）以上種種主張都令人動容，但是好像還是擋不住歷代許多讀書人的「無恥」。

如果是交朋友，我們當然會相互要求「內外如一」、「心口如一」，這樣的朋友才是真正的朋友。而我們一旦有「不如一」的情況出現，若蒙朋友指正，我們不也應該「知恥即改」，這樣大家才能在道德上有所進步。這應該就是孔子在「益者三友」中提到「友直」的意思（〈季氏4〉）。

另外值得一提的是，現代社會的服務業雖然強調「情緒勞動」的重要，可是如果服務人員只是有口、有色、有恭，卻無心，不也會讓人不開心嗎？明明客人有錯，卻要因為「顧客永遠是對的」的信念，而表示出若無其事的樣子，這樣服務人員不也不開心嗎？總有一個比較合情合理的「情緒中道」吧！

最後補充一下，《管子・牧民》〈2〉將「禮」、「義」、「廉」和「恥」並舉為「四維」，成為台灣國民中學義務教育的「共同校訓」。不過，似乎也像所有訓詞一樣，都是掛在牆上好看的。掛在牆上或嘴上，而不是落地在實踐上，我相信不只是我，連左丘明和孔子都會覺得「恥之」。

附錄

《管子・牧民》〈2〉國有四維：一維絕則傾，二維絕則危，三維絕則覆，四維絕則滅。傾可正也，危可安也，覆可起也，滅不可復錯也。何謂四維？一曰禮，二曰義，三曰廉，四曰恥。禮不踰節，義不自進。廉不蔽惡，恥不從枉。故不踰節，則上位安；不自進，則民無巧軸；不蔽惡，則行自全；不從枉，則邪事不生。

26

顏淵、季路侍。子曰：「盍各言爾志？」子路曰：「願車馬、衣輕裘，與朋友共。敝之而無憾。」顏淵曰：「願無伐善，無施勞。」子路曰：「願聞子之志。」子曰：「老者安之，朋友信之，少者懷之。」

某一天，顏淵和子路服侍著孔子。孔子〔興之所致，就〕問兩位弟子：「您倆說說自己心中的理想吧？」子路先說：「我希望和朋友共享我的車輛和馬匹、漂亮的皮衣，穿壞也沒關係。」顏淵說：「我希望自己不彰揚自己做的好事，也希望天下人〔都能安居樂業〕不用為服勞役而疲於奔命〔另解：也希望自己做事能勞而不怨〕。」子路後來問孔子：「老師您的理想是什麼呢？」孔子回答說：「願我能夠讓老年人都安養天年，讓朋友都能以誠信交往，讓少年人都有人關愛。」

這是我最喜歡的一章。孔子和兩位年齡和個性都截然不同的弟子，抒發自己的理想。孔門氣象萬千，躍然紙上。

「季路」就是「子路」，比顏淵大二十一歲，要不是同門，應該也算是父執輩。「侍」，就是「服侍」，是地位低的人對地位高的人的用詞，有時也用「事」。後來日本武士就用這個「侍」的漢字來表示。「盍」是「何不」。「敝」是「壞」。「憾」是「可惜」。子路的理想都和朋友分享有關，沒一句說到自己。這是「安人」，而沒有「修己」。孔門功課只學了一半。

「伐善」，古注都說是「自稱己之善」。「無施勞」的解釋則有不同：從孔安國皇侃到邢昺，都當成「不以勞事置施於人」這種對天下人的關懷。朱子雖然認為「勞事非己所欲，故亦不欲施之於人」的解釋可通，但是他似乎傾向回到顏淵反思自身，有「誇大自身功勞」的意思。不同的解釋展現出不同的顏淵形象：前者顏淵能夠己立立人、己達達人；後者則將顏淵描寫成一位只關心自己道德修為的「自了漢」。我認同第一種看法。道理很簡單，如果顏淵只關心自己的道德，不會成為「孔門第一」。如果從「修己安人」角度來看顏淵，才能符合孔門氣象。

孔子的理想當然高過子路許多，但其實是顏淵的放大版。這和他後來說的，只有顏淵和他自己才會「用行舍藏」類似（〈述而11〉）。他從年齡世代的角度來想到天下的人。皇侃最早的解釋就強調孔子希望自己能「修己安人」：「孔子答也，願己為老人必見撫安，朋友必見期信，少者必見思懷也。若老人安己，己必是孝敬故也；能有信己，己必是無欺故也；少者懷己，己必有慈惠故也。」朱子認為這樣也通，不過他提出另外一解：「老者養之以安，朋友與之以信，少者懷之以恩。」可是這裡省略了主詞，缺乏行動的主體，好像這不是自己的事，而是別人的事，容易造成「人我關係」的斷裂的印象，不太像我們想像中的「修己安人」的孔子。

另外《論語》中有一段孔子和子路、曾晳、冉有、公西華的「言志」，因為少了顏淵，各人講話的層次就越來越低（〈先進26〉）〔此章我有別解，敬請期待〕，不像此處每一人出場，境界都向上翻了一番。

其他古籍上都有著孔子考驗子路、子貢和顏淵三位弟子的故事，也是境界越來越高，孔門氣象萬千，於此可見一斑。

《史記．孔子世家》〈46—48〉說到孔子和弟子困於陳、蔡之間，就考驗三人，問他們為什麼孔子行道會碰上這樣的厄運。子路這時想到反躬自省，建議孔子想想自己是不是有什麼「知」和「仁」方面沒做好的地方，所以遭人忌恨。子貢則覺得「夫子之道至大，故天下莫能容」，建議老師要和世俗妥協一點。只有顏淵說到孔子心坎裡去：「不容何病？不容然後見君子！」聽得孔子心花怒放，心想沒白疼這個學生。

這三位弟子還有另外一場也同樣精彩的「登山言志」，幾本古籍都有大同小異的記載（《說苑．指武》〈13〉、《韓詩外傳．卷七》〈25〉、《韓詩外傳．卷九》〈15〉和《孔子家語．致思》〈1〉）：孔門師徒四人站在高山上言志，子路一馬當先希望能帶兵馳騁沙場，順便提攜兩位學弟；子貢則希望能以外交手段讓爭戰諸國可以和平，也順便禮聘兩位學長；顏淵則在兩位談完一「文」一「武」的願景之後，提出輔佐明君聖主，讓人民安居樂業，讓兩位同門的戰爭長才和外交長才都徹底無用武之地。三位弟子多少顯現出「據亂世」、「昇平世」和「太平世」的演化理想。

最後有一段也很精彩：孔子考驗弟子有關「知」和「仁」的比較。子路的答案是：「知者使人知己，仁者使人愛己。」子貢的答案是孔子說過的「知者知人，仁者愛人。」顏淵則反躬自省，說：

「知者自知，仁者自愛。」（《荀子・子道》〈6〉和《孔子家語・三恕》〈8〉）這一段子路和顏淵的說法和本章就有點類似。

不過，要澄清的是：顏淵並不是個只注重「內聖」的「自了漢」。一般人讀到他「不遷怒、不貳過」（〈雍也3〉）、「一簞食、一瓢飲、在陋巷」（〈雍也11〉）以及「克己復禮」，就建立起這麼一個印象，其實不然。孔子在顏回過世後回憶說「自吾有回，門人益親」（《史記・仲尼弟子列傳》〈6〉），還說他「其心三月不違仁」（〈雍也7〉），這都代表他在人際關係方面是值得讚賞的。此外，他也問過「為邦」（〈衛靈公11〉），也多少透露出他除了「修己」，也關心「安人」的問題。這是孔門精髓，身為孔門第一，不可能浪得虛名。

所以說，讀《論語》只想著自己，是正能量很低的行為。

附錄

《史記・孔子世家》〈46—48〉孔子知弟子有慍心，乃召子路而問曰：「《詩》云『匪兕匪虎，率彼曠野』。吾道非邪？吾何為於此？」子路曰：「意者吾未仁邪？人之不我信也。意者吾未知邪？人之不我行也。」孔子曰：「有是乎！由，譬使仁者而必信，安有伯夷、叔齊？使知者而必行，安有王子比干？」子路出，子貢入見。孔子曰：「賜，《詩》云：『匪兕匪虎，率彼曠野。』吾道非邪？吾何為於此？」子貢曰：「夫子之道至大也，故天下莫能容夫子。夫子蓋少貶焉？」孔子曰：「賜，良農能稼而不能為穡，良工能巧而不能為順。君子能修其道，綱而紀之，統而理之，而不能為容。今爾不修爾道而求為容。賜，而志不遠矣！」子貢出，顏回入見。孔子曰：「回，《詩》云：『匪兕匪虎，率彼曠野。』吾道非邪？吾何為於此？」顏回曰：「夫子之道至大，故天下莫能容。雖然，夫子推而行之，不容何病，不容然後見君子！夫道之不修也，是吾醜也。夫道既已大修而不用，是有國者之醜也。不容何病，不容然後見君子！」孔子欣然而笑曰：「有是哉顏氏之子！使爾多財，吾為爾宰。」

《說苑．指武》〈13〉孔子北遊，東上農山，**子路**、子貢、**顏淵**從焉。孔子喟然歎曰：「登高望下，使人心悲，二三子者，各言爾志。丘將聽之。」**子路**曰：「願得白羽若月，赤羽若日，鐘鼓之音上聞乎天，旌旗翩翻，下蟠於地。由且舉兵而擊之，必也攘地千里，獨由能耳。使夫二子為從焉！」孔子曰：「勇哉士乎！憤憤者乎！」子貢曰：「賜也，願齊楚合戰於莽洋之野，兩壘相當，旌旗相望，塵埃相接，接戰構兵，賜願著縞衣白冠，陳說白刃之間，解兩國之患，獨賜能耳。使夫二子者為我從焉！」孔子曰：「辯哉士乎！僊僊者乎！」**顏淵**獨不言。孔子曰：「回！來！若獨何不願乎？」**顏淵**曰：「文武之事，二子已言之，回何敢與焉！」孔子曰：「若鄙，心不與焉，第言之！」**顏淵**曰：「回聞鮑魚蘭芷不同篋而藏，堯舜桀紂不同國而治，二子之言與回言異。回願得明王聖主而相之，使城郭不修，溝池不越，鍛劍戟以為農器，使天下千歲無戰鬥之患，如此則由何憤憤而擊，賜又何僊僊而使乎？」孔子曰：「美哉，德乎！姚姚者乎！」**子路**舉手問曰：「願聞夫子之意。」孔子曰：「吾所願者，顏氏之計，吾願負衣冠而從顏氏子也。」

27

子曰：「已矣乎！吾未見能見其過而內自訟者也。」

孔子說過：「唉呀！我沒有見過犯了錯還能在心中反省的人啊！」

這章是孔子感嘆許多人知過不反省、不改過。

「已矣乎！」是嘆息！孔子也在〈衛靈公13〉有過同樣的嘆息，不過那次因為他認為好德者不像好色者那樣多。

「過」就是「錯」，《論語》中出現過很多次。孔子強調的都是要人別怕改過，遷善即可（〈學而8〉、〈子罕25〉和〈衛靈公30〉），子貢也說過：「君子之過也，如日月之食焉：過也，人皆見之；更也，人皆仰之。」（〈子張21〉）連孔門第一的顏淵都「不貳過」（〈雍也3〉），而不是「無過」，就可以知道「過」是人難免的事情，特別是「無心之過」。

「訟」，古注都說是「責」（包咸、陸德明、皇侃和邢昺）。朱子沒解此字，只說「內自訟」是「口不言而心自咎也」。其實，「訟」是「打官司」，比喻心中的善惡糾結，最後善勝出。

孔子也許沒見過其他人這樣，可是他自己卻是身體力行：「丘也幸，苟有過，人必知之。」（〈述而31〉）曾子說的「吾日三省吾身」（〈學而4〉），雖然沒說到一個「過」字，但是希望能夠透過每天反省察覺自己的過失，以便日後改正。這也是繼承孔子在這裡的教誨。

大部分人碰到自己犯錯，都先找理由怪別人，甚至陷害不知情的人；怪不得別人了，就希望這件事被忘掉；更糟的則是用另外一個謊言來掩飾原先的過錯，這樣層層塗抹，一錯再錯，最後更是不可收拾。大家都想躲避犯錯後的責任。可是一次責任總比多次責任要來得輕，這往往是當事人在當下難以想清楚的。最常見的還是說：「別人也都這樣做，怎麼專門找我麻煩呢！」拉其他人下水，自己好像就沒錯了。

孔子希望建立的是一種「內省式的道德」，而不是經過人家的指正才會察覺的「外控式道德」。有人取巧地以為「做錯事只要不被抓到，就等於沒做錯事」，這就是標準的「外控式道德觀」。例如：隨便亂停車，一般都覺得就只是停一下，不礙事，就把交通規則自動放在一邊，只要警察沒開單，就自認沒有「違法」問題。這種「自欺欺人」的「只顧自己方便，完全不管公德」的做法，不是天天在上演嗎？恐怕孔子復生，看了也會搖頭吧！他在千百年前就說到你和我的問題了。

28

子曰：「十室之邑，必有忠信如丘者焉，不如丘之好學也。」

孔子說過：「在一個十戶人家的範圍內，可以找到像我一樣忠信的人，可是不會找到比我更好學的。」

這章強調：「忠信之人易得，好學之人難遇。」

孔子顯然認為自己有一般人都有的「忠信」德行，還有著別人沒有的「好學」特質。他經常強調「主忠信」（〈學而8〉、〈子罕25〉和〈顏淵10〉）或「言忠信」（〈衛靈公6〉），有時則將「忠」「信」分舉，是他四種教育內容的兩個組成部分（〈述而25〉）。「忠信」應該指的是盡力做事做人和務實說話，其實也有「言行合一」的意思。

「好學」講的並不是今天大家想的「把書讀好」，或是「考上好學校」之類的意思。毓老師常引用孔子稱讚顏回的「不遷怒」和「不貳過」（〈雍也3〉）來說明「好學」主要講的是德性方面的修養。

其實，我覺得更周全的解釋就是〈學而14〉：「君子食無求飽，居無求安，敏於事而慎於言，就有道而正焉，可謂好學也已。」這裡的「敏事慎言」就是「主忠信」，所以「好學」應該包含了「主忠信」，但是還多出許多「忠信」所涵蓋不了的德行。〈陽貨8〉的「六言六蔽」都在強調「仁」、「知」、「信」、「直」、「勇」、「剛」六德，如果沒有以「好學」節制，就會產生「愚」、「蕩」、「賊」、「絞」、「亂」、「狂」的六蔽。是子夏把「好學」講成了「知識」上的「日知其所亡，月無忘其所能」(〈子張5〉)，脫離了德行，意思就窄了。以後一代不如一代，成了我們今天了解的「好學」。諷刺得很，這種「好學觀」其實是「不好學」的結果。

有一個很有啟發性的故事，值得在此說一下：晉平公有一次和盲人樂師師曠說：「我已經七十歲了，想學，恐怕太晚了吧！」師曠說：「怕晚，就點蠟燭吧！」平公說：「您這個做人臣的人怎麼跟我這個當國君的人開玩笑呢？」師曠說：「我這個瞎眼老頭怎敢跟您開什麼玩笑？我聽說，小時候好學就像剛日出的太陽；壯年能好學，像日正當中；老年還能好學，就像晚上點蠟燭。點蠟燭畢竟還亮些，難道要摸黑讀書嗎？」平公才說：「說得真對啊！」(《說苑．建本》〈16〉)這個故事鼓勵人「好學永不嫌晚」。不過，這裡恐怕已經將「好學」當成「讀書」了，否則事關德行，何必點蠟燭呢？心中有愛就有光亮，蠟燭能比心光還亮嗎？

這裡的「忠信」恐怕是孔子說過的「性相近」，而「好學」則是「習相遠」(〈陽貨2〉)。孟子說的「人皆可以為堯舜」(《孟子．告子下》〈22〉)，就是因為「性相近」，可是最後成了堯舜或桀紂，就是「習相遠」了。

最後提醒一下，毓老師提醒我們讀《論語》要尊敬孔子，所以孔子的名字「丘」出現時，要念成

「某」，不能直呼「丘」，這樣是沒教養的讀法。跟毓老師讀過書的人都是這麼念的，算是「師門傳承」。古代人寫到「丘」這個字，還要「缺筆」（少寫右邊的直畫），現在沒有這個必要了。

附錄

《說苑・建本》〈16〉晉平公問於師曠曰：「吾年七十欲學，恐已暮矣。」師曠曰：「何不炳燭乎？」平公曰：「安有為人臣而戲其君乎？」師曠曰：「盲臣安敢戲其君乎？臣聞之，少而**好學**，如日出之陽；壯而**好學**，如日中之光；老而**好學**，如炳燭之明。炳燭之明，孰與昧行乎？」平公曰：「善哉！」

雍也

•

第六

1

子曰：「雍也，可使南面。」

孔子說：「冉雍的才能和德行都足堪治國大任。」

這章是第六篇〈雍也〉篇的開章，古注都分成三十章，只有朱子分成二十八章。「中國哲學書電子化計畫」（ctext.org）網站也根據古注分章。朱注則將此章和第二章合併為一章。

皇侃認為這章之所以放在〈公治長〉之後是因為：「其德雖無橫罪、亦是不遇之流。橫罪為切。故〈公冶〉前明，而〈雍也〉為次也。」邢昺則說：「此篇亦論賢人、君子及仁、知、中庸之德，大抵與前相類，故以次之。」朱子說：「篇內第十四章以前，大意與前篇同。」

「南面」的解釋有趣，古注都說是「諸侯」，朱子大膽些，說「人君聽治之位」，專制王朝時代，這樣的說法需要一點勇氣。民主時代，「南面」就是「當官治理」，或者更廣泛講，凡是管到公眾事物的人（公務員）都算是「南面」吧！

「雍」是孔子弟子，姓冉，名雍，字仲弓（《孔子家語・七十二弟子解》〈4〉和《史記・仲尼弟子列傳》〈12〉）。跟《論語》中得了惡疾的冉伯牛是同宗（《孔子家語・七十二弟子解》〈4〉）。古注都說冉雍的父親不是好東西，讓冉雍很苦惱，而孔子曾經鼓勵過他，希望他不要自暴自棄（〈雍也6〉）。這裡的話更是孔子對弟子極高的讚美，冉雍在「孔門四科」的「德行四傑」中列名第四（〈先進3〉），所以他的德行是出乎眾弟子之上，這點應該毫無疑問。可是這裡孔子說他「足堪治國大任」，恐怕不只是古書上強調的德行好（《史記・仲尼弟子列傳》〈14〉），應該也有相當不錯的用事才能才是。他除了像其他諸多弟子向孔子請教過「仁」的問題（〈顏淵2〉）之外，後來當了季氏的家臣，還請教過孔子為政之道（〈子路2〉）。

在其他古書中（《孔子家語・刑政》〈1〉、《孔叢子・刑論》〈1〉、〈6〉），他還對於「刑」和「政」的取捨問題十分關心，孔子回答要「刑政相參」才是「聖人治化之道」。可惜並沒有被記於《論語》中。「依經解經」可以彌補《論語》的不足之處。

子貢在評論諸位師兄弟時，說過：「在貧如客，使其臣如藉；不遷怒，不探怨，不錄舊罪，是冉雍之行也。」（《大戴禮記・衛將軍文子》〈4〉和《孔子家語・弟子行》〈1〉）看來他也是「內聖外王」兼修。

這麼看來，冉雍應該可以身跨孔門「德行」和「政事」兩科才是。顏淵德行無人可比，但是孔子沒誇獎過他可以「南面」。這麼說來，冉雍可能可以躋身「孔門第一」的位置。

附錄

《孔子家語．刑政》〈1〉**仲弓**問於孔子曰：「雍問至刑無所用政，至政無所用刑。至刑無所用政，桀、紂之世是也；至政無所用刑，成、康之世是也。信乎？」孔子曰：「聖人之治化也，必刑政相參焉。太上以德教民，而以禮齊之。其次以政言導民，以刑禁之，刑不刑也。化之弗變，導之弗從，傷義以敗俗，於是乎用刑矣。顓五刑必即天倫，行刑罰則輕無赦。刑，侀也；侀，成也。壹成而不可更，故君子盡心焉。」**仲弓**曰：「古之聽訟，尤罰麗於事，不以其心，可得聞乎？」孔子曰：「凡聽五刑之訟，必原父子之情，立君臣之義以權之；意論輕重之序，慎深淺之量以別之；悉其聰明，正其忠愛以盡。大司寇正刑明辟以察獄，獄必三訊焉。有旨無簡，則不聽也。附從輕，赦從重，疑獄則泛與眾共之，疑則赦之，皆以小大之比成之。是故爵人必於朝，與眾共之也；刑人必於市，與眾棄之也。古者公家不畜刑人，大夫弗養其。士遇之塗，弗與之言，屏諸四方，唯其所之，弗及與政，弗欲生之也。」**仲弓**曰：「聽獄，獄之成成何官？」孔子曰：「成獄於吏，吏以獄之成告於正；正既聽之，乃告大司寇；大司寇聽之，乃奉於王；王命三公卿士，參聽棘木之下，然後乃以獄之成疑於王。王三宥之，以聽命而制刑焉。所以重之也。」**仲弓**曰：「其禁何禁？」孔子曰：「巧言破律，遁名改作，執左道與亂政者，殺；作婬聲，造異服，設伎奇器以蕩上心者，殺；行偽而堅，言詐而辯，學非而博，順非而澤，以惑眾者，殺；假於鬼神時日卜筮以疑眾者，殺。此四誅者，不以聽。」**仲弓**曰：「其禁盡於此而已？」孔子曰：「此其急者。其餘禁者十有四焉。命服命車不粥於市；珪璋璧琮不粥於市；宗廟之器不粥於市；兵軍旍旗不粥於市；犧牲秬鬯不粥於市；戎器兵甲不粥於市；用器不中度，不粥於市；布帛精麤不中數，廣狹不中量，不粥於市；姦色亂正色，不粥於市；文錦珠玉之器，雕飾靡麗，不粥於市；衣服飲食不粥於市；果食不時，不粥於市；五木不中伐，不粥於市；鳥獸魚鱉不中殺，不粥於市。凡執此禁以齊眾者，不赦過也。」

《孔叢子・刑論》〈1〉**仲弓**問古之刑教與今之刑教。孔子曰：「古之刑省，今之刑繁。其為教，古有禮然後有刑，是以刑省；今無禮以教，而齊之以刑，刑是以繁。《書》曰：『伯夷降典，折民維刑』，謂下禮以教之，然後維以刑折之也。夫無禮則民無恥，而正之以刑，故民苟免。」

——〈6〉《書》曰：「哀敬折獄。」**仲弓**問曰：「何謂也？」孔子曰：「古之聽訟者察貧賤，哀孤獨，及鰥寡、老弱不肖而無告者，雖得其情，必哀矜之。死者不可生，斷者不可屬。若老而刑之，謂之悖；弱而刑之，謂之克。不赦過謂之逆，率過以小罪謂之枳。故宥過赦小罪，老弱不受刑，先王之道也。《書》曰：『大辟疑赦。』又曰：『與其殺不辜，寧失不經。』」

2

仲弓問子桑伯子，子曰：「可也，簡。」仲弓曰：「居敬而行簡，以臨其民，不亦可乎？居簡而行簡，無乃大簡乎？」子曰：「雍之言然。」

仲弓請教孔子對於子桑伯子這個人的評價。孔子說：「還可以。只是這人太簡約了。」仲弓追問說：「如果一個人平常就是用敬謹的心態和簡約的行事來對待人民，不也算是不錯的長官嗎？可是平常什麼都簡約，那就真的太過簡約了吧！」孔子甚表同意地說：「你說得對！」

朱子把這章連著上章視為一章。雖然都和仲弓（冉雍）有關，但我覺得兩段不太一樣。前一章是孔子的獨語，這一章是師生的對談，所以分成兩章似乎比較合理。

這裡同樣有著前面出現過的「《論語》老毛病」：沒舉證說明子桑伯子到底「簡」在哪裡？所以我們無法自行判斷「簡」的意思，只能透過師生的對談去推敲。

這裡的子桑伯子不知何許人也，更不知道他的「簡」具體為何。孔子說他「簡」，仲弓的補充似乎也不是在說子桑伯子是「居敬以行簡」，而是借題發揮「簡要有居敬之心為底蘊」才能治國，也就是要「以禮節之」，不能光是「為簡而簡」，「簡」可以是手段，不是目的。禮才是目的，或是治國齊民才是目的。

《說苑・修文》〈31〉將這章演繹成一個很有對比性的故事，別處都沒記載，他是獨家。故事說孔子去見子桑伯子，子桑伯子裸身相見（這是「簡」？「天體派」或「國王新衣派」？）。孔子弟子覺得對方無禮，不解老師為什麼要見這種「簡人」（注意，不是矯情的「賤人」）。孔子說：「他的本質是好的，只是沒有禮法的修飾。我要說服他接受禮法的薰陶。」孔子離開後，子桑伯子的弟子很不高興，問子桑伯子為什麼要見孔子？子桑伯子回答說：「他的本質是好的，就是禮節繁瑣。我希望說服他拋棄繁瑣的禮節。」敘事者還說子桑伯子「欲同人道於牛馬」（想讓人和禽獸一樣），所以仲弓才在本章批評說他「簡過了頭」。此外，這本章也是和前一章合起來講的。不過，這故事似乎也可以看出「性相近也，習相遠也」（〈陽貨2〉）。這對「簡」做出了最特別的解釋，已經到「怪力亂神」（〈述而21〉）或是「素隱行怪」（《禮記・中庸》〈11〉）的範圍，想來君子還是閉口。

附錄

《說苑・修文》〈31〉孔子曰可也簡。簡者，易野也，易野者，無禮文也。孔子見子桑伯子，子桑伯子不衣冠而處，弟子曰：「夫子何為見此人乎？」曰：「其質美而無文，吾欲說而文之。」孔子去，子桑伯子門人不說，曰：「何為見孔子乎？」曰：「其質美而文繁，吾欲說而去其文。」故曰，文質修者謂之君子，有質而無文謂之易野，子桑伯子易野，欲同人道於牛馬，故仲弓曰太簡。上無明天子，下無賢方伯，天下為無道，臣弑其君，子弑其父，力能討之，討之可也。當孔子之時，上無明天子也，故言「雍也可使南面」，南面者天子也，雍之所以得稱南面者，問子桑伯子於孔子，孔子曰：「可也簡。」仲弓曰：「居敬而行簡以道民，不亦可乎？居簡而行簡，無乃太簡乎？」子曰：「雍之言然！」仲弓通於化術，孔子明於王道，而無以加仲弓之言。

《禮記・中庸》〈11〉子曰：「素隱行怪，後世有述焉，吾弗為之矣。君子遵道而行，半途而廢，吾弗能已矣。君子依乎中庸，遁世不見知而不悔，唯聖者能之。」

《荀子・榮辱》〈9〉君子道其常，而小人道其怪也。

3

哀公問：「弟子孰為好學？」孔子對曰：「有顏回者好學，不遷怒，不貳過。不幸短命死矣！今也則亡，未聞好學者也。」

> 魯哀公在周遊列國回到魯國之後，詢問孔子一生教學，教出幾個稱得上「好學」的學生？孔子落寞又感嘆地回答說：「只有一個叫做顏回的學生好學：他不會將怒氣發洩到不相關人的身上，而且知錯必改，絕不再犯。可惜這人命不長！現在連一個好學的也找不到囉！」（＊從這句話，各位可以想見栩栩如生的孔子是什麼模樣了吧？）

這章題旨很清楚。魯哀公想要了解孔子弟子誰算「好學」？孔子懷念顏淵，想起他的「不遷怒」和「不貳過」；光是這兩樣，在人才濟濟的孔門都難見顏淵第二。這是顏淵過世後孔子對他的懷念，以及對自己傳人殞落的悲嘆。季康子問過孔子同樣的問題，孔子也同樣提到顏回，只是那一段沒有提到「不遷怒」和「不貳過」（〈先進7〉）。《周易・繫辭下》〈5〉也提到過顏氏之子「有不善未嘗不知，知之未嘗復行也」，也算是「不貳過」的另一種說法。當然，顏淵的長才不只是孔子說的「不遷怒」和「不貳過」，孔子只是拿這兩項來回答「好學」的問題，不是回答「顏淵這個弟子怎麼樣」的提問。

我記得毓老師提到這段時，會提醒同學：孔子的「好學」不是像我們現代教育訓練注重對知識的追求，而是對日常生活道德的實踐。「不遷怒」和「不貳過」就是「好學」的主要內容；老老實實生活，而不是「博學多聞」，更不是「辯才無礙」。最近看歷代各家注解，才發現注有《論語集釋》的程樹德前輩早有先見之明：「問好學而答以不遷怒不貳過，則古人所謂學，凡切身之用皆是也。古人之學，在學為人。今人之學，在求知識。語云：『士先器識而後文藝。』不揣其本，而惟務其末。嗚呼！此後世之所以少治而多亂，而古今之人之所以不相及與？」這種感嘆顯然已經不是新鮮事。

在〈公冶長28〉我就整理過孔子對「好學」的不同說法。我覺得比較完整表達孔子「好學」內容的，要以《論語》中第一次出現與「好學」相關的討論為上：「君子食無求飽，居無求安，敏於事而慎於言，就有道而正焉，可謂好學也已。」（〈學而14〉）這段話的前半部「食無求飽，居無求安」也跟孔子對顏淵的描述雷同：「一簞食，一瓢飲，在陋巷。人不堪其憂，回也不改其樂。」（〈雍也11〉）後一段「敏事慎言」及「就有道而正」也可以找到呼應的段落：「吾與回言終日，不違如愚。退而省其私，亦足以發。回也，不愚。」（〈為政9〉）「好學」不只是「修己」，更要「安人」。

毓老師教學生涯年限多過孔子，弟子人數也勝過孔門好幾倍。毓老師過世後，學長們常說「本門人才濟濟」，可是我總會想起以前屢次聽毓老師當著我（有時還包括一群學長姊）的面感嘆：「在台灣教書這麼幾十年，沒教出個成才的！」往往還加上一句：「一切都是過眼雲煙！」那種落寞的神情，讓我羞愧到無地自容、無言以對！讀到這一章，不免心中又浮起這段畫面，重新體會當下的靜默。

4

子華使於齊，冉子為其母請粟。子曰：「與之釜。」請益。曰：「與之庾。」冉子與之粟五秉。子曰：「赤之適齊也，乘肥馬，衣輕裘。吾聞之也：君子周急不繼富。」

孔子的弟子公西赤要去齊國從事外交工作。大他十三歲的學長冉有替他向孔子請求用糧食補助公西赤的母親。孔子說：「就給他六斗四升吧！」冉有覺得少，請求再多加一點。孔子就說：「那就給他十六斗吧！」結果冉有還是擅自做主多給了八十斛。孔子〈知道之後〉說：「公西赤去齊國的時候，所乘的馬餵養得很肥，穿的衣服也是高檔貨。我聽過這麼一句話：『君子幫助有急難的人，不接濟有錢的人。』」

這章的題旨很清楚，就是最後一句「君子周急不繼富」。比較難的是「釜」、「庾」和「秉」三個古代的計量單位。

這裡提到的「子華」，是孔子弟子，姓公西，名赤，少孔子四十二歲（《孔子家語・七十二弟子解》

〈18〉和《史記・仲尼弟子列傳》〈99〉）。他雖然沒排入「孔門四科十哲」，但是被認為是主持外交禮儀的適當人選。孔子的葬禮，正是由這位懂得各項正式禮儀的弟子主持（《禮記・檀弓上》〈51〉和《孔子家語・終記解》〈4〉）。孔子對這位弟子也有讚美：「志通而好禮，擯相兩君之事，篤雅其有禮節也，是公西赤之行也。孔子曰：『禮儀三百，可勉能也；威儀三千，則難也。』公西赤問曰：『何謂也？』孔子曰：『貌以擯禮，禮以擯辭，是之謂也。』主人聞之以成。孔子之語人也，曰：『當賓客之事則通矣。』謂門人曰：『二三子欲學賓客之事者，於赤也。』」（《大戴禮記・衛將君文子》〈6—7〉和《孔子家語・弟子行》〈1〉）

「冉子」也是孔子弟子，姓冉，名求，字子有，少孔子二十九歲，以才藝著稱（《孔子家語・七十二弟子解》〈3〉和《史記・仲尼弟子列傳》〈16〉），甚至名列孔門「政事門」第一名，還排在子路之前。他曾經當過季氏的「宰」。不過，他因為沒有阻止「季氏旅於泰山」（〈八佾6〉）和「為季氏聚斂」而招孔子痛罵，甚至主張門人要「鳴鼓而攻之」（〈先進17〉）。比起上課打瞌睡的宰我來說，他大概也可以名列孔子討厭的名單之榜首。不過，孔子不是沒有讚美他之處：「恭老恤孤，不忘賓旅，好學省物而不懃，是冉求之行也。孔子因而語之曰：『好學則智，恤孤則惠，恭老則近禮，克篤恭以天下，其稱之也，宜為國老。』」（《大戴禮記・衛將君文子》〈6—7〉和《孔子家語・弟子行》〈1〉）

這兩位弟子在《論語》中經常一起出現，而且往往都是學長比學弟在器識和能力上優秀許多。從本章看來，這位學長顯然很照顧學弟，甚至在老師的命令之下，還擅自作主多給了糧食份額。

這章在彰顯孔門弟子之間的情誼之餘，不是要暗示孔子小氣，而是「周急不濟富」這簡單的日常生活「經濟倫理」，或是「禮」。應該也不是有「恨富情結」，因為如果是這樣，應該連一分一毫都不必給才對吧！恐怕更要彰顯的，是孔子對於人情世故的分寸拿捏。

這一章和下一章搭配一起看，意義就會更清楚。且看下回分解。

附錄

《孔叢子．論書》〈15〉《書》曰：「其在祖甲，不義惟王。」**公西赤**曰：「聞諸晏子，湯及太甲、祖乙、武丁，天下之大君。夫太甲為王，居喪行不義，同稱大君，何也？」孔子曰：「君子之於人、計功以除過。太甲即位，不明居喪之禮，而干冢宰之政。伊尹放之於桐。憂思三年，追悔前愆，起而復位，謂之明王。以此觀之，雖四於『三王』，不亦可乎？」

《史記．孔子世家》〈55〉其明年，**冉有**為季氏將師，與齊戰於郎，克之。季康子曰：「子之於軍旅，學之乎？性之乎？」**冉有**曰：「學之於孔子。」季康子曰：「孔子何如人哉？」對曰：「用之有名；播之百姓，質諸鬼神而無憾。求之至於此道，雖累千社，夫子不利也。」康子曰：「我欲召之，可乎？」對曰：「欲召之，則毋以小人固之，則可矣。」而衛孔文子將攻太叔，問策於仲尼。仲尼辭不知，退而命載而行，曰：「鳥能擇木，木豈能擇鳥乎！」文子固止。會季康子逐公華、公賓、公林，以幣迎孔子，孔子歸魯。

5

原思為之宰，與之粟九百，辭。子曰：「毋！以與爾鄰里鄉黨乎！」

原憲當孔子的家臣，孔子給他的薪水是九百單位的粟。他〔覺得太多了，用不完，〕就推辭不接受。孔子說：「你就不要推辭了。多出來的糧食，你可以拿去接濟親朋好友〔中比較貧困的人〕！」

朱子將此章和上一章合併成一章，如果當成對比〔前一章談「繼富」，本章談「濟貧」〕，是有點道理。

原思，姓原，名憲，字子思，少孔子三十六歲。《孔子家語・七十二弟子解》〈19〉說他：「清淨守節，貧而樂道。孔子為魯司寇，原憲嘗為孔子宰。孔子卒後，原憲退隱，居於衛。」比起《史記・仲尼弟子列傳》〈68〉的五個字記載要詳盡多多。

孔子在五十二到五十六歲間在魯國當四年官，那時候他是大夫，可以有家臣，也就是這裡說的

「宰」。他雖然沒有列名「孔門四科十哲」，不過從這裡的記載看來，顯然德行很高，特別是欲望很低，只要求能溫飽的「最低工資」，和上一章冉求的「大方放糧給學弟」，應該稱得上是個無慾的「剛」者（〈公治長11〉）吧？

這裡提到「粟九百」，沒提到計量單位。《史記・孔子世家》〈21〉提到孔子在衛國的薪水是「粟六萬」。如果單位一樣，孔子的薪水是六十七倍左右，原憲的薪水只是孔子的百分之一點五。從現在的觀點來看，「貧富差距」頗大。

原憲出現在《論語》中的另外一次就是〈憲問1〉，他請教孔子什麼是「恥」。孔子告訴他：「邦國有道的時候，自己盡過力，這樣拿人民納的糧當薪水是合理的；邦國無道，自己又無能加以改善，這時候還拿人民納的糧當薪水，這就是無恥的事情。」他接著又問：「好勝、自誇、愛埋怨、多欲求，沒有這幾種毛病的人是不是就可以算是『仁』人？」孔子回答說：「這些確實是難能可貴的德行，可是算不算得上是『仁』，我就不敢說了！」他大概偷偷想過，自己盡忠職守，所以拿人民的糧食是無愧於心的，便進一步想問問看，如果自己是「克、伐、怨、欲不行焉」的人，老師會怎麼評價。沒想到老師只說是「難能可貴」，並不輕許為「仁」，因而對自己的發問感到羞恥吧？

原憲是「孔門知恥第一人」，孔子死後，他大概眼見「邦無道」，自己又「幫不到」，就隱居起來。結果完全忘掉自己問過孔子「富而無驕」的子貢，為了炫富，穿著高檔，車馬開道，特別到他居住的窮巷來拜訪。原憲穿著破爛出來相見，讓子貢大吃一驚，以為學弟生病了。這位「知恥」的學弟就諷刺這位在孔子死後廬墓六年的學長說：「我記得老師以前說過，沒錢叫做貧，學了道而不去實踐才叫做病。我是貧，不是病！」這一說，子貢就學到了「知恥」（《韓詩外傳・卷一》〈9〉、《新序・節士》〈16〉、《孔子家語・七十二弟子解》〈6〉、《莊子・讓王》〈9〉和《史記・仲尼弟子列傳》〈71〉)。這個故事我們在〈公治長9〉也說過一次，這是我最喜歡的孔門故事之一，怕讀者諸君忘了，就再重說一遍。希望大家都和我一樣，寧貧勿病。

許多人講到薪水，都希望「多多益善」，極力追求「自我利益的最大化」。誰會跟錢過不去呢？但孔門中就有人會。不僅有弟子會要求「自我利益的最小化」，孔子在〈禮運大同篇〉中，甚至要「超越自我利益最大化」，進而追求「人類共同利益的最大化」。這是多麼大的氣概和氣度。信仰資本主義的人不會懂的。

附錄

《禮記・禮運》〈1〉孔子曰：「大道之行也，與三代之英，丘未之逮也，而有志焉。」大道之行也，天下為公。選賢與能，講信修睦，故人不獨親其親，不獨子其子，使老有所終，壯有所用，幼有所長，矜寡孤獨廢疾者，皆有所養。男有分，女有歸。貨惡其棄於地也，不必藏於己；力惡其不出於身也，不必為己。是故謀閉而不興，盜竊亂賊而不作，故外戶而不閉，是謂大同。

6

子謂仲弓曰：「犁牛之子騂且角，雖欲勿用，山川其舍諸？」

孔子評論冉雍這個弟子，說：「毛色混雜、不出色的牛卻生養出一隻紅毛且牛角周正（適合獻祭給天地）的小牛，就算是人們沒看出這隻小牛的重要價值，老天爺難道會虧待牠嗎？」

這章是孔子評論（也可以說是安慰）德行和政事兼備的弟子冉雍是個「有大用的人才」。清朝的戴望認為，這章也呼應〈雍也1〉孔子說「雍也可以南面」。

「謂」是「評論」，通常不是面對面時說的。在這裡也可以說是「安慰」。「仲弓」，就是〈雍也1〉提到的「雍」，是孔子弟子，姓冉，名雍，字仲弓。「犁」是「雜文」（何晏、皇侃和朱子）或「耕犁」（皇侃），可是黃懷信認為，此字從來就沒有「雜文」的意思，應該就是「耕牛」和「牲牛」相對。「騂」（音星）是「赤色」（何晏、皇侃和朱子），孔子說過「惡紫之奪朱」（〈陽貨18〉），也可見這是周朝的「正色」。「角」是「角周正中犧牲也」（何晏和朱子）或「角周正，長短尺寸合禮也」（皇侃），但是俞樾認為這裡強調「角」表示已經不是「童牛」，表明這是「可用」。「用」，是「用以祭」（朱子）或是「卜中」（戴望），就是「用來祭祀」。「山川」是「山川之神」（朱子）。「其」同「豈」。「舍」同「捨」，「棄也」（皇侃），是「捨棄」。

這裡用「犁牛」比喻冉雍的父親。古籍並沒有任何關於他的記載，可是古注卻都說他「不善」或「無德」，我覺得不妥〔清朝黃式三在《論語後案》中就引用過黃繼道的話說：「斥父稱子，豈聖人之意？此言才德之不繫於世類耳。」〕。就孔子在此章用的比喻來看，犁牛相對於「騂且角」而言並不出色，但也是默默辛苦工作，哪有「不善」和「無德」？我覺得應該就是社會一般人，也就是黃式三說的「耕牛」和「犧牛」的差別。所以我才說是「不出色」的人，以對應這個孔子「出色」的弟子〔至於冉雍的出色，可以參考〈雍也1〉〕。

這章簡單說出一個打破「遺傳命定論」的問題：一個不怎樣的父親生養出一個很有前途的小孩，青出於藍。台灣話說：「歹竹出好筍。」意思一樣。在那個以血緣為主的世襲社會，孔子的這種講法是具革命性的。後來《禮記・郊特牲》〈33〉說「天下無生而貴者」，就是繼承這樣的想法。對於現在「×二代」恐怕也是個警世之言。

孔子鼓勵弟子要自己努力，不要因為出身低就妄自菲薄，大家都是「天之元子」，有德有才，老天疼愛。

順便說一下，《禮記・郊特牲》〈33〉：「天子之元子，士也。」我覺得「天子」多了「子」字，「天之元子，士也」似乎更符合這個時代的想法。

大家都是老天爺的孩子，能作踐自己嗎？

附錄

《禮記・郊特牲》〈33〉天子之元子，士也。**天下無生而貴者也**。繼世以立諸侯，象賢也。以官爵人，德之殺也。死而謚，今也；古者生無爵，死無謚。

7

子曰：「回也，其心三月不違仁，其餘則日月至焉而已矣。」

孔子說過：「顏回這人啊，他心裡可以很長時間都以仁為念，不會做出違背仁的事情，其他的弟子能堅持行仁的時間就比較短，頂多一天或一個月而已。」

繼上章評論冉雍（仲弓）之後，本章評論孔子最愛的弟子顏回，沒有太複雜的詞彙。比較有趣的是「其心三月不違仁」。為什麼說是「其心」而不是「其行」？「心」指的是什麼？「不違仁」具體而言又指的是什麼？「仁」是什麼？這些都是顏回在孔門中獨樹一幟之處。

古注似乎對這些問題都沒興趣，前輩的解釋重點各有不同。皇侃說：「仁是行盛，非體仁不能。不能者心必違之，能不違者唯顏回耳。」朱子有新的解釋：「仁者，心之德。心不違仁者，無私欲而有其德也。」戴望引用《易經・乾卦》〈文言9〉：「（君子）體仁足以長人。」（身體力行仁道，所以可以讓人近悅遠來，共同行道。）劉寶楠的說法是：「顏子體仁，未得位行道，其仁無所施於人，然其心則能不違，故夫子許之。」

如果不對「心」和「仁」做太高深的哲學概念討論（孔子的概念如果很抽象，當時的弟子應該就不懂了，何況生在幾千年後的我們），我推測「心」是指「修養」（「自我修為」（self-cultivation）是「出口轉內銷」的外國話），而「仁」就是和別人有關的正向關係。簡單來說，顏回時時刻刻、念茲在茲的不僅「修己」，而且還有「安人」（讓大家都能安居樂業）。

一般人的印象都以為顏回只顧著「修己」，這和孔子盛讚他「不遷怒」和「不貳過」（〈雍也3〉），以及「有不善未嘗不知，知之未嘗復行也」（《易經．繫辭下》〈5〉）有關。其實〈顏淵1〉的「克己復禮」，特別是「視聽言動」之禮，都是和別人發生聯繫的，這絕不是「修己」就可以完事的。顏回希望「無伐善，無施勞」，也是「修己安人」（請回頭去看〈公冶長26〉的討論）。顏回也請教過孔子「為邦」之事，這也不是「修己」而已（〈衛靈公11〉）。《說苑．敬慎》〈30〉還記載他要「西遊」，請教孔子該如何做，孔子就告訴他：「恭敬忠信，可以為身。恭則免於眾，敬則人愛之，忠則人與之，信則人恃之；人所愛，人所與，人所恃，必免於患矣，可以臨國家，何況於身乎？故不比數而比疏，不亦遠乎？不修中而修外，不亦反乎？不先慮事，臨難乃謀，不亦晚乎？」孔子認為自己和顏回都是「用行舍藏」，這裡也是「修己安人」（〈述而11〉）。孔子甚至感嘆顏回進了師門之後，弟子之間的感情越來越好（《孔子家語．七十二弟子解》〈1〉和《史記．仲尼弟子列傳》〈6〉），這不是「安人」的功夫是什麼？子貢也稱讚他：「能夙興夜寐，諷誦崇禮，行不貳過，稱言不苟。」（《孔子家語．弟子行》〈1〉和《大戴禮記．衛將軍文子》〈3〉）

至於「三月」，真的不是指具體的「三個月」。顏回每天都很認真在過生活，孔子驚嘆地看到他每天進步不已（〈子罕21〉），就像天地運行一樣，不舍晝夜。

有一個顏回的故事很有啟發性：孔子的三位弟子接受老師有關人我關係態度的測試。子路說：「誰對我好我就對誰好，誰對我不好我也對他不好。」子貢說：「人家對我好，我也對人家好；人家對我不好，我就看情況要不要對他好。」顏回說：「人家對我好或對我不好，我都會一律對人家好。」孔子評論三位弟子的言論說：「子路的態度像是野蠻人說的話；子貢的話像是朋友說的話；顏回的話像是親人說的話。」（《韓詩外傳・卷九》〈7〉）從這個故事也可以看出顏回「其心三月不違仁」的例證。

顏回在「孔門四科」中排「德性四哲」中的第一。子貢說過自己不如顏回（〈公冶長9〉）。但是孔子這麼說，應該不是讓大家覺得自己不能和顏回相比就算了。孔子的意思要弟子們「見賢思齊」啊！「日月至焉不違仁」的人，日積月累也能趨近「三月不違仁」，不能功虧一簣（〈子罕19〉），甚至「畫地自限」（〈雍也12〉），裹足不前。

附錄

《孔子家語・七十二弟子解》〈1〉**顏回**，魯人，字子淵。少孔子三十歲，年二十九而髮白，三十一，早死。孔子曰：「自吾有回，門人日益。」回以德行著名，孔子稱其仁焉。

《史記・仲尼弟子列傳》〈6〉回年二十九，髮盡白，蚤死。孔子哭之慟，曰：「**自吾有回**，門人益親。」

《韓詩外傳．卷九》〈7〉子路曰：「人善我，我亦善之；人不善我，我不善之。」子貢曰：「人善我，我亦善之；人不善我，我則引之進退而已耳。」顏回曰：「人善我，我亦善之；人不善我，我亦善之。」三子所持各異，問於夫子。夫子曰：「由之所持，蠻貊之言也；賜之所言，朋友之言也；回之所言，親屬之言也。」《詩》曰：「人之無良，我以為兄。」

8

季康子問：「仲由可使從政也與？」子曰：「由也果，於從政乎何有？」曰：「賜也，可使從政也與？」曰：「賜也達，於從政乎何有？」曰：「求也，可使從政也與？」曰：「求也藝，於從政乎何有？」

季康子問孔子：「子路可以從政嗎？」孔子回答說：「由啊！他做事果敢決斷，從政沒什麼困難吧？」季康子接著問：「子貢可以從政嗎？」孔子回答說：「賜啊！他通達事理，從政沒什麼困難吧？」季康子最後問：「冉求可以從政嗎？」孔子回答說：「冉求多才多藝，從政沒什麼困難吧？」

這章是孔子評論子路、子貢和冉求三位弟子從政的三方面才華，孔子很精準地用一個字就清楚掌握了每位弟子的個性和從政的才華。在這裡，三個人的個性不同，各有所用。

「果」是「果敢決斷」（包咸和皇侃），朱子簡要說成「勇決」，依經解經來看，「果行育德」說的恐怕更好（《易經．蒙卦》〈1〉）。「達」是「達於物理」（孔安國、皇侃和邢昺），朱子說是「通事理」，同樣依經解經來看，更貼近孔子自己的解釋是：「夫達也者，質直而好義，察言而觀色，慮以下人。」（〈顏淵20〉）「藝」是「多才藝」（孔安國、皇侃和邢昺），朱子改一個字，說是「多才能」，如果依經解經來看，說小是「雜藝」（牢曰：子云，『吾不試，故藝』。」〔〈子罕7〉〕「冉求之藝」〔〈憲問12〉〕），說大了就是「六藝」（子曰：「志於道，據於德，依於仁，游於藝。」〔〈述而6〉〕）孔子的言下之意是，如果季康子能夠適材適用，三位弟子聯合起來就會發揮最大的效用。

後來子路和冉求都被季氏延攬，不過，他們不能阻止季氏征伐顓臾，還找了攻打顓臾的藉口，讓孔子很生氣（〈季氏1〉）。其中冉有被孔子罵過兩次，一次是「季氏旅於泰山」，冉求竟然沒有阻止（〈八佾6〉）；一次是冉求為季氏聚斂，為虎作倀，讓孔子罵到「鳴鼓而攻之，可也」（〈先進17〉）。不過，孔子認為這兩位弟子縱使不足以「有為」，至少還是「有守」：「弒父與君，亦不從也。」（〈先進24〉）孔子弟子中屬於「德行門」的閔子騫就不願在季氏手下做事，還說如果再來找他的話，他就要逃到齊國邊境去（〈雍也9〉）。不過，後來同為「德行門」的仲弓（就是冉雍，也是孔子認為可以「南面」的「德政雙全」弟子）去當了季氏的家臣，還請問孔子如何幫忙政務（〈子路2〉）。

三位中的兩位，剛好在個性上各居極端：子路算是「狂者」，所以孔子往往要讓他別躁進；冉有太過溫吞，孔子鼓勵他向前衝（〈先進22〉）。這也是孔子「因材施教」的例證。

個性決定命運，政治個性也決定政治命運。就算有孔子這樣的老師，好像也救不了弟子的個性和命運。

9

季氏使閔子騫為費宰。閔子騫曰：「善為我辭焉！如有復我者，則吾必在汶上矣。」

季氏想要聘請閔子騫當「費」（音必）這個地方的主管官員。閔子騫聽到後說：「請好好替我推辭這件事！如果再來找我，我可要逃到齊國的邊界去。」

這章也和季氏、孔門弟子有關，只是孔子並沒有出現。從這章來看，閔子騫應該是沒有應聘成為「費宰」。可是在《孔子家語・執轡》〈1〉中卻記載他應聘了，還因此請教了孔子有關治理的問題，孔子也長篇大論說了一套。

閔損，字子騫，魯國人（《史記・仲尼弟子列傳》〈8—9〉說他小孔子十五歲，《孔子家語・七十二弟子解》〈2〉卻說小五十歲，後者應該是誤植），以孝行著稱（〈先進5〉），在孔門「德行四傑」中排在顏淵之後（〈先進3〉）。

閔子騫的孝行故事很有名，可是看不出來和這章談的事情有什麼關聯。傳說閔子騫有兄弟兩個人，母親過世後，父親續弦，又生了兩個小孩。這個典型的後母虐待閔子騫兄弟二人，冬天只給他們穿單薄的衣服，自己親生的小孩則穿著厚溫衣物。父親發現這樣的情形，十分生氣，想要休掉這個妻子。結果閔子騫替後母說情：「母在一子單，母去四子寒。」（《說苑．佚文》〈1〉、〈61〉）就這樣解決了家庭危機。

另一則故事則是他守喪三年（沒說父喪或母喪）之後，孔子讓他彈琴，發現他的悲傷仍未過去，可是能彈琴還能持之以禮，所以讚美他是「君子」。在故事中，被拿來和他比較的是子夏。同樣守喪三年，子夏「哀已盡」，所以彈琴神色從容，也被孔子譽為「君子」（《說苑．修文》〈22〉）。兩人彈琴的表現雖然不同，但是都能持之以禮，所以都得到孔子的讚賞。

另一個故事是說他剛拜孔子為師的時候，面有菜色（氣色不好），後來入門以後，變成有芻豢之色（氣色變好）。子貢好奇問其中的緣故。閔子騫回答說：「我出身貧寒，自從入了師門，老師教我們內聖外王之道，學了心中十分高興。可是出門看見有人有陣容浩大的隊伍跟隨，心中也樂得想要效法。兩種想法在心中激盪不已，而且自己很難取捨，所以氣色才會不好。後來經過老師的陶冶還有同學的切磋琢磨，更明白做人做事的道理，出門見到人家有陣容浩大的隊伍跟著，也不再覺得羨慕，這就是我氣色變好的原因。」（《韓詩外傳．卷二》〈5〉）這個故事恐怕更接近這章的主旨：閔子騫已經跟孔子學到了「進退存亡」的正道，所以良禽擇木而棲，就選擇不在季氏的手下做事。這應該也就是《史記．仲尼弟子列傳》〈9〉所說的「不仕大夫」。

〈先進14〉記載他不希望政府勞民傷財，給出了「照舊的方法辦事」的建議，孔子誇獎他：「這小子不說話則已，一開口就說到重點。」這是他孝行之外的傑出表現。

這就是孔子教出的好學生。

附錄

《說苑・佚文》〈1〉**閔子騫**兄弟二人，母死，其父更娶，復有二子。子騫為其父御車，失轡，父持其手，衣甚單。父則歸，呼其後母兒，持其手，衣甚厚溫，即謂其婦曰：「吾所以娶汝，乃為吾子，今汝欺我，去，無留！」子騫前曰：「母在一子單，母去四子寒。」其父默然。故曰：「孝哉閔子騫，一言其母還，再言三子溫。」

——〈61〉**閔子騫**早喪母，為後母所苦，冬月以蘆花衣之，其所生二子則衣之以綿。父令閔子御車，體寒失靷，父責之，閔子不自理。父察知之，歸謂婦曰：「我所以娶汝，乃為吾子；今汝欺我，去無留。」子騫前曰：「母在一子寒，母去三子單。」其父默然。故曰：孝哉閔子騫！一言其母還，再言三子溫。

——〈修文22〉子生三年，然後免於父母之懷，故制喪三年，所以報父母之恩也。期年之喪通乎諸侯，三年之喪通乎天子，禮之經也。子夏三年之喪畢，見於孔子，孔子與之琴，使之絃，援琴而絃，衎衎而樂作，而曰：「先生制禮不敢不及也。」孔子曰：「君子也。」**閔子騫**三年之喪畢，見於孔子，孔子與之琴，使之絃，援琴而絃，切切而悲作，而曰：「先生制禮不敢過也。」孔子曰：「君子也。」子貢問曰：「閔子哀不盡，子曰君子也；子夏哀已盡，子曰君子也。賜也惑，敢問何謂？」孔子曰：「閔子哀未盡，能斷之以禮，故曰君子也；子夏哀已盡，能引而致之，故曰君子也。夫三年之喪，固優者之所屈，劣者之所勉。」

《韓詩外傳・卷二》〈5〉閔子騫始見於夫子，有菜色，後有芻豢之色。子貢問曰：「子始有菜色，今有芻豢之色，何也？」閔子曰：「吾出蒹葭之中，入夫子之門，夫子內切瑳以孝，外為之陳王法，心竊樂之；出見羽蓋龍旂旃裘相隨，心又樂之；二者相攻胸中，而不能任，是以有菜色也。今被夫子之文寖深，又賴二三子切瑳而進之，內明於去就之義，出見羽蓋龍旂旃裘相隨，視之如壇土矣，是以有芻豢之色。」《詩》曰：「如切如瑳，如琢如磨。」

10

伯牛有疾，子問之，自牖執其手，曰：「亡之，命矣夫！斯人也而有斯疾也！斯人也而有斯疾也！」

1. 冉耕生了重病（可能是傳染病），孔子去探望他。孔子透過窗戶牽著冉耕的手，悲嘆地說：「唉！這真是命啊！真是什麼人生什麼病啊！」
2. 冉耕生了重病（可能是傳染病），孔子去探望他。孔子透過窗戶牽著冉耕的手，悲嘆地說：「不會有這樣不合理的事吧！命運自會有安排！有德行的人，老天爺會保佑他痊癒的！有德行的人，老天爺會保佑他痊癒的！」

（＊我覺得第二個解釋比較合理。）

這章也是以孔子的弟子為主題，只是這個弟子的「德行」並沒有期望中的「好報應」。孔子在此並沒有進一步討論「為什麼好人沒好報」這個外國人稱為「神義論」（或「神正論」〔theodicy〕）的問題。

我認為除了傳統的解釋之外，應該有另外一種可能。這裡要注意的是「探病場合」。

冉耕，字伯牛，是孔子弟子，在孔門「德行四傑」排在第三（〈先進3〉）。〔《孔子家語．七十二弟子解》〈3〉誤說是「政事門」的「冉有」，只能怪姓冉的弟子多到讓人搞不清楚〕很可惜，我們從現有的歷史資料中找不到有關冉耕的其他記載。所以不知道他到底做了什麼事、生了什麼病，讓孔子發出這樣的悲嘆。

「有疾」——《史記．仲尼弟子列傳》〈10〉說是「惡疾」，朱子說是「癩病」，不只是很重的病，而且是傳染病，可是程樹德花了長篇大論反駁這一點。「亡」——是「喪」，皇侃說是「言牛必死也」。戴望說得更神：「牛有惡疾嫌近長者，故孔子不入室，但從牖執其手，為切脈也。既切脈，知疾不可治，故曰：『亡之命矣夫！』」可是孔子這麼知書達禮之人，總不會當著病人的面說「你就快死了」這種「直而無禮」的話吧！所以我認為「亡之」，意思應該是：「沒這樣的道理吧！」是孔子探病安慰病人的話，這才像是「至聖先師」會說的「溫暖而且有鼓勵性的話」（〈述而38〉）。

「命」——何晏以降的古注都無解，但皇侃有解釋「命矣夫」整句話：「言如汝才德實不應死而今喪之，豈非秉命之得以夫。」邢昺也說：「行善遇凶，非人所召，故歸之於命，言天命矣夫。」朱子乾脆就明說是「天命」，還解釋說：「言此人不該有此疾，而今乃有之，是乃天之所命。」意思都差不多。可是，這樣說來比《老子》〈79〉的「天道無親，常與善人」還要消極負面，實在沒有任何「正能量」。

「牖」是「面對南方的窗戶」。皇侃的解釋是：「君子有疾，寢於北壁下東首。今師來，故遷出南窗下，亦東首，另師從戶入於床北，得面南也。孔子恐其疾也，不欲見人，故不入戶，但於窗上而執其手也。」「斯」是「此」，「斯人也而有斯疾也」，皇侃說：「有此善人而嬰此惡疾。」這種解釋會讓孔子的探病變成一種「幸災樂禍」並且「譴責病人」的怪異行為。我還是根據上面孔子的行事邏輯和「探病模式」來解釋，所以翻成：「有德行的人，老天爺會保佑他痊癒的！」之所以連說兩遍，皇侃說是「痛惜之深也」，我認為是「安慰之深」。這是一般人探病都會說的安慰話，難道孔子不會？這也太把孔子看成「直而無禮」的「亞斯伯格症」患者了吧！

傳統的解釋有幾大類：一類繞著「好人不長命」這條思考邏輯來解釋。《淮南子·精神訓》〈17〉就舉下述孔門四位弟子的「歹命」來說：「顏淵夭死，季路葅於衛，子夏失明，冉伯牛為厲。此皆迫性拂情，而不得其和也。」如果這是孔子和弟子的平常討論，我絕對同意。可是我覺得這章應該用「探病模式」來解釋，才合人情之常以及孔子的一貫形象。一類像劉寶楠專注於「自牖執其手」的問題；一類則是程樹德專注在「疾」是否為「癩」或「厲」的問題。這些解釋都迷失在當下最簡單、日常生活的「探病」場合問題。「依脈絡（場合）解經」也是一個基本功夫，特別是在無法「依經解經」之時。

被譽為「聖之時者」的孔子，如果連探病該怎麼說話都不會，怎麼還教人「時」呢？所以我強調這章應該作孔子的「探病時教」來理解。

附錄

《老子》〈79〉和大怨，必有餘怨；安可以為善？是以聖人執左契，而不責於人。有德司契，無德司徹。**天道無親，常與善人。**

《淮南子．精神訓》〈17〉夫顏回、季路、子夏、冉伯牛，孔子之通學也，然顏淵夭死，季路葅於衛，子夏失明，冉伯牛為厲。此皆迫性拂情，而不得其和也。故子夏見曾子，一臞一肥。曾子問其故，曰：「出見富貴之樂而欲之，入見先王之道又說之。兩者心戰，故臞；先王之道勝，故肥。」推其志，非能貪富貴之位，不便侈靡之樂，直宜迫性閉欲，以義自防也。雖情心鬱殪，形性屈竭，猶不得已自強也。故莫能終其天年。

11

子曰：「賢哉回也！一簞食，一瓢飲，在陋巷。人不堪其憂，回也不改其樂。賢哉回也！」

孔子讚嘆地說：「真有賢德啊！我這個學生顏回！簡單的飲食、簡陋的住所，別人都覺得物質條件太差而憂慮，這個顏回卻因為求道行道而樂此不疲。真有賢德啊！我這個學生顏回！」

這章提到顏回，讚美他的「賢」，也就是他能「安貧樂道」，不同於一般人的憂和樂。「簞」是「笥」（孔安國）或「竹筥之屬也，用貯飯」（皇侃）或「竹器」（邢昺），也就是盛飯的竹器。「食」是「飯也」（邢昺）。「瓢」是「瓠片也，匏持盛飲也」（皇侃）或「瓠也」（邢昺），也就是盛水的器皿。「飲」就是「水」或「湯汁」。「陋巷」是「居住條件簡陋之處」。現在山東曲阜的顏廟中就有一個應景的石碑，寫著「陋巷舊址」。這些指的是一般人重視的「物質生活條件」。從古到今，大家都擔心「沒飯吃」或是「吃不飽、穿不暖、住不好」，患得患失的人生目標也都是在這些物質方面的事。

顏回的憂樂和常人不同，可是和孔子相當，所以顏回就是孔子的縮影（有人說他和冉牛和閔子騫三人都是「具體而微」的孔子〔《孟子．公孫丑上》〈2〉〕）。孔子一直教學生「食無求飽，居無求安，敏於事而慎於言，就有道而正焉」（〈學而14〉），也強調「志道」，不必「恥惡衣惡食」（〈里仁9〉），應該「謀道不謀食」，「憂道不憂貧」（〈衛靈公32〉）。孔子的自我要求也是「飯疏食飲水，曲肱而枕之，樂亦在其中矣。不義而富且貴，於我如浮雲」（〈述而16〉），甚至他希望別人再問起他是怎樣的人時，弟子能替他回答說：「其為人也，發憤忘食，樂以忘憂，不知老之將至云爾。」（〈述而19〉）他也用同樣的標準誇獎「禹」（〈泰伯21〉），雖然他還是認為「禹」傳位給「兒子」是壞了「公天下」的傳統。孟子也提到孔子誇獎禹和顏回「賢」（《孟子．離婁下》〈57〉）。但是「食無求飽」，並不是一定要餓肚子過日子。因為重點不在於「食」也不在於「飽」，就算是「飽食終日」卻「無所用心」（〈陽貨22〉），更是孔子擔心的事。孔子說過「貧而樂〔道〕」（〈學而15〉），顏回算是箇中代表。「用心」於食衣住之外的公德才是王道。

顏淵「憂道不憂貧」，孔子雖然說過「仁者不憂」（〈子罕29〉和〈憲問28〉）或「君子不憂不懼」（〈顏淵4〉），但是其實他還是有「憂」的：「德之不修，學之不講，聞義不能徙，不善不能改」（〈述而3〉），沒有一項是食衣住行這些物質生活方面的事。

孔子之「樂」在於「學而時習遠朋來」（〈學而1〉），特別是「益者三樂」：「樂節禮樂，樂道人之善，樂多賢友，益矣！」（〈季氏5〉）他希望「樂以忘憂」（〈述而19〉）。

總結來看，孔子的所憂所樂都與物質條件無關，重視的都是精神層面的提升。但是他也不是完全不重視物質條件：孔子在回答子貢問政時，特別強調「食」、「兵」和「信」這三個層次的相對重要性（〈顏淵7〉）；在初到衛國時，也提醒冉有要注意「庶」、「富」和「教」三個層次（〈子路9〉）。這些講究的都是對於一般人民，要先從他們的物質生活安定做起，然後才給予精神方面的教導。這是「君子」和「小人」（指一般人民）重視的看似方向相反，其實是相輔相成，最終是殊途同歸的。

附錄

《孟子・公孫丑上》〈2〉（公孫丑問曰）「昔者竊聞之：子夏、子游、子張皆有聖人之一體，**冉牛、閔子、顏淵則具體而微**。敢問所安。」

——〈離婁下57〉**禹、稷當平世，三過其門而不入，孔子賢之。顏子當亂世，居於陋巷。一簞食，一瓢飲。人不堪其憂，顏子不改其樂，孔子賢之。**孟子曰：「禹、稷、顏回同道。禹思天下有溺者，由己溺之也；稷思天下有飢者，由己飢之也，是以如是其急也。禹、稷、顏子**易地則皆然**。今有同室之人鬭者，救之，雖被髮纓冠而救之，可也。鄉鄰有鬭者，被髮纓冠而往救之，則惑也，雖閉戶可也。」

12

冉求曰：「非不說子之道，力不足也。」子曰：「力不足者，中道而廢。今女畫。」

冉求（跟孔子）說：「（老師！）我很喜歡您教的道理，可是我的能力太差（，所以都無法踐行）啊！」孔子（溫和地）回答說：「能力太差，半途而廢，這都是你自己畫地自限啊！」

前章孔子誇獎了顏淵，這章出現了誰，都不太討好。誰能跟顏淵比呢？

這章沒什麼太難的字。「說」是「悅」，是「內心歡喜」的意思。「力」，這裡是指「能力」，不是「怪力亂神」的那種「武力」或「暴力」。「中道」應該是雙關語，表面上指的是「路走到一半」，也就是「半途」，其實也隱含著「中庸之道」的深義。「廢」是「喻力即罷頓，不能復行，則止也」。「女」是「汝」，也就是「你」，《論語》中除了「女子」一詞外，「女」都是當作「汝」字解。「畫」，《說文解字》和戴望都解作「界也」，孔安國和皇侃都說是「止」，朱子說得好：「畫者，能進而不欲，謂之畫者、畫地以自限也。」

朱子對這章做了很精闢地分析：「力不足者，欲進而不能。畫者，能進而不欲。」如果用孟子的話說：「是不為也，非不能也。」（《孟子．梁惠王上》〈7〉）換句話說，聽起來是謙稱「能力不足」的「能力」問題，其實隱含著「畫地自限」的「意願」問題。現在還聽見有人說「力不從心」，也是一樣「畫地自限」，將自己的責任撇得十分乾淨。

從《論語》其他章節的記載來看，冉求雖然名列「孔門政事雙傑」之首（〈先進3〉），但是個性退縮保守，是孔門的「狷者」和子路這個「狂者」剛好湊成孔門一對「狂狷」的兩極（〈先進22〉）。可是孔子也看出他有長於「藝」（〈雍也8〉和〈憲問12〉），而且也認為他的能力足以「千室之邑，百乘之家，可使為之宰也」（〈公冶長8〉），應該再多一點自信，就可以大放異彩。所以孔子每次都鼓勵他，讓他知道這是「個人意願」的問題，「能力」是可以透過磨練改善的，可以達到「我欲仁，斯仁至矣」（〈述而30〉）的最高境界。他自己評估自己的能力也是：「方六七十，如五六十，求也為之，比及三年，可使足民。如其禮樂，以俟君子。」（〈先進26〉）不過，也許孔子指責過他當季氏家臣時不能諫止季氏「旅於泰山」（〈八佾6〉），「聚斂」（〈先進17〉），以及找藉口討伐顓臾（〈季氏1〉），所以才覺得自己能力不足。孔子認為他和子路頂多算得上「具臣」而不是「大臣」，因為至少他們還維持著道德底線：「弒父與君，亦不從也。」（〈先進24〉）

冉求的答案其實大打孔子的臉：因為孔子曾經說過：「有能一日用其力於仁矣乎？我未見力不足者。蓋有之矣，我未之見也。」（〈里仁6〉）這下子，一位自稱「力不足」者的弟子就活生生出現在孔子面前，這不是要考驗「至聖先師」的「憤怒管理」能力嗎？我覺得「朽木不可雕也，糞土之牆不可朽也」（〈公冶長10〉）的話也許該在這裡出現才對。

有人認為上章和這章有關聯。朱子引用「胡氏」的話說：「夫子稱顏回不改其樂，冉求聞之，故有是言。然使求說夫子之道。誠如口之說芻豢，則必盡力以求之，何患力之不足哉？畫而不進，則日退而已矣！此冉求之所以局於藝也。」

冉求跟孔子學習，竟然還沒學到「正能量」，我們這些後來遠遠不如孔子的老師們，又要這樣傳導這樣的「正能量」給「畫地自限」的弟子呢？恐怕要先從我們當老師的人自己不「畫地自限」開始吧！

「天行健，君子以自強不息！」（《易經．乾卦》〈1〉）

附錄

《孟子．梁惠王上》〈7〉挾太山以超北海，語人曰「我不能」，是誠不能也。為長者折枝，語人曰「我不能」，是不為也，非不能也。故王之不王，非挾太山以超北海之類也；王之不王，是折枝之類也。老吾老，以及人之老；幼吾幼，以及人之幼。天下可運於掌。

13

子謂子夏曰：「女為君子儒，無為小人儒。」

孔子教誨子夏說：「你要做個君子儒，不要做小人儒。」

這章的問題是：孔子為什麼要跟子夏這麼說？是不是針對子夏個人行事所做的提醒？還是這是一般性的說法，只是剛好說給子夏聽？這就得「依經解經」找答案。

子夏算是孔門的晚期弟子，姓卜，名商，小孔子四十四歲（《孔子家語．七十二弟子解》〈10〉和《史記．仲尼弟子列傳》〈51〉），是孔門「文學雙秀」之一（〈先進3〉）。孔子誇獎過他是一個可以和他談論詩的學生（〈八佾8〉）。《論語》中收錄了不少他的話。除此之外，他也博學多聞，曾經指出別人讀史時將「己亥渡河」這個時間的說法因為字型相近而誤以為是「三家（三隻豬）渡河」（《孔子家語．七十二弟子解》〈10〉和《呂氏春秋．慎行論》〈察傳3〉）。

許多古書上都記載著這麼一個有趣的故事。有一天，子夏問孔子幾位學長的為人：顏回、子貢、子路和子張。孔子分別指出這四人各有「信」、「敏」、「勇」和「莊」的特色，都比自己「賢」。子夏很不解地問到：「既然四位學生都比老師您賢，為什麼還要當您的學生呢？」孔子神色從容地回應說：「回信而不能反，賜能敏而不能屈，由能勇而不能怯，師能莊而不能同。」而自己能「見進退之利，屈伸之用者也」（也就是知道「因時而動」），因此強過這四位學生。（《說苑．雜言》〈21〉、《列子．仲尼》〈4〉、《孔子家語．六本》〈12〉）這和孟子稱讚孔子為「聖之時者也」（《孟子．萬章下》〈10〉）有異曲同工之妙。

子夏和同門的關係似乎有點緊張。有一天子夏的門人跑去問師叔子張（小子夏四歲）對於「交朋友」的看法。子張很聰明，先問說：「你們老師是怎麼教你們的？」學生就回答說：「我們老師說：『可以交的朋友就交，不能交的朋友就別跟他來往。』」子張聽完回答說：「這跟我在師門學的不一樣。我們的老師（孔子）說過：『君子要尊敬賢人並且容納各色人民，做好事要誇獎他，能力不足要去了解原因何在（並且幫助他）。我如果算得上有賢德，什麼人我都應該能包容才對吧？我如果沒有賢德，別人早就會離我遠遠的，哪裡輪得到我來拒絕和別人交往呢？』」（〈子張3〉）還有一次是子游批評子夏教門人一些灑掃、應對和進退等等枝微末節的事，沒有教到孔門的根本之道。子夏聽完也辯駁說：「君子之道沒有先後本末之分，我又不是聖人，哪會這麼多有始有終的事。」（〈子張12〉）

我覺得子夏對於孔子的教誨確實有誤解之處。有一次比較遲鈍的樊遲請教孔子什麼是「仁」（這個問題其實他問過三遍，孔子每次給的答案都不一樣）。孔子簡答說「愛人」，他接著問「知」，孔子也簡答說「知人」。樊遲不懂。孔子又換了方式解釋：「選拔正直的人跟不正直放在一起，不正直的人會跟著學會正直。」樊遲顯然還是不懂，可是不敢再問，就跑去問小他八歲卻比較聰明的學弟子夏。子夏聽完，直誇老師講得真是好，然後就自己舉例說：「舜治理天下的時候，因為從民眾中選拔了皋陶，這樣一來不仁的人就自動跑了；後來商湯治理天下，也從民眾中選拔了伊尹，不仁的人也自動跑了。」（〈顏淵22〉）樊遲經過這麼多層解釋後到底懂沒懂，沒有記載。可是子夏這麼一說，孔子原來希望「正直的人能影響不正直的人」的說法，反而變成「好人一上台，壞人跑光光」的場景，「好人」沒能影響到「壞人」，反而逼迫「壞人」到別處去「使壞」，把別人的國家當垃圾桶。這種「自掃門前雪而不管他人瓦上霜」的自私行為，豈是以公天下為念的孔子的意思呢？還有一般人以為是孔子說的「大德不踰閑，小德出入可也」（〈子張11〉），其實也是出自他對孔子「從心所欲不踰矩」的誤解。

後來子夏的兒子過世，白髮人送黑髮人的子夏竟然哀慟逾恆，哭瞎了眼。這種「傷身且失禮」的行為，被小他兩歲的學弟曾子給好好教訓了一頓。（《禮記・檀弓上》〈41〉）

孔子死後，他被魏國禮聘當國師，地位很高（《史記・仲尼弟子列傳》〈55〉和〈儒林列傳2〉），後來成為儒家八大門派之一。不過，同為儒門後學的荀子很看不起這一門，批評他們：「正其衣冠，齊其顏色，嗛然而終日不言，是子夏氏之賤儒也。」（《荀子・非十二子》〈17〉）聽起來，這一門的人像「軍隊」。

從上面對子夏各種傳說的整理來看，孔子說的「君子儒」和「小人儒」應該可以推測就是他在孔門專重小事，沒抓到孔門的精華要旨。孔子這裡的話就是希望他能掌握孔子思想的精要。從《論語》的其他篇章看來，他並不是完全沒有繼承孔子思想的。

古注對於「君子儒」和「小人儒」有不同的說法：一種是前者重「道」，後者求「名」（孔安國、皇侃和邢昺）；一種說法是前者「為人」，後者「為己」（朱子引程子）；一種說法是前者為「義」，後者為「利」（朱子引謝氏），一種說法是前者「能識大而可大受」，後者「務卑近」（劉寶楠）。一說強調兩者的區分是「度量規模之大小」（程樹德）；一說最為特別：「言當給君子做師儒，勿為小人做師儒。君子學道藝有所用，小人學道藝無所用也。」（黃懷信）

古注似乎也不注意對「儒」做解釋。皇侃說：「儒者，濡也。」朱子說：「儒，學者之稱。」劉寶楠和程樹德都說「『儒』為教民者之稱」。後來哲學史大師，如胡適和馮友蘭都有長篇大論解釋「儒」。這裡其實是《論語》中唯一一次出現「儒」字之處，應該不是什麼重要的字，可是後人卻把孔子當成是「儒家」的祖師爺，孔子大概會不同意吧。後人熟稱的「儒學」，其實恐怕稱為「孔學」比較可能為孔子接受。

這些解釋其實多少都有點道理，也都引能引經據典，不過都是片斷。如果能全面「依經解經」，全面整理出孔子在《論語》中對「君子」和「小人」的區分，也許更接近孔子的原意。

附上君子與小人的比較供各位參考：

〈為政14〉君子周而不比↔小人比而不周。
〈里仁11〉君子懷德↔小人懷土；君子懷刑↔小人懷惠。
——〈16〉君子喻於義↔小人喻於利。
〈雍也13〉女為君子儒，無為小人儒。
〈述而37〉君子坦蕩蕩↔小人長戚戚。
〈顏淵16〉君子成人之美，不成人之惡。小人反是。

〈子路23〉君子和而不同↔小人同而不和。
——〈25〉君子易事而難說也：說之不以道，不說也；及其使人也，器之。小人難事而易說也：說之雖不以道，說也；及其使人也，求備焉。
——〈26〉君子泰而不驕↔小人驕而不泰。
〈憲問6〉君子而不仁者有矣夫↔未有小人而仁者也。
——〈23〉君子上達↔小人下達。
〈衛靈公2〉君子固窮↔小人窮斯濫矣。
——〈21〉君子求諸己↔小人求諸人。
——〈34〉君子不可小知，而可大受也；小人不可大受，而可小知也。
〈季氏8〉君子有三畏：畏天命，畏大人，畏聖人之言。小人不知天命而不畏也，狎大人，侮聖人之言。
〈陽貨4〉君子學道則愛人↔小人學道則易使也。
——〈23〉君子有勇而無義為亂↔小人有勇而無義為盜。

附錄

《呂氏春秋・慎行論》〈察傳3〉子夏之晉，過衛，有讀史記者曰：「晉師三豕涉河。」子夏曰：「非也，是己亥也。夫『己』與『三』相近，『豕』與『亥』相似。」至於晉而問之，則曰

「晉師己亥涉河」也。辭多類非而是，多類是而非。是非之經，不可不分，此聖人之所慎也。然則何以慎？緣物之情及人之情以為所聞則得之矣。

《說苑．雜言》〈21〉子夏問仲尼曰：「顏淵之為人也，何若？」曰：「回之信，賢於丘也。」曰：「子貢之為人也，何若？」曰：「賜之敏，賢於丘也。」曰：「子路之為人也，何若？」曰：「由之勇，賢於丘也。」曰：「子張之為人也，何若？」曰：「師之莊，賢於丘也。」於是子夏避席而問曰：「然則四者何為事先生？」曰：「坐，吾語汝。回能信而不能反，賜能敏而不能屈，由能勇而不能怯，師能莊而不能同。兼此四子者，丘不為也。夫所謂至聖之士，必見進退之利，屈伸之用者也。」

《孟子．萬章下》〈10〉孔子，聖之時者也。孔子之謂集大成。集大成也者，金聲而玉振之也。金聲也者，始條理也；玉振之也者，終條理也。始條理者，智之事也；終條理者，聖之事也。智，譬則巧也；聖，譬則力也。由射於百步之外也，其至，爾力也；其中，非爾力也。

《禮記．檀弓上》〈41〉子夏喪其子而喪其明。曾子吊之曰：「吾聞之也：朋友喪明則哭之。」曾子哭，子夏亦哭，曰：「天乎！予之無罪也。」曾子怒曰：「商，汝何無罪也？吾與汝事夫子於洙泗之間，退而老於西河之上，使西河之民疑汝於夫子，爾罪一也；喪爾親，使民未有聞焉，爾罪二也；喪爾子，喪爾明，爾罪三也。而曰汝何無罪與！」子夏投其杖而拜曰：「吾過矣！吾過矣！吾離群而索居，亦已久矣。」

14

子游為武城宰。子曰：「女得人焉爾乎？」曰：「有澹臺滅明者，行不由徑。非公事，未嘗至於偃之室也。」

> 子游被任命治理武城。孔子問他：「你有沒有什麼得力助手啊？」子游回答說：「有的。澹臺滅明這個人（很正直），從來不走旁門左道。如果不是談公事，不會到我住的地方找我。」

前一章說的是孔門「文學雙秀」之一（〈先進3〉）的子夏，這章則是「雙秀」的另一位子游。

「焉爾乎」三個字都是虛字，沒什麼實質意義。「徑」、朱子說是「路之小而捷者也」。「公事」，皇侃說是「其家課稅也」。朱子說是「如飲射讀法之類」，其實就是現在的「公共事務」。

子游姓言，名偃，年紀說法不一（《孔子家語・七十二弟子解》〈9〉說「少孔子三十五歲」，《史記・仲尼弟子列傳》〈62〉說「少孔子四十五歲」，差了整整十歲。我採取後者的說法），比子夏小一歲。籍貫也說法不一（〈七十二弟子解9〉說是「魯人」，〈仲尼弟子列傳62〉說是「吳人」），也有一說他和這章的另外一位主人翁澹臺滅明同是「武城人」，但也有說一是「南武城人」和「東武城人」，兩者根本相差了「八十里」（劉寶楠所引）。

子游在《論語》中出現的次數遠不如子夏（二十：八）。在《禮記》中有許多他談喪禮的段落，這等到後面再詳解（〈子張14〉子游曰：「喪致乎哀而止。」）。他能把武城治理好，得到孔子空前絕後的「莞爾一笑」（〈陽貨4〉），算是能踐行孔子之道的先鋒，雖列名「文學門」，應該也兼入「政事門」才是。

有一個故事說他和孔子討論到子產這個「惠人」，可是孔子認為子產「能食之而不能教也。」（《孔子家語．正論解》〈24〉）這句話配合上子游治理武城的能讓「弦歌之聲」（就是「禮樂兼備」）不絕於耳，恐怕是間接誇獎子游治理之術勝過子產一籌。後來子游在被季康子問到孔子和子產的比較時，也說老師勝過子產多多（《說苑．貴德》〈15〉和《孔叢子．雜訓》〈3〉）。子產是對自己國人好，孔子是對天下人好：子產畢竟還是像「浸水」一樣「私其國」，孔子則是像「雨水」一樣「公天下」。

他和同門人的關係好像不太好：上一章我們已經提過他批評過子夏的門人（〈子張12〉）。此外，他也批評子張「未仁」（〈子張15〉）。不過，也有一個故事說到孔子死後同門的人對於老師有關喪禮的教誨有不同的記憶和解釋：起爭執的是有子和曾子，後者強調孔子說過「人死了全家就陷入窮困；人死了就趕快讓屍體腐朽」（喪欲速貧，死欲速朽）這樣的話，前者認為孔子不可能說出這樣的粗鄙話。曾子強辯說子游有當場聽到。於是兩人就去找他評理。子游說有子的話比較接近孔子的意思。因為當時孔子在宋國見到桓司馬做了石頭棺槨，花了三年都沒做好，就批評說：「這真是太奢侈了，這樣的人還不如早死早腐朽。」孔子是在這樣的場合說這樣的話（，有針對性）。另外一次就是南宮敬叔從國外回來帶了許多寶物。孔子說：「這樣聚斂財貨，〔一定在他死後馬上家道中落，〕讓全家陷入窮困。」這也是針對南宮敬叔的情況所說的話。曾子聽完便向有子認錯，並請教有子不在現場，怎麼知道那不是孔子的意思？有子就以自己隨侍孔子的經驗，說明老師在其他場合的言行都和這裡不同，而老師又是表裡如一的人，所以這些應該都不是他說的話。（《禮記・檀弓》〈75〉）子游的公正，好像又和上述的記載有所不同。更重要的是，孔門弟子對於孔子說過的話的求真務實精神，在這裡有了一次很精彩的展現。

澹臺滅明字子羽，籍貫是武城〔但也有別的說法，見前段〕，歲數則記載上也有「小孔子四十九歲」（《孔子家語・七十二弟子解》〈13〉）和「小孔子三十九歲」（《史記・仲尼弟子列傳》〈62〉）的十歲之差。他在《論語》中就出現這麼一次。有不少古籍都愛說他長得醜到孔子都得拿他來當教材：「以容取人，則失之子羽；以辭取人，則失之宰予。」（《孔子家語・子路初見》〈8〉、《韓非子・顯學》〈5〉、《史記・仲尼弟子列傳》〈64〉）這當然也是讚美，也呼籲學生不要以貌取人，給長得實在不怎樣的人一個很大的鼓勵：內在美才是王道。此外，他還有被誇獎之處：「貴之不喜，賤之不怒；苟於民利矣，廉於其事上也，以佐其下，是澹臺滅明之行也。」（《大戴禮記・衛將軍文子》〈11〉和《孔子家語・弟子行》〈1〉）這麼一個有「德行」又能「政事」如冉雍之類的孔門弟子，竟然沒排上孔門四科十哲，這裡面又有什麼不為人知的故事嗎？

這章其實應該和〈陽貨4〉一起看。那應該是發生在孔子剛到武城的事：孔子到了武城，聽到有音樂和歌唱的聲音，就很得意笑了起來，開玩笑地說：「不就是殺隻雞嘛，幹嘛拿牛刀呢？」子游〔不知道孔子在開玩笑〕很嚴肅地回答：「我記得老師您以前是這麼教誨我們的：『君子學了道就會愛天下人，小人學了道就容易服從命令去從事勞役。』」孔子（見他這麼一本正經）就告訴隨從的弟子說：「各位同學！言偃同學說的話是對的。我之前是開他玩笑。（各位別誤會）」

荀子將他和子張和子夏三人一起罵為「賤儒」：「偷儒憚事，無廉恥而耆飲食，必曰君子固不用力：是子游氏之賤儒也。」（《荀子．非十二子》〈17〉）可是古籍中找不到這種指控的證據。這難道又有什麼隱情？還是純然誤會一場？

孔子死後，澹臺滅明到了南方的楚國傳孔子之道（《史記．儒林傳》〈2〉），大概算是實踐了孔子「欲居九夷」的想法。

孔學南傳，就是從此開始的吧？一路到了毓老師，超越了「孔學」和「儒學」（甚至「國學」），一變而成了「夏學」，包含古人無上智慧的，乾乾淨淨的學問。

我有時會擔心，我們這些弟子在老師過世後的各自所作所為，會不會變成後人口中的「毓門賤儒」呢？

附錄

《孔子家語．正論解》〈24〉**子游**問於孔子曰：「夫子之極言子產之惠也，可得聞乎？」孔子曰：「謂在愛民而已矣。」**子游**曰：「愛民謂之德教。何翅施惠哉？」孔子曰：「夫子產者，猶眾人之母也。能食之，而不能教也。」**子游**曰：「其事可言乎？」孔子曰：「子產以所乘之車濟冬涉，是愛而無教也。」

《說苑．貴德》〈15〉季康子謂子游曰：「仁者愛人乎？」子游曰：「然。」「人亦愛之乎？」子游曰：「然。」康子曰：「鄭子產死，鄭人丈夫舍玦珮，婦人舍珠珥，夫婦巷哭，三月不聞竽琴之聲。仲尼之死，吾不聞魯國之愛夫子奚也？」子游曰：「譬子產之與夫子，其猶浸水之與天雨乎？浸水所及則生，不及則死，斯民之生也必以時雨，既以生，莫愛其賜，故曰：譬子產之與夫子也，猶浸水之與天雨乎？」

《孔叢子．雜訓》〈3〉懸子問子思曰：「吾聞同聲者相求，同志者相好。子之先君見子產則兄事之，而世謂子產仁愛，稱夫子聖人。是謂聖道事仁愛也。吾未諭其人之孰先後也，故質於子。」子思曰：「然。子之問也。昔季孫問子游，亦若子之言也。子游答曰：『以子產之仁愛譬夫子，其猶浸水之與膏雨乎？』康子曰：『子產死，鄭人丈夫舍玦珮，婦女舍珠瑱，巷哭三月，竽瑟不作。夫子之死也，吾未聞魯人之若是也。奚故哉？』子游曰：『夫浸水之所及也則生，其所不及則死，故民皆知焉。膏雨之所生也，廣莫大焉；民之受賜也，普矣。莫識其由來者。』『上德不德，是以無德。』季孫曰：『善。』」懸子曰：「其然。」

《史記．儒林傳》〈2〉仲尼既沒，七十子之徒散遊諸侯，大者為卿相師傅，小者友教士大夫，或隱而不見。故子張居陳，澹臺子羽居楚，子夏居西河，子貢終於齊。如田子方、段干木、吳起、禽滑氂之屬，皆受業於子夏之倫，為王者師。是時，獨魏文侯好學。天下並爭於戰國，儒術既黜焉，然齊魯之間學者猶弗廢，至於威、宣之際，孟子、孫卿之列咸遵夫子之業而潤色之，以學顯於當世。

15

子曰：「孟之反不伐，奔而殿。將入門，策其馬，曰：『非敢後也，馬不進也。』」

孔子〔誇獎地〕說：「孟之反不誇耀自己的功勞，打仗回來，騎馬在全軍的最後面。要進城門的時候，鞭策著他的馬，說：『不是我要走在最後頭，是我的馬不肯往前。』」

這章主要是誇獎孟之反不誇耀自己的功勞，但是故事的原委和解釋，好像不太一致。

「伐」——孔安國說是「不自伐其功」，皇侃說是「有功不自稱也」，朱子說是「誇功也」，《論語》其他兩處出現「伐」時（〈公治長26〉和〈憲問1〉），也都是這樣的意思。「奔」——朱子說是「敗走」。「殿」——馬融和朱子說是「在軍後」（在軍前叫「啟」），也就是在後頭，現在還有「殿後」的說法；在前頭叫「啟」。「門」——皇侃說是「魯國門」指「國門」，也就是「城門」。「策」邢昺說是「杖」，朱子說是「鞭」。

「孟之反」是魯國的大夫「孟之側」，《春秋左傳》都作「孟孺子」。劉寶楠說：「古人名多用

『之』為語助，若舟之橋、宮之奇、介之推、公罔之裘、庾公之斯、尹公之他，與此孟之反皆是。」

這段故事發生在魯哀公十一年（西元前四八四年），是孔子過世前五年的事。魯國因為以前和吳國聯合打過齊國，現在齊國反而打到魯國來。魯國三桓不團結應戰。結果孔子的弟子冉求剛好當季氏的家臣，就給他出主意。最後魯國組成左右二軍應戰；左軍由冉求率領，樊遲跟班，後來因為樊遲建議冉求要身先士卒而大敗齊軍，被孔子稱許為「義」，洗刷了以前「鳴鼓攻之」（〈先進17〉）罵名。右軍就是責成這裡的孟之反來領軍，結果被齊軍打得落花流水，狼狽奔回魯國（《春秋左傳・哀公十一年》〈2〉）。才開啟的這章的故事。

讀古注讓我疑惑不解之處也正在這裡，大家都提到孟之反是打敗戰逃回魯國，那孔子為什麼要誇獎他「不自誇」？敗軍之將怎能「自誇」呢？雖然他沒搶在軍隊前面先跑回來，這總還算是個盡責的將領，不過古注大概都知道這個背景故事，卻從來沒人這麼懷疑過。這又是為什麼？

我覺得這應該算是孟之反自己的一種自嘲型幽默，或者是孔子譏諷孟之反打了敗仗回來，不深自檢討失敗的原因，而拿「馬不進」當成殿後的理由，根本是「本末倒置」或是「轉移焦點」。

這種要人命的戰爭，重視人命的孔子才不會這麼輕率地誇獎一個打敗仗的將領吧！特別是他自己的弟子在那場戰役中打了勝仗。弟子的成功，老師也「與有榮焉」。

附錄

《春秋左傳・哀公十一年》〈2〉十一年，春，齊為鄎故，國書，高無平，帥師伐我，及清，季孫謂其宰冉求，曰：「齊師在清，必魯故也，若之何？」求曰：「一子守，二子從，公禦諸竟。」季孫曰：「不能！」求曰：「居封疆之間，季孫告二子。」二子不可，求曰：「若不可，則君無出。一子帥師，背城而戰。不屬者，非魯人也。魯之群室，眾於齊之兵車。一室敵車，優矣，子何患焉，二子之不欲戰也，宜政在季氏，當子之身，齊人伐魯，而不能戰，子之恥也，大不列於諸侯矣。」季孫使從於朝，俟於黨氏之溝，武叔呼而問戰焉，對曰：「君子有遠慮，小人何知？」懿子強問之，對曰：「小人慮材而言，量力而共者也。」武叔曰：「是謂我不成丈夫也。」退而蒐乘。孟孺子洩帥右師，顏羽御，邴洩為右。冉求帥左師，管周父御，樊遲為右。季孫曰：「須也弱。」有子曰：「就用命焉！」季孫之甲七千，冉有以武城人三百，為己徒卒，老幼守宮，次於雩門之外。五日，右師從之，公叔務人見保者而泣曰：「事充政重，上不能謀，士不能死，何以治民，吾既言之矣，敢不勉乎！」師及齊師戰於郊，齊師自稷曲，師不踰溝。樊遲曰：「非不能也，不信子也，請三刻而踰之。」如之，眾從之，師入齊軍。右師奔，齊人從之，陳瓘，陳莊，涉泗，孟之側後入，以為殿，抽矢策其馬曰：「馬不進也！」林不狃之伍曰：「走乎！」不狃曰：「誰不如？」曰：「然則止乎？」不狃曰：「惡賢？」徐步而死。師獲甲首八十，齊人不能師，宵諜曰：「齊人遁！」冉有請從之，三季孫弗許。孟孺子語人曰：「我不如顏羽，而賢於邴洩，子羽銳敏，我不欲戰而能默。」洩曰：「驅之，公為與其嬖僮汪錡乘，皆死皆殯。」孔子曰：「能執干戈以衛社稷，可無殤也。」冉有用矛於齊師，故能入其軍。孔子曰：「義也！」

16

子曰：「不有祝鮀之佞，而有宋朝之美，難乎免於今之世矣！」

孔子說：「如果現在（當官的人）沒有祝鮀那麼會花言巧語，或是沒有宋朝那樣的俊美外貌，恐怕很難在當今這樣的世道免於災禍吧！」

這章提到兩個人的特色，以及這樣的特色有助於當時免於災禍。

「祝鮀」或作「祝佗」，是衛國大夫子魚，「祝」是主管衛國的宗廟的官，孔子說過「祝鮀掌宗廟」（〈公治長19〉），以口才辯給著稱，受寵於衛靈公。《春秋左傳・定公四年》〈2〉記載他說了一長串話，讓萇弘心服口服。看來這並不是件壞事。他的好口才救了衛靈公。「宋朝」是宋國的美男子，見愛於南子，這個人應該不如祝鮀那樣正面，所以將他們相提並論，好像不太對。

「佞」是「口才」（孔安國和邢昺）就是「巧言」，上面我們引過相關的記載，祝鮀的一番話救了衛靈公，所以好像不能用「負面」看待。除非又有什麼沒有記載的故事。「美」是外貌姣好，也可以說是「令色」。「免」是免於災禍。

孔子認為這兩人擁有他不以為然的「鮮矣仁」的德性，可是這卻是這兩個名人在衛國朝廷得到寵幸的原因。如果沒有這兩項「長才」，可是要惹來不少麻煩的。

孔子在這裡應該又是講反話了吧？孔子討厭「佞」早就不是新鮮事（〈公冶長5〉、〈先進25〉、〈憲問32〉、〈衛靈公11〉和〈季氏4〉）。孔子難道期待弟子又「佞」又「美」來求容身於無良世道嗎？我想不至於吧！

如果不當反話看，那麼就還有前人可能忽略了的另外一種可能的解釋。「佞」這個字也可以正面當作「才」來解（《廣言》〈172〉）。古人有時自己謙稱「不佞」，恐怕是「不才」而不是「沒口才」的意思。順著這個解釋，這章就變成是正反的對照說法：要嘛你要有祝鮀的才幹，要嘛你要有宋朝的外貌，這樣才能在當今的社會中免於災禍。

這似乎比較說得通，孔子鼓勵人至少要往「才」字這條路上走。「美不美」恐怕由不得自己（現在當然可以藉由美容醫學改進）。

最後順帶一提，東漢王充的《論衡》中有一篇文章〈答佞〉，是這個主題的唯一長文，值得細細品味。

附錄

《春秋左傳．定公四年》〈2〉將會，衛子行敬子言於靈公曰：「會同難，嘖有煩言，莫之治也，其使祝佗從！」公曰：「善。」乃使子魚。子魚辭曰：「臣展四體，以率舊職，猶懼不給而煩刑書，若又共二，徼大罪也。且夫祝，社稷之常隸也。社稷不動，祝不出竟，官之制也。君以軍行，祓社、釁鼓，祝奉以從，於是乎出竟。若嘉好之事，君行師從，卿行旅從，臣無事焉。」公曰：「行也！」及皋鼬，將長蔡於衛。衛侯使祝佗私於萇弘曰：「聞諸道路，不知信否？若聞蔡將先衛，信乎？」

萇弘曰：「信！蔡叔、康叔之兄也，先衛，不亦可乎？」子魚曰：「以先王觀之，則尚德也。昔武王克商，成王定之，選建明德，以藩屏周。故周公相王室，以尹天下，於周為睦。分魯公以大路、大旂，夏后氏之璜，封父之繁弱，殷民六族——條氏，徐氏，蕭氏，索氏，長勺氏，尾勺氏，使帥其宗氏，輯其分族，將其類醜，以法則周公。用即命於周，是使之職事於魯，以昭周公之明德。分之土田倍敦，祝、宗、卜、史，備物、典策，官司、彝器；因商奄之民，命以〈伯禽〉而封於少皞之虛，分康叔以大路、少帛、綪茷、旃旌、大呂，殷民七族——陶氏、施氏、繁氏、錡氏、樊氏、饑氏、終葵氏；封畛土略，自武父以南及圃田之北竟，取於有閻之土以共王職，取於相土之東都以會王之東蒐。聃季授土，陶叔授民，命以〈康誥〉，而封於殷虛。皆啟以商政，疆以周索。分唐叔以大路、密須之鼓，闕鞏、沽洗，懷姓九宗，職官五正。命以〈唐誥〉，而封於夏虛，啟以夏政，疆以戎索。三者皆叔也，而有令德，故昭之以分物。不然，文、武、成、康之伯猶多，而不獲是分也，唯不尚年也。管、蔡啟商，惎間王室，王於是乎殺管叔而蔡蔡叔，以車七乘、徒七十人，其子蔡仲，改行帥德，周公舉之，以為己卿士，見諸王，而命之以蔡。其命書云：『王曰：「胡！無若爾考之違王命也！」』若之何其使蔡先衛也？武王之母弟八人，周公為太宰，康叔為司寇，聃季為司空，五叔無官，豈尚年哉？曹，文之昭也；晉，武之穆也。曹為伯甸，非尚年也，今將尚之，是反先王也。晉文公為踐土之盟，衛成公不在，夷叔，其母弟也，猶先蔡。其載書云：『王若曰，晉重、魯申、衛武、蔡甲午、鄭捷、齊潘、宋王臣、莒期。』藏在周府，可覆視也。吾子欲復文、武之略，而不正其德，將如之何？」萇弘說，告劉子，與范獻子謀之，乃長衛侯於盟。反自召陵，鄭子大叔未至而卒。晉趙簡子為之臨，甚哀，曰：「黃父之會，夫子語我九言曰：『無始亂，無怙富，無恃寵，無違同，無敖禮，無驕能，無復怒，無謀非德，無犯非義。』」

17

子曰：「誰能出不由戶？何莫由斯道也？」

孔子說：「誰能外出不經過門口？〔可是〕為什麼不走〔我〕這條路呢？」

這章意思大致都說是孔子嘆道之不行，雖短，但是孔子為什麼要這麼說，卻很不容易解釋。

皇侃解釋了主要的疑難字：「道」是先王之道。「莫」，無也。「斯」，此也。劉寶楠補充解釋了：「戶」是一扇，兩扇才叫「門」。

何晏最先引用孔安國的話解釋：「言人立身成功當由道，譬猶人出入要當從戶。」皇侃則多說了些：「人生得在世，皆由於先王道理而通，而世人多違理背道，故孔子為譬以示解時惑也。言人之在室出入由戶而通，亦如在室由道理而生。而人皆知出室由戶，而未知在室由道，故云誰能出不由戶，何莫由斯道也？」朱子的解釋就貼近字面，但也因此費解：「言人不能出不由戶，何故乃不由此道耶？怪而嘆之之辭。」

孔子在這章哀嘆自己的道不行於世，是很容易了解的。可是他難道真的不知道大家為什麼不願意行他的道嗎？

其實孔子自己是知道的，而且也是他一直堅持不懈的原因。有這麼一個他和三位弟子困於陳、蔡之時討論「吾道非耶？何為至此？」的故事。我特別鍾愛，所以就算以前說過一次，現在再多說一次也無妨：孔子先問子路，對於自己傳道還身陷困阨這件事情有什麼看法。子路提醒老師，說：「也許我們在仁和智兩方面都還有地方讓人家不滿意，所以也許我們調整一下自己的道，就能得到認同了。」孔子很不以為然地用很長的話加以辯駁。換上子貢，他的回答是先褒後貶：「老師要傳的道太大了，天下容不下。也許您該配合別人的需求，稍稍修正一下。」孔子也不以為然。最後輪到顏淵，他順著子貢的話說「老師要傳的道太大了，天下容不下」，不過他話鋒一轉，又說：「我們堅持推行我們相信的道，如果當政者不能用，那是他們的損失。天下容不下，不正證明了我們是堂堂正正的君子嗎？」顏淵的一番話說到老師心裡了，讓他高興地說：「如果你有錢，我願意來幫你當管帳的。」（《孔子家語．在厄》〈1〉和《史記．孔子世家》〈46—48〉）

從這個故事再看到這一章，我想孔子認為他的道沒錯，是大家有眼不識泰山。可是，這樣自我感覺良好，不正也遠離了群眾，失去了和他們對話，或是引領他們走向正道的機會嗎？這是值得當今悲嘆「儒門淡泊」的人深思的。

如果硬要在這個譬喻上打轉，我們也許可以推測：大家出門不走大門，也許都是翻牆或爬窗或從旁門左道出去的吧？這些都可以避開孔子的道，難怪孔子要感嘆！

附錄

《孔子家語・在厄》〈1〉楚昭王聘孔子，孔子往拜禮焉，路出於陳、蔡。陳、蔡大夫相與謀曰：「孔子聖賢，其所刺譏，皆中諸侯之病。若用於楚，則陳、蔡危矣。」遂使徒兵距孔子。孔子不得行，絕糧七日，外無所通，黎羹不充，從者皆病，孔子愈慷慨講誦，絃歌不衰。乃召子路而問焉，曰：「《詩》云：『匪兕匪虎，率彼曠野。』吾道非乎？奚為至於此？」子路慍，作色而對曰：「君子無所困。意者夫子未仁與？人之弗吾信也；意者夫子未智與？人之弗吾行也。且由也，昔者聞諸夫子：『為善者，天報之以福；為不善者，天報之以禍。』今夫子積德懷義，行之久矣，奚居之窮也？」子曰：「由未之識也！吾語汝。汝以仁者為必信也，則伯夷、叔齊不餓死首陽；汝以智者為必用也，則王子比干不見剖心；汝以忠者為必報也，則關龍逢不見刑；汝以諫者為必聽也，則伍子胥不見殺。夫遇不遇者，時也；賢不肖者，才也。君子博學深謀，而不遇時者，眾矣。何獨丘哉！且芝蘭生於深林，不以無人而不芳；君子修道立德，不為窮困而敗節，為之者人也，生死者命也。是以晉重耳之有霸心，生於曹、衛；越王句踐之有霸心，生於會稽。故居下而無憂者，則思不遠；處身而常逸者，則志不廣。庸知其終始乎？」子路出。召子貢，告如子路。子貢曰：「夫子之道至大，故天下莫能容夫子，夫子盍少貶焉？」子曰：「賜！良農能稼，不必能穡；良工能巧，不能為順；君子能修其道，綱而紀之，不必其能容。今不修其道，而求其容，賜，爾志不廣矣！思不遠矣！」子貢出。顏回入，問亦如之。顏回曰：「夫子之道至大，天下莫能容。雖然，夫子推而行之，世不我用，有國者之醜也。夫子何病焉！不容然後見君子。」孔子欣然歎曰：「有是哉，顏氏之子！吾亦使爾多財，吾為爾宰。」

《史記．孔子世家》〈46—48〉孔子知弟子有慍心，乃召子路而問曰：「《詩》云：『匪兕匪虎，率彼曠野。』吾道非邪？吾何為於此？」子路曰：「意者吾未仁邪？人之不我信也。意者吾未知邪？人之不我行也。」孔子曰：「有是乎！由，譬使仁者而必信，安有伯夷、叔齊？使知者而必行，安有王子比干？」子路出，子貢入見。孔子曰：「賜，《詩》云：『匪兕匪虎，率彼曠野。』吾道非邪？吾何為於此？」子貢曰：「夫子之道至大也，故天下莫能容夫子。夫子蓋少貶焉？」孔子曰：「賜，良農能稼而不能為穡，良工能巧而不能為順。君子能修其道，綱而紀之，統而理之，而不能為容。今爾不修爾道而求為容。賜，而志不遠矣！」子貢出，顏回入見。孔子曰：「回，《詩》云：『匪兕匪虎，率彼曠野。』吾道非邪？吾何為於此？」顏回曰：「夫子之道至大，故天下莫能容。雖然，夫子推而行之，不容何病，不容然後見君子！夫道之不修也，是吾醜也。夫道既已大修而不用，是有國者之醜也。不容何病，不容然後見君子！」孔子欣然而笑曰：「有是哉顏氏之子！使爾多財，吾為爾宰。」

18

子曰：「質勝文則野，文勝質則史。文質彬彬，然後君子。」

孔子說：「〔一個人的〕先天本性超過後天修為就是粗野；後天修為超過了先天本性就是矯飾。先天本性和後天修為最適的配置才是君子。」

這章講的是文和質以及兩者和君子的關係。這裡有兩個對舉的觀念：「質」和「文」一對；「野」和「史」一對。這樣看似的對立，孔子認為在君子人身上可以獲得一種「最適的融合」或「統一」。「質」——皇侃說是「實」；戴望說是「質性」；劉寶楠說是「本」；蔣伯潛說是「本質」；黃懷信說是「質樸」。這應該就是「天生的本質或本性」。「勝」——皇侃說是「多」，就是「超過」。「文」——皇侃說是「華」；戴望說是「儀貌」；蔣伯潛說是「文采」；黃懷信說是「斯文」；我覺得可以解釋成「後天接受教育的結果」。「野」——古注都說是「野人」，是「鄙略」的意思；黃懷信說是「粗野，野人氣」；《禮記・仲尼燕居》〈1〉：「敬而不中禮，謂之野。」「史」——皇侃說是

「記書史」；他認為：「史書多虛華無實，妄語欺詐，言人若為事多是少實則如書史也。」朱子的想法略同：「史掌文書，多聞習事，而誠或不足也。」戴望則認為是「祝史」（巫師），解釋也差不多：「唯司威儀，誠敬非其事也。」黃懷信說是：「史官，書生也，指書生氣。」「彬彬」——包咸、皇侃和邢昺都說是「文質相半貌」，朱子說是「猶班班，物相雜而適均之貌」；我覺得可以解釋成採取一個「文質」有適合當下情境（適「時」）的中庸之道。

「君子」——眾多古注中只有劉寶楠有說明：「君子者，所以用中而達之天下者也。古稱天子、諸侯、卿大夫、士，皆曰君子。君者，群也，言群下之所歸心也。子者，男子之稱也。非有位而稱君子者，以其人有道德，可任在位也。此文『君子』，專指卿大夫、士。」他還特別提到其他篇章的話：「下篇云：『後進於禮樂，君子也。』『君子質而已矣，何以文為？』皆就有位者言之。當時君子非質勝文，即文勝質，其名雖稱君子，其實則曰野，曰史而已。夫子為之正其名，究其義，曰『文質彬彬，然後君子』言非文質備，無以為君子矣！其無以為君子者，以君子必用中於民。若文質偏勝，無以示民，民無所效法，而何以為稱其位哉？」

《論語》中有一段有關「質」和「文」的討論：子貢說：「文猶質也，質猶文也。」（〈顏淵8〉）子貢的意思似乎認為「文質不分」，和這裡「文質彬彬」強調的「文質交融」說法略有不同。從「和而不同」（〈子路23〉）的觀點看，子貢似乎認為兩者是「同」，孔子則認為是「和」。師生境界，高下立判。

「質」和「文」可以從「先天」或「後天」，也可以從「本」和「末」，或是「內」和「外」，或是「裡」和「表」、「真實」和「虛假」，或是用「基礎」和「上層建築」當比方。不管怎麼對比，可以確定的是「文質彬彬」是一種《禮記・中庸》〈1〉所說的「性—道—教」三位一體的狀態，也是「中和」狀態。簡單說就是一種「合乎禮」的狀態。我們現在說「彬彬有禮」很恰當地抓住了孔子在這章的想法。如果「質文失衡」的「野」或「史」，都是需要改正的狀態。

毓老師寫過一副對聯，就用到「質」和「文」兩個字：

以夏學奧質
尋拯世真文

這兩句雖然和我這裡對「質」、「文」的解釋不同，但是可以確定的是要謹守著「文質彬彬」的準則，以及以夏學拯世的目標。至於在傳揚夏學以及以夏學拯世的做法上，這裡沒明說，恐怕就是師門弟子隨著自己的根器和願力去努力了！我曾經將此對聯的首字嵌入「奉」和「元」兩字：

奉夏學奧質
元拯世真文

也聽過一位學長把第二句的「尋」改成「行」，似乎意義更上層樓。

附帶一提：毓老師所謂的「夏學」，超越了一般人所說的「孔學」、「儒學」或「國學」（傳統說法都有局限性，無法包容當代社會和世界的多元性並存），是一種包含著這些傳統稱呼之外各種有助於人類整體生態、眾生、生活、生涯、生命、生存、生生不息的學問以及實踐。這是我個人的粗淺理解。

附錄

《禮記・中庸》〈1〉天命之謂性，率性之謂道，修道之謂教。道也者，不可須臾離也，可離非道也。是故君子戒慎乎其所不睹，恐懼乎其所不聞。莫見乎隱，莫顯乎微。故君子慎其獨也。喜怒哀樂之未發，謂之中；發而皆中節，謂之和；中也者，天下之大本也；和也者，天下之達道也。致**中和**，天地位焉，萬物育焉。

19

子曰：「人之生也直，罔之生也幸而免。」

> 孔子說過：「（有的）人正直地生活著（逆來順受），（有的人）迷迷糊糊地過日子，只求能僥倖趨吉避凶。」

這章因為句法結構不對稱，意思也好像是對舉，所以整句的意義相對來說比較容易理解，可是句法好像有問題。

皇侃對整句的解釋是：「人得全生居世者，必由直行故也……生即由直，若有誣罔之人亦得生世者，是獲幸而免死耳。」以後的邢昺和朱子大概也都是遵循這樣的解釋。如果第一句「人之生也直」沒錯，第二句似乎應該是「人之生也罔」；如果第二句句法沒錯，第一句應該是「直之生也」，並且在其後應該還有一句話來對應下句的「幸而免」才是。

整句的意思關鍵在於「生」指的是什麼？前一章我們提過「生」的諸多含義。如果是「生性」，似乎可以說明第一句（人的生性是正直的），可是卻說不通第二句（罔的生性是僥倖躲過的？），所以似乎作「生活」解比較恰當。

比較沒問題的是此章中「直」和「罔」是相對的。「直」如果是「正直」，「罔」就是「不正直」。不正直的人碰到事情只求自己能僥倖免難，正直的人無論碰到好事壞事都會逆來順受，坦然接受命運的挑戰而不求僥倖逃避。這也呼應著「君子坦蕩蕩，小人長戚戚」（〈述而37〉）、「富與貴是人之所欲也，不以其道得之，不處也；貧與賤是人之所惡也，不以其道得之，不去也。君子去仁，惡乎成名？君子無終食之間違仁，造次必於是，顛沛必於是。」（〈里仁5〉）

比較值得注意的古注是劉寶楠。他將「直」解釋為「誠」，而：「誠者，內不自欺，外不欺人。」《論語》幾乎沒談到「誠」，而《中庸》卻是以「誠」為中心，劉寶楠的說法可以連接兩本書的斷裂處。劉寶楠也引到鄭玄的說法，認為「人之生也直」是「性善說」，「罔之生」便是告子的「性惡說」。我覺得孔子對於「（人）性」只說到「性相近也，習相遠也」（〈陽貨2〉），並沒有特別明白強調善惡之別，所以這樣的解釋是不恰當的。

毓老師將「人之生也直」和《易經》結合起來說，認為「直」並非「正直」，而是「人受天命而生」，「天命流行，人秉天道而生，各正性命，各直道而生。」也正因為如此，所以「人才能盡性，贊天地化育，與天地相參」。相形之下，「罔之生」就是「不能直道而生」，這就是以「罔道生存，不受災難，那是僥倖。」（許仁圖，《子曰論語》（上冊），頁三〇一。）這和《禮記．中庸》〈1〉開頭所說的「天命之謂性」是同樣的意思。我覺得這將前半句解釋得很好，後半句就落空了：既然「人秉天命而生」，而且「人之生也直」，怎麼還會有「罔之生」？

這裡毓老師把「直」提到天人相與的境界，和我在〈公冶長24〉的舉證「直並不是高階道德」的解釋不同。師生境界不同，並非只有孔門如此。知我罪我，請以證據為憑。

附錄

《禮記・中庸》〈1〉**天命之謂性，率性之謂道，修道之謂教**。道也者，不可須臾離也，可離非道也。是故君子戒慎乎其所不睹，恐懼乎其所不聞。莫見乎隱，莫顯乎微。故君子慎其獨也。喜怒哀樂之未發，謂之中；發而皆中節，謂之和；中也者，天下之大本也；和也者，天下之達道也。致中和，天地位焉，萬物育焉。

20

子曰：「知之者不如好之者，好之者不如樂之者。」

孔子說過：「（理智上）知道了（修己安人的）做人的道理，不如（情感上）真心相信這種道理；（情感上）真心相信（修己安人的）做人的道理，不如（行動上）去踐行，和大家同樂於（修己安人的）做人道理（，世界大同就一定會實現）。」

這章說的是三個境界。沒有難字，幾乎不用白話翻譯。難的只是背後的道理。

這裡的關鍵其實是「之」字。包咸和皇侃都說是指「學問」；邢昺則在「學問」之外多說了「學道」。朱子引用「尹氏」和「張敬夫」的說法，並沒有自己的創見。程樹德則堅稱：「此章指學問而言，與道無涉。」

包咸對這整句話的解釋著眼於「篤」（堅定）和「深」的不同層次：「學問知之者不如好之者篤，好之者不如樂之者深。」皇侃略加補充，認為：「知之，為知學問有益者也。好之，謂欲好學之以為好者也。夫知有益而學之，則不如欲學之以為好者也。」「樂，謂歡樂之也。好有盈厭，故不如性歡而樂之，如顏淵樂在其中也。」我覺得戴望的說法比較貼近孔門要旨：「知之，知有其故。好之，則能約身以禮矣！樂之者，窮亦樂，達亦樂，所樂非窮達，道在然也。」劉寶楠對於「樂」的解釋也不錯：「樂者，樂其有得與已也。」

從「依經解經」的立場來看，這裡的「知之」應該是《論語》最後一篇〈堯曰3〉所強調的「知命」、「知禮」，和「知言」。「好之」則有「好學」（〈學而14〉、〈公冶長15〉、〈公冶長28〉、〈雍也3〉、〈泰伯13〉、〈先進7〉、〈陽貨8〉和〈子張5〉）、「好禮」（〈學而15〉、〈子路4〉和〈憲問41〉）、「好仁」（〈里仁6〉和〈陽貨8〉）、「好德」（〈子罕18〉和〈衛靈公13〉）、「好義」（〈顏淵20〉和〈子路4〉），及「好信」（〈子路4〉）等項目，幾乎都和「德行」有關。「樂」則有「朋友遠來之樂」（〈學而1〉）、顏回和孔子求道忘憂之樂（〈雍也11〉、〈述而16〉和〈述而19〉），以及「知（智）仁水山之樂」（〈雍也23〉），以及「益者三樂」：「樂節禮樂，樂道人之善，樂多賢友」和「損者三樂」：「樂驕樂，樂佚遊，樂宴樂」（〈季氏5〉）也多半和德性有關。總之，應該都是「樂道」。

從以上的整理，我個人覺得孔子教的是做人，特別是「修己安人」，不是做學問，而且這代表了「理智→情感→行動」的三個不同階段，一段比一段高。這是我們都該努力的目標。

21

子曰：「中人以上，可以語上也；中人以下，不可以語上也。」

孔子說過：「資質比一般人高的人，可以用抽象一點的例子教導他；資質比一般人低的人，就不可以用抽象的例子教導。」

皇侃說這章講的是「教化法」，就是「教學方法」。邢昺也說是「授學之法」。

這章也是講人的三種道德境界，以「中人」為分界點，將人分成「中人以上」和「中人以下」。皇侃後來又把上、中、下，每項再細分成上、中、下三小項，共分成九品，中人就是第五品，「以上」為一至四品，「以下」為六至九品。他認為「上上」是聖人，「聖人不須教」，「下下」則是愚人，「愚人不移，益不須教也」，可教者是「上中以下」到「下中以上」這七種人。他也提到另外一種說法：「中人若遇善師則可上，若遇惡人則可下。」從前者來看，是各人天生材性問題；從後者來看，師的善惡就是中人可上可下的關鍵。邢昺的說法類似，但是沒提到「老師」的關鍵地位，說的都是各人「才性」。

朱子也只淡淡地說：「言教人者當隨其高下而告語之，則其言益入而無躐等之弊也。」古注似乎都不關心「語上」指的是什麼？戴望認為是「性與天道」這兩個子貢自承沒聽老師說過的範疇（〈公冶長13〉），劉寶楠補充說：「孔子罕言利、命、仁、性與天道，弟子不可得聞，則是不可語上也。」綜合來看，都不是知識方面的事，而是天人合一方面的基本人性假定和大同理想。

孔子被捧為「萬世師表」絕非偶然，因為他說過「有教無類」（〈衛靈公39〉），這在以前只有貴族才能授教育的時代簡直就是「革命主張」；他說：「性相近也，習相遠也。」（〈陽貨2〉）強調後天教育和教化的重要性，也替後來天下老師找到「混飯吃」的最好藉口。他對於學生也採取「因材施教」的「時教」：子貢就覺得老師沒教他「性與天道」的事（〈公冶長13〉）；顏回則說老師「循循然善誘人」（〈子罕11〉）。

有點矛盾的是，他似乎認為「知」和「性」不同，而且還有「天生不相近之處」：有人「生而知之」（他否認自己是這種人〈〈述而20〉〉）、「學而知之」、「困而知之」，最後是無可救藥的「困而不學」（〈季氏9〉）。同時，他也認為：「唯上知與下愚不移。」（〈陽貨3〉）這樣說來，孔子似乎也哀嘆教育也有無能為力之處。

《漢書・古今人表》〈2〉對於「上智」、「下愚」和「中人」是以「可以為善或為惡」來區分的：「譬如堯舜，禹、稷、禼與之為善則行，鯀、讙兜欲與為惡則誅。可與為善，不可與為惡，是謂上智。桀紂，龍逢、比干欲與之為善則誅，於莘、崇侯與之為惡則行。可與為惡，不可與為善，是謂下愚。齊桓公，管仲相之則霸，豎貂輔之則亂。可與為善，可與為惡，是謂中人。」這種區分人群的方法應該也是受到這章的啟發。

我認為，這裡應該是指「老師教人時所希望學生能懂的舉例」才說得通。「語上」是指「比較抽象的例證」，對於「中人以上」這不是大問題，可是對於「中人以下」這樣抽象的例證就無法讓學生理解老師的意思。我們拿孔門的「頭號」和「墊底」的學生同樣問抽象的「仁」的例子來說明：一般人都公認，樊遲資質不高，卻問了這麼一個高境界「仁」的問題。如果孔子嚴格遵守著一般說法的「中人以下，不可以語上也」的原則，孔子大概就不用搭理樊遲，反正說了也聽不懂。可是孔子畢竟還是說了，只是用了樊遲應該可以懂的層次來說。相較於孔子對「中人以上」的顏淵問仁時回答「克己復禮」，說法比較抽象。顏回還是得問具體的行動方向，孔子才繼續說「視聽言動」都要守禮。這章應該搭配下章來看，依經解經就能解開這種解釋的謎團。

這裡講的是學生。換過來想：老師呢？「中人以上的老師」和「中人以下的老師」又能教什麼樣的學生呢？這樣一來，是不是走回「有教有類」的老路呢？馬克思說過：「教育者該被教育」，看來不是沒有道理的。

一位友人曾說過讓我很感動，同時也很慚愧的話：「沒有教不會的學生，只有不會教的老師。」

22

樊遲問知。子曰：「務民之義，敬鬼神而遠之，可謂知矣。」問仁。曰：「仁者先難而後獲，可謂仁矣。」

樊遲請教孔子什麼是「智」。孔子回答說：「要以人民的需要為優先考量，還要尊敬鬼神，但是不要過於沉迷，這樣可以算是『智』的起步了！」接著請教什麼是「仁」。〔孔子〕回答說：「仁人自己先做別人覺得難做的事，然後再和大家分享收穫，這樣可以算是『仁』的起步了！」

這章出現的孔子弟子是樊遲，請教孔子的是「知（智）」和「仁」的基本問題。樊遲在《論語》中才出現六次，就有三次請教孔子什麼是「仁」（本章、〈顏淵22〉和〈子路19〉），其中兩次是「知」和「仁」一起問。他問了三次，孔子三次都給不同的答案。

孔子提到「知（智）」的起步時候提到兩件事：首先是「務民之義」，有「當務之急」的意思，其中「義」就是「宜」，因人、事、時、地、物而採取最恰當的方法，不會拘泥於一成不變，亦即「眾惡之，必察焉；眾好之，必察焉」（〈衛靈公28〉）或「民之所好好之，民之所惡惡之，此之謂民之父母」（《禮記・大學》〈12〉）。在《尚書・洪範》〈9〉中也對於處理「大疑」之事，應該「謀及乃心，謀及卿士，謀及庶人，謀及卜筮」。孔子在這裡特別沒提到「卜筮」。這也就是他對前人思想的革命。

他主張的是這裡的第二項：到現在還在使用的話「敬鬼神而遠之」。在《論語》中，他還有另外兩次提到「鬼神」：一次是讚美「禹」能「致孝乎鬼神」（〈泰伯21〉）；一次是季路（就是子路）問事鬼神，孔子回答說：「未能事人，焉能事鬼？」（〈先進12〉）看來，比起一般還活著的人民來說，鬼神是離我們生活比較遠的事情；為政者應該先「固本」，而不該「本末倒置」。

當政者如果能從這兩項入手，就可以算是「明智」了，至少「不惑於民意和鬼神」，實事求是。另一次樊遲問「知」，孔子只簡答了「知人」（〈顏淵22〉），我們現在會說「知人善任」，算是補充了本章沒有提到的「用人」問題；用對了人，才能完成這裡的兩項任務。

至於「仁」，孔子這次回答樊遲的是「先難而後獲」，另外兩次的回答：一次是簡答的「愛人」（〈顏淵22〉），對人沒有區別心，不管華夏夷狄，就算別人不知道自己辛苦付出，也不要抱怨，仍然抱持著「先難後獲」之志，自強不息；一次是問「仁」，孔子的回答是：「居處恭，執事敬，與人忠。雖之夷狄，不可棄也。」（〈子路19〉）也有著先從自己做起，等待別人回應的「先難後獲」的意思。這樣看來，三次答案其實還是一種，只是強調的地方不同。（不過，有人認為應該是問「行」，因為孔子的答案和〈衛靈公6〉「子張問行」孔子給的答案很像，可能因為「仁」和「行」兩字字形相近而誤。不過「仁人」本來就是以「天下一家」為念的，「行」應該也包含在「仁」的概念中。）

孔子回答孔門第一的顏回問「仁」時，給了最著名的答案：「克己復禮」，特別說明是「視聽言動」都不能「非禮」。許多後來的讀書人花很多時間來解這句話，其實不就和這裡孔子回答樊遲的話差不多嗎？不就是「先難而後獲」的另外一種講法嗎？「先難」就是「克己復禮」，「後獲」就是會有「善生善」的後果。只是大家一開始不相信「善生善」，所以會把有這種信念的人看成是「傻子」或「迂腐」。想要行仁的人要對抗這樣的人和這樣的想法，「後獲」還沒看到，面前卻已經擺著「先難」了，這不是常見的現象嗎？仁者當然還是要抱持著「善生善」的信念繼續做下去，不要半途而廢。

這章看不出「知（智）」和「仁」之間的關係。這要待下章分曉。

附錄

《尚書・洪範》〈9〉七、稽疑：擇建立卜筮人，乃命卜筮。曰雨，曰霽，曰蒙，曰驛，曰克，曰貞，曰悔，凡七。卜五，占用二，衍忒。立時人作卜筮，三人占，則從二人之言。汝則有大疑，謀及乃心，謀及卿士，謀及庶人，謀及卜筮。汝則從、龜從、筮從、卿士從、庶民從，是之謂大同；身其康彊，子孫其逢：吉。汝則從、龜從、筮從、卿士逆、庶民逆：吉。卿士從、龜從、筮從、汝則逆、庶民逆：吉。庶民從、龜從、筮從、汝則逆、卿士逆：吉。汝則從、龜從、筮逆、卿士逆、庶民逆：作內，吉；作外，凶。龜筮共違於人：用靜，吉；用作，凶。

23

子曰：「知者樂水，仁者樂山。知者動，仁者靜。知者樂，仁者壽。」

孔子說過：「有智慧的人偏向喜歡水所代表的特質，有仁德的人偏向喜歡山所代表的特質；有智慧的人偏向喜歡動，有仁德的人偏向喜歡靜；有智慧的人樂道，有仁德的人與天同壽。」

這章以「知（智）者」和「仁者」三方面的對舉展現不同的境界。本章沒有難字，但背後的道理不清楚，就看古注如何解釋。

皇侃首先指出這章分別標舉了三個境界：一是「明智、仁之性」；二是「明智、仁之用」；三是「明智、仁之功」。邢昺也照著說。王夫之則認為：「樂山」、「樂水」以情言；「動」、「靜」以氣象言；「樂」、「壽」以所自得言。

至於為什麼「知者樂水」，皇侃的解釋承襲自包咸：「智者樂運其智，化物如流水知不息，故樂水也。」「知者動」則因為不太可解的「政自欲動進其識」。「智者樂」則是：「智者得運其識，故得從心而暢，故懽樂也。」邢昺和朱子基本上也是照著說。

皇侃對「仁者樂山」的解釋仍然承襲自包咸：「仁人之性，願四方安靜如山之不動，故云樂山也。」「仁者靜」則是「其心寧靜」。「仁者壽」則因為：「性靜如山之安固，故壽考也。」邢昺和朱子基本上也是照著說。

對於「知者樂水」和「仁者樂山」，《韓詩外傳・卷三》〈25—26〉和《說苑・雜言》〈46—47〉都有著類似的說法：「夫水者，緣理而行，不遺小間，似有智者；動而下之，似有禮者；蹈深不疑，似有勇者；障防而清，似知命者；歷險致遠，卒成不毀，似有德者。天地以成，群物以生，國家以寧，萬事以平，品物以正。此智者所以樂於水也。」「夫山巃嵸嶵嵬，萬民之所觀仰。草木生焉，眾木立焉，飛禽萃焉，走獸休焉，寶藏殖焉，奇夫息焉，育群物而不倦焉，四方並取而不限焉。出雲風通氣於天地之間，國家以成，是仁者所以樂山也。」雖然說得頭頭是道，但是沒說清楚「知者」和「水」以及「仁者」和「山」的關聯，讓我覺得是牽強附會的說法。難道「知者」就不能「樂山」，「仁者」就不能「樂水」嗎？同理，難道「知者」只能「樂」而不能「壽」，而「仁者」只能「壽」而不能「樂」嗎？沒道理吧！

有趣的是最後一句的「仁者壽」比較多人有興趣解釋，相對的「知者樂」就乏人問津。

《春秋繁露・循天之道》〈1〉解釋說：「仁人之所以多壽者，外無貪而內清淨，心和平而不失中正，取天地之美以養其身，是其且多且治。」《申鑒・俗嫌》〈13〉也有類似的說法：「仁者內不傷性，外不傷物，上不違天，下不違人，處正居中，形神以和，故咎徵不至，而休嘉集之，壽之術也。」雖然有人從顏淵短命的事實來質疑「仁者壽」的說法，可是徐幹的《中論．夭壽》〈1〉就辨明「壽」是從「德行」方面來說的，講的不是年歲。老子說得更簡單：「死而不亡者壽。」（《老子》）我聽過一位學長轉述毓老師說「仁者壽」是「仁者與天同壽」，就和《中論》的說法類似。如果是這樣，那麼「知者樂」也可以解釋「知者與人同樂」，也就是「獨樂樂，不如眾樂樂」（《孟子．梁惠王下》〈8〉）的意思。更明確的說法，這裡的「樂」應該是「樂道」。

這個教訓就是我們不要只想著停留在個人生理層次的意義，要往生活和生命，特別是和別人共享的生活和生命上去多想想，才能「樂壽與人同」。

附錄

《大戴禮記．勸學》〈14〉子貢曰：「君子見大川必觀，何也？」孔子曰：「夫水者，君子比德焉：偏與之而無私，似德；所及者生，所不及者死，似仁；其流行庳下，倨句皆循其理，似義；其赴百仞之谿不疑，似勇；淺者流行，深淵不測，似智；弱約危通，似察；受惡不讓，似貞；苞裹不清以入，鮮潔以出，似善化；必出，量必平，似正；盈不求概，似厲；折必以東西，似意，是以見大川必觀焉。」

《中論．夭壽》〈1〉或問：「孔子稱『仁者壽』，而顏淵早夭；『積善之家必有餘慶』，而比干、子胥身陷大禍，豈聖人之言不信而欺後人耶？故司空潁川荀爽論之，以為古人有言，死而不朽，謂『太上有立德，其次有立功，其次有立言。』其身歿矣，其道猶存。故謂之『不朽』。夫形體者，人之精魄也；德義令聞者，精魄之榮華也。君子愛其形體，故以成其德義也。夫形體固自朽弊消亡之物，壽與不壽，不過數十歲；德義立與不立，差數千歲，豈可同日言也哉！顏淵時有百年之人，今寧復知其姓名耶？《詩》云：『萬有千歲，眉壽無有害。』人豈有萬壽千歲者，皆令德之謂也。由此觀之，『仁者壽』，豈不信哉！《傳》曰：『所好有甚於生者，所惡有甚於死者。』比干、子胥皆重義輕死者也，以其所輕，獲其所重，求仁得仁，可謂慶矣！」

24

子曰：「齊一變，至於魯；魯一變，至於道。」

孔子說過：「齊國的霸道是一個初階境界，（加之以禮樂）可以提升到魯國的王道境界；魯國的王道境界再往上提升，可以到達『世界大同』的最高境界。」

這章提到的是齊和魯兩個國家，以及孔子的最高理想。這裡必須先講一下齊和魯兩國的歷史，才好解開這章的主旨。

周武王滅商之後，開始分封兄弟和功臣之時，姜太公呂尚（又被稱為「太公望」）被封於營丘之地為齊國，周公旦的兒子伯禽（本來要封給周公旦，他辭而不受，才轉封給他兒子）被封於曲阜之地為魯國（現在曲阜還有周公廟）。所以原來齊魯兩國是兄弟之邦。到了孔子的時代，齊景公昏庸，魯定公寡德，卻還保持著先人的遺風。

齊國和魯國的差異，延陵季子早就有這麼一種說法：姜太公和伯禽受封後三年後，周公詢問過姜太公的治理之術，為何如此迅速，他採取的做法是「尊賢，先疏後親，先義後仁也」，周公當時斷言這種「武政的霸者之跡」可以「澤及五世」。五年後伯禽才來述職，周公問及其治理之術，為何如此困難，採取的做法是「親親者，先內後外，先仁後義也」。周公斷言這樣的「仁厚的王者之跡」可以讓魯國「澤及十世」。（《說苑・政理》〈38〉）

同一個故事有不同的版本：伯禽受封於魯三年（不是前段說的「五年」）後，向周公述職，周公質疑為何如此遲慢，伯禽回答說：「改革風俗和禮儀，而且還有恪守三年之喪，所以才拖到這麼久。」太公五個月（不是前段說的「三年」）就來述職，周公訝異地問到：「怎麼這麼快？」太公回答說：「我將各種君臣禮節都簡化了，入境隨俗。」周公後來看伯禽這麼晚才來述職，就感嘆說：「魯國將來要被齊國給欺負。為政應該求簡單易行，這樣才能親近人民的需要；能親近人民的需要，人民才會歸心。」（《史記・魯周公世家》〈13〉）司馬遷這裡的記載，和前段引文剛好相反，讚美齊國而貶抑魯國。和這章的「齊一變，至於魯」就不符合了。

朱子根據的是《說苑》的版本，不過把兩國的差異總結得更精簡：「孔子之時，齊俗急公利，喜夸詐，乃霸政之餘習。魯則重禮教，崇信義，猶有先王之遺風焉。」

最後一個「道」字，朱子解釋為「先王之道」，這是「往過去看」，我認為不如「往未來看」的「素王之道」來得貼切，也就是禮運大同的境界。「依經解經」的前輩楊樹達先生的《論語疏證》已先得我心。

附錄

《說苑．政理》〈38〉齊之所以不如魯者，太公之賢不如伯禽，伯禽與太公俱受封，而各之國三年，太公來朝，周公問曰：「何治之疾也？」對曰：「尊賢，先疏後親，先義後仁也。」此霸者之跡也。周公曰：「太公之澤及五世。」五年伯禽來朝，周公問曰：「何治之難？」對曰：「親親者，先內後外，先仁後義也。」此王者之跡也。周公曰：「魯之澤及十世。」故魯有王跡者，仁厚也；齊有霸跡者，武政也；齊之所以不如魯也，太公之賢不如伯禽也。

《史記．魯周公世家》〈13〉周公卒，子伯禽固已前受封，是為魯公。魯公伯禽之初受封之魯，三年而後報政周公。周公曰：「何遲也？」伯禽曰：「變其俗，革其禮，喪三年然後除之，故遲。」太公亦封於齊，五月而報政周公。周公曰：「何疾也？」曰：「吾簡其君臣禮，從其俗為也。」及後聞伯禽報政遲，乃嘆曰：「嗚呼！魯後世其北面事齊矣！夫政不簡不易，民不有近；平易近民，民必歸之。」

25

子曰：「觚不觚，觚哉！觚哉！」

孔子說過：「徒有祭禮用的酒器而喪失了祭禮的原意，這樣的酒器還有什麼意思！這樣的酒器還有什麼意思！」

這章是比喻的說法，用字很簡單，一個「觚」不斷重複，像是在說繞口令，其實蘊含孔子的無限哀思。關鍵字當然就是這個「觚」字，朱子的集注中提出兩種說法：「或曰酒器，或曰木簡，皆器之有棱者也。」

第一種說法：「觚」是祭祀時裝酒的禮器。「觚」的容量是二升（《說文解字》說是「三升」），容量一升的叫做「爵」。皇侃的注引用王肅的說法：「當時沉湎於酒，故曰觚不觚，言不知禮也。」接著引證蔡謨：「酒之亂德，自古所患，故《禮》說三爵之制，《尚書》著明〈酒誥〉之篇，《易》有濡首之戒，《詩》列〈賓筵〉之刺，皆所以防沉湎。」邢昺和劉寶楠又都引用《五經異義》中引用的

《韓詩說》：「一升曰爵。爵，盡也，足也。二升曰觚。觚，寡也；飲當寡少。三升曰觶（音志）。觶，適也；飲當自適也。四升曰角。角，觸也；不能自適，觸罪過也。五升曰散。散，訕也；飲不省節，為人謗訕。」這些不同容量的酒器命名就蘊含著「飲酒適量」的深意，希望警惕飲酒人。毛奇齡就是這麼主張的：「觚不觚者，戒酗也。」就好像現在提醒飲酒人「開車不喝酒，喝酒不開車」，但是效果都一樣。

第二種說法：「觚」是「竹簡」。戴望認為：「孔子削觚而志有所念，觚不時成，故曰觚哉觚哉，以喻為政而至純太平，非一日之積。」劉寶楠也多方引證有這個說法。如果是這樣的話，這句話就變成：「如果連觚都削不好，還妄想做出什麼大事來嗎？」不可能的吧！

整句的意思，何晏早就說是：「以喻為政不得其道則不成。」邢昺正面說：「為政須遵禮道也。」這些解釋都似是而非。

楊樹達先生遵循依經解經的立場發現，這正是孔子的「正名」問題，也就是「名」和「實」之間的問題，特別是當時許多事情都名存實亡，所以孔子極力主張為政要以「正名」為先（〈子路3〉），讓名實相符，循名責實，權責相符，建立起一套政治責任倫理。

自稱「私淑孔子」的孟子，對於「正名」並沒有多做闡述。相對來看，荀子在這方面就繼承了孔子的思想，在《荀子》一書中特別有〈正名〉一篇。董仲舒也強調：「治國之端在正名。」（《春秋繁露・玉英》〈1〉）後世甚至出現了「名家」（《漢書・藝文志》〈280〉）。

附錄

《春秋繁露・玉英》〈1〉謂一元者，大始也。知元年誌者，大人之所重，小人之所輕。是故治國之端在**正名**。名之正，興五世，五傳之外，美惡乃形，可謂得其真矣，非子路之所能見。

《漢書・藝文志》〈280〉名家者流，蓋出於禮官。古者名位不同，禮亦異數。孔子曰：「必也**正名**乎！名不正則言不順，言不順則事不成。」此其所長也。及警者為之，則苟鉤鈲析亂而已。

26

宰我問曰：「仁者，雖告之曰：『井有仁焉。』其從之也？」子曰：「何為其然也？君子可逝也，不可陷也；可欺也，不可罔也。」

宰我問孔子說：「假如有這麼一個仁人，人家告訴他說有人掉到井裡頭去了，他會不會跳下去救人？」孔子回答說：「為什麼會這樣呢？君子會去井邊了解狀況，（思考救人的方法）但是不會貿然就自己下井去救人；可以騙他去，但是不可能誣罔他下井去救人。」

這章是老給孔子出難題的學生宰我，詢問一個假設性的問題來考老師。之前，宰我回答魯哀公問「社」的答案，讓孔子很不高興（〈八佾21〉）；他的晝寢事件也是遺臭萬年的故事（〈公冶長10〉）。後來還要跟孔子論辯「三年之喪」時間太久（〈陽貨21〉），也讓孔子氣到吹鬍子，瞪眼睛。縱使有這些事件，他還是列名孔門「言語雙傑」中，甚至排名在子貢之前。他的辯論技巧顯然是很高超的。

朱子比起前人來對幾個關鍵字都有比較清楚的解釋：「從」是「隨之於井而救之也」，也就是「入井救人」。「逝」是「使之往救」；「陷」是「陷之於井」；「欺」是「誑之以理之所有」；「罔」是「昧之以理之所無」。

雖然這章在某些單字的字義上有些模糊，整句要傳遞的概念是很清楚的：仁人君子可以在情感上被騙第一次，但是第二次以後就要讓理智來判斷是非，不可以再情感用事。以前聽人說過：「第一次被騙是你壞，第二次還被騙就是我傻。」意思大概是一樣的。仁人君子和傻子的區別大概也就在於情感和理智的因時制宜的運用吧！

「見義勇為」固然是好事（〈為政24〉），但是也要衡量自己的能力。不會游泳的人是不能下水救人的，只能求救。不是下水跟著淹死才是「仁」。道理是一樣的。

27

子曰：「君子博學於文，約之以禮，亦可以弗畔矣夫！」

孔子說：「君子要廣泛學習天下事物，最終要以禮來約束自己的所學和行為，這樣就不會離開君子之道。」

這章會在〈顏淵15〉重出一次，但無「君子」兩字。顏淵也曾經以前兩句話感恩孔子對他的教育（〈子罕11〉）。

這裡的字都不難，皇侃早就做了簡要的解釋：「博」是「廣」；「約」是「束」；「畔」是「違」或「背」；「弗畔」，鄭玄早就表明是「不違道也」。

這裡強調「文」「禮」並重，甚至交融。其中「文」，戴望說是指「六藝之文」，不如毓老師最常說的「經緯天地曰文」（《春秋左傳・昭公二十八年》〈2〉和《逸周書・謚法解》〈1〉），其中包括天文、地文和人文，這樣廣泛的「文」，當然要「博」。「博文」的目的當然不是要當成現代的「谷歌大神」，而是要求得「修己安人」的「拯世真文」。可是要能拯世，必須將自己的視聽言動都浸染在「禮」之中修煉。「禮者，人之所履也」（《荀子・大略》〈40〉）或「禮，履也」（《說文解字》），就是不離人的日常生活的視聽言動。先「以禮修己」，「博文」才會發揮「安人」的作用。這也呼應了《禮記・中庸》〈1〉所說的：「道也者，不可須臾離也，可離非道也。」

有了知識，還要有道德的底蘊。否則「放棄道德責任的知識」只能成為助紂為虐的工具。古今中外多少「幫閒文人」不都在進退存亡之際，兩手一攤，丟下一句「人在江湖，身不由己」，就把自己的責任撇得一乾二淨？這些人「博學於文」有餘，但「約之以禮」不足，違反了做人的基本道理，就是孔子要提醒的對象吧！

28

子見南子，子路不說。夫子矢之曰：「予所否者，天厭之！天厭之！」

孔子拜見南子，子路對此很不高興。孔子發誓說：「我要是做了什麼和行道無關的事，就讓老天爺厭棄我吧！就讓老天爺厭棄我吧！」

這章記載《論語》出現的唯一一個女人：「南子」，她是衛靈公的夫人，也有人說是「寵姬」，朱子還加上「有淫行」三個字，形塑了後人對這個女人的壞印象。

這句看似簡單明瞭的話，因為注釋家對「矢」、「否」和「厭」三個關鍵字的解釋不同，而產生一些歧義，特別是後面一句。

「矢」——從孔安國起到朱子都解釋成「誓也」，就是「（對天）發誓」；其他人則認為「老師沒有跟弟子發誓」的道理，所以解釋又不同：一說是「陳也」（蔡謨和韓愈）；一說是「指也」（《釋名》和劉寶楠）。

「否」的歧解有幾說——一說「不也」（《說文》、皇侃、邢昺），或「不見也」（毛奇齡）；一說是「否泰的否」（韓愈），說的是自己的「道不行於世」；一說是「不合於禮、不由於道也」（朱子）；一說是「鄙」（王充），也就是說「我做的事情如果是鄙陋的」。

「厭」——一說是「塞也」（皇侃）；一說是「厭亂之厭」（韓愈）；一說是「棄」（邢昺）或「棄絕」（朱子）。怎麼說都是老天爺的懲罰。

這章沒講到故事的背景，在《史記・孔子世家》〈23〉就補上了這個「史之闕文」：孔子到了衛國，住在蘧伯玉家。南子就以「四方之君子不辱欲與寡君為兄弟者，必見寡小君。寡小君願見」為由，邀請孔子見面。孔子辭謝不成，才見了面。兩人在帷幕中相見，子路顯然沒有進去，不知發生什麼事，只聽到玉器碰撞的聲音。子路起疑了，質問孔子，孔子只雲淡風輕地說是「荅禮而已」。子路不滿意這樣的解釋，顯出不高興的神態。孔子才做出這章的解釋。後來孔子還在衛國待了一個多月。有一天衛靈公和南子同車，宦官雍渠坐在另一輛車上，也讓孔子同行，在衛國都城招搖過市。孔子說了：「吾未見好德如好色者也。」（《孔子家語・七十二弟子解》〈29〉）覺得實在太無恥了，於是離開衛國。這裡並沒有記載南子的「淫行」。

南子的淫行對象是〈雍也16〉出現過的「帥哥宋朝」。古人對這個「亂女」（還有一位伯姬）大加撻伐，可見《列女傳・衛二亂女》〈1〉和《史記・仲尼弟子列傳》〈29〉：南子和帥哥宋朝有姦情，被太子蒯聵知道，南子就在衛靈公面前謊稱「太子欲殺我」，靈公大怒，蒯聵逃往宋國。靈公死之後，蒯聵的兒子輒繼位，是為出公。這時另一個「亂女」衛伯姬，是蒯聵的姊姊，孔文子的妻子，孔悝的母親；孔悝在出公的朝廷當總管。文子卒，伯姬與孔氏之豎渾良夫有姦情。伯姬使良夫去找弟弟蒯聵，蒯聵說：「假如你能讓我回國，事成之後我會重重賞賜你。」並且約定，事成之後會將自己的姊姊嫁給良夫為妻。良夫很高興，就回報給伯姬。良夫和蒯聵住進孔氏之圃。傍晚時分，二人換衣出門，伯姬將兒子孔悝關在廁所，威脅要訂盟。蒯聵的兒子出公輒逃往魯國，子路就死在這次的動亂中。蒯聵因此取代了兒子的王位，是為莊公，也因此殺了衛靈公夫人南子，又殺渾良夫。報了當初的仇。這就是南子後來的下場。宮廷故事之亂，很難讓人一次看懂，正因如此，完全可以了解孔子為何會痛心疾首。

有人很難想像孔子會去求見這樣的「惡女」，所以古代的注釋家從何晏開始就想替孔子開脫，認為他的意圖是要藉由南子去說服衛靈公能行治道。這也是有些人把〈八佾13〉王孫賈的「與其媚於奧，寧媚於竈」解釋成「要走我這條路來打通關節，還是走南子那條路」的原因吧？可是，難道不會只是一場外交禮儀而已嗎？孔子知禮，國君夫人召見，因無法推辭，就去拜見，就這樣啊？

這章根本沒說到孔子到底跟南子說了些什麼。也沒說子路不高興的原因。本章的下半句只是孔子為了「別讓子路不高興」所做的澄清。如果孔子這番話不是能服人的解釋，那麼真正能讓人心服口服的解釋又是什麼呢？真是個無端的風波啊！

從現在性別平等的觀點看，我覺得這些都反映了古人以「男性中心觀」對於「女人干政」的道德厭惡。可是這樣的情況，難道不是男人造成的嗎？

另外提一下一段近代史的故事：一九二九年曲阜第二師範中學學生，原先準備將林語堂的《子見南子》話劇搬上舞台演出，沒想到竟然引起軒然大波，最後因為污衊聖人的原因，戲沒演成，校長還因此下了台。

附錄

《史記・孔子世家》〈23〉去即過蒲。月餘，反乎衛，主蘧伯玉家。靈公夫人有**南子**者，使人謂孔子曰：「**四方之君子不辱欲與寡君為兄弟者，必見寡小君。寡小君願見。**」孔子辭謝，不得已而見之。夫人在絺帷中。孔子入門，北面稽首。夫人自帷中再拜，環珮玉聲璆然。孔子曰：「吾鄉為弗見，見之禮答焉。」子路不說。孔子矢之曰：「予所不者，天厭之！天厭之！」居衛月餘，靈公與夫人同車，宦者雍渠參乘，出，使孔子為次乘，招搖市過之。孔子曰：「吾未見好德如好色者也。」於是醜之，去衛，過曹。是歲，魯定公卒。

《列女傳・衛二亂女》〈1〉衛二亂女者，**南子**及衛伯姬也。**南子**者，宋女衛靈公之夫人，通於宋子朝，太子蒯聵知而惡之，**南子**讒太子於靈公曰：「太子欲殺我。」靈公大怒蒯聵，蒯聵奔宋。靈公薨，蒯聵之子輒立，是為出公。衛伯姬者，蒯聵之姊也，孔文子之妻，孔悝之母也。悝相出公。文子卒，姬與孔氏之豎渾良夫淫。姬使良夫於蒯聵，蒯聵曰：「子茍能內我於國，報子以乘軒，免子三死。」與盟，許以姬為良夫妻。良夫喜，以告姬，姬大悅，良夫乃與蒯聵入舍孔氏之圃。昏時二人蒙衣而乘，遂入至姬所。已食，姬杖戈先太子與五介胄之士，迫其子悝於廁，強盟之。出公奔魯，子路死之，蒯聵遂立，是為莊公。殺夫人**南子**，又殺渾良夫。莊公以戎州之亂，又出奔，四年而出公復入。將入，大夫殺孔悝之母而迎公。二女為亂五世，至悼公而後定。《詩》云：「相鼠有皮，人而無儀。人而無儀，不死何為？」此之謂也。頌曰：「**南子**惑淫，宋朝是親，譖彼蒯聵，使之出奔，悝母亦嬖，出入兩君，二亂交錯，咸以滅身。」

《史記・仲尼弟子列傳》〈29〉初，衛靈公有寵姬曰**南子**。靈公太子蕢聵得過**南子**，懼誅出奔。

及靈公卒而夫人欲立公子郢。郢不肯，曰：「亡人太子之子輒在。」於是衛立輒為君，是為出公。出公立十二年，其父蕢聵居外，不得入。子路為衛大夫孔悝之邑宰。蕢聵乃與孔悝作亂，謀入孔悝家，遂與其徒襲攻出公。出公奔魯，而蕢聵入立，是為莊公。方孔悝作亂，子路在外，聞之而馳往。遇子羔出衛城門，謂子路曰：「出公去矣，而門已閉，子可還矣，毋空受其禍。」子路曰：「食其食者不避其難。」子羔卒去。有使者入城，城門開，子路隨而入。造蕢聵，蕢聵與孔悝登臺。子路曰：「君焉用孔悝？請得而殺之。」蕢聵弗聽。於是子路欲燔臺，蕢聵懼，乃下石乞、壺黶攻子路，擊斷子路之纓。子路曰：「君子死而冠不免。」遂結纓而死。

29

子曰：「中庸之為德也，其至矣乎！民鮮久矣！」

孔子（感嘆地）說：「中庸這種德行，是最基本、最重要的！（可惜）一般人都無法長久保持。」

這章的題旨是孔子的感嘆中庸之道難行。關鍵詞就是「中庸」。這裡應該說的不是後來列名為「四書」之一的、從《禮記》中挑選出來的〈中庸〉，而是「既不過又不會不及」的一種道德狀態。

通常把「中庸」拆開來解：「中」指的是「中和」（皇侃、邢昺和戴望）或「無過、無不及之名」（朱子）。「庸」有兩解：一是「常」（何晏、皇侃和邢昺），如「庸德之行，庸言之謹」（《禮記・中庸》〈13〉），是「經常」的意思，另一解是「平常」（朱子）；一是「用」（《說文》、鄭玄、戴望），所以「中庸」就是「用中」，舜的「執其兩端，用其中於民」（《禮記・中庸》〈6〉）。

「至」——朱子解作「極」，會讓人誤以為是「高不可攀」的境界，我覺得不如「重要」或「基本」來得親切可行。

「鮮」就是「少有」或「罕見」。「久」是「堅持」或「持續」。

《中庸》傳說是孔子的孫子「孔汲」（字子思）困於宋時所作（《史記．孔子世家》〈80〉和《孔叢子．居衛》〈10〉），書中有不少提到「中庸」的段落，可以發揮此章的未盡之意：一是以「中庸」與否來區分君子和小人（《禮記．中庸》〈2〉）；一是和此章只有三字之差的章節（〈3〉）；一是誇獎舜的「執兩用中」（〈6〉）；一是提醒人不能長久守住「中庸」卻還自稱自己「睿智」（〈7〉）；一是讚美顏回能篤守中庸之道（〈8〉）；一是說明「中庸」是不可離棄的正道（〈9〉）；一是強調君子「依乎中庸」，就算不被重用也不會放棄（〈11〉）；一是強調「高明」還是要以「中庸」為底（〈28〉）。

比起讓人質疑的是：為什麼中庸這麼基本而且重要的德性，一般人卻做不到呢？甚至連躋身孔門的弟子似乎也做不到。孔子曾感嘆弟子盡是一些超過中庸之道而進取的「狂者」，或是不及中庸之道而有所不為的「簡（狷）者」（〈公冶長22〉）。

這是個很好的問題，也是孔子思想傳播和實踐的關鍵。

我們可以從孔子說的「性相近也，習相遠也」（〈陽貨2〉）嘗試說明一下：既然性相近，我們都有相近的生理和生活的需求，可是為了滿足這些需求，我們習慣了為自己和親人著想，而忘卻了其他人跟我們一樣也有這樣的需求；在這種需求競爭的情況下，大家很容易想到的是短期觀點的「自利」，而且深信「你有我就沒有」的「零和」關係，因此發生恐慌而先發制人，完全沒有長期觀點的「己立立人」和「己達達人」的「共利」的思考。孔子希望大家回到「性相近」的基礎，讓大家回歸一個基本的想法：我們都一樣是人，一樣有著生理、生活、生命、生生不息等各種「生」的需要，所以只有長期的「分享」「共利」，才能共同永續存活；如果只有短期的「獨享」「私利」，最後誰也活不下去，最終只會同歸於盡。這樣的思想恐慌，加上制度上的不完善，不能讓大家感受到經濟制度的「均」和社會制度上的「和」以及政治制度的「安」，就會養成一群自私自利的人民。在這群人眼中，孔子的「回歸人性（大家共同需要）」的看法，當然就顯得迂腐、窒礙難行，因而不會在制度和生活中實踐。可是大家也承認孔子的話說得漂亮，所以往往也就只有說說而已。言之者諄諄，聽之者藐藐，行之者少少。

「民鮮能久矣！」表明「不是做不到」，只是「不能持久（永續）」。這往往也是考慮短期的「自利」，就顧不得長期的「共利」的結果。最後，弔詭的就是，沒有「共利」，「自利」也就岌岌可危，朝不保夕，人人焦慮，日日不安！

本章呼應〈雍也17〉子曰：「誰能出不由戶？何莫由斯道也？」

孔子的中庸之道應該變成信仰，才能實踐在日常生活之中，成為可長可久的制度，而不是掛在嘴上的名言佳句。

附錄

《禮記・中庸》〈2〉仲尼曰：「君子中庸，小人反中庸。君子之中庸也，君子而時中；小人之中庸也，小人而無忌憚也。」

——〈3〉子曰：「中庸其至矣乎！民鮮能久矣！」

——〈7〉子曰：「人皆曰『予知』，驅而納諸罟擭陷阱之中，而莫之知辟也。人皆曰『予知』，擇乎**中庸**，而不能期月守也。」

——〈8〉子曰：「回之為人也，擇乎**中庸**，得一善，則拳拳服膺而弗失之矣。」

——〈9〉子曰：「天下國家可均也，爵祿可辭也，白刃可蹈也，中庸不可能也。」

——〈11〉子曰：「素隱行怪，後世有述焉，吾弗為之矣。君子遵道而行，半途而廢，吾弗能已矣。君子依乎**中庸**，遁世不見知而不悔，唯聖者能之。」

——〈28〉大哉，聖人之道！洋洋乎發育萬物，峻極於天。優優大哉！禮儀三百，威儀三千，待其人然後行。故曰：苟不至德，至道不凝焉。故君子尊德性而道問學，致廣大而盡精微，極高明而**中庸**。溫故而知新，敦厚以崇禮。是故居上不驕，為下不倍；國有道，其言足以興，國無道，其默足以容。《詩》曰：「既明且哲，以保其身。」其此之謂與！

30

子貢曰：「如有博施於民而能濟眾，何如？可謂仁乎？」子曰：「何事於仁，必也聖乎！堯舜其猶病諸！夫仁者，己欲立而立人，己欲達而達人。能近取譬，可謂仁之方也已。」

> 子貢問：「如果有君上（平時）可以對人民廣施恩惠，（有災禍時）又能救濟人民，能這樣做的話，（這位君上）怎麼樣？可以稱得上是『仁』嗎？」孔子回答說：「這豈止稱得上是『仁』，應該可以稱得上是『聖』了吧！（我看）堯舜都做不到！被稱為仁者的人，自己要能在社會以禮立身，也希望別人能在社會上以禮立身，自己希望能在社會上守道傳道，也希望別人能在社會上守道傳道。從自己開始做起，（推己及人，）這就是實踐仁道的方法。」

《論語》中有七次弟子「問仁」，樊遲一人包辦其中三次（〈雍也22〉、〈顏淵22〉和〈子路19〉），另外四次各是顏淵（〈顏淵1〉）、仲弓（冉雍）（〈顏淵2〉）、司馬牛（〈顏淵3〉）和子張（〈陽貨6〉）。這章算是子貢問仁。

「博」，朱子說是「廣也」。「濟」戴望說是「定」。「病」，一說是「猶患也」（皇侃），一說是「心有所不足」（朱子），一說是「猶憂也，憂其不能遍物。」（戴望）「立」，戴望說是「定」，劉寶楠說是「身能立道也」，其實就是「以禮立身」，講的是「修己」。「達」，戴望說是「通也」，劉寶楠說是「道可行諸人」，其實不如「質直而好義，察言而觀色，慮以下人」（〈顏淵20〉）等等「安人」措施來得完備。「方」，一說是「道也」（孔安國和皇侃），一說是「術也」（朱子），也可以說是行仁的開始或第一步。

這裡的「己立立人」和「己達達人」兩者，說的其實就是「修己以安人」（〈憲問42〉）之道。如果再往上一個「修己以安百姓」（「百姓」是指當時的貴族，和現代當成「人民」的意義不同）的層次（也就是此章所說的「博施於民而能濟眾」），也同樣是「堯舜做不到的事」。

簡單來說，孔子理想中的「仁者」不是自己好就好，也要讓別人跟自己一樣好。孔子要告訴子貢的，也就是這麼一個簡單的道理。子貢恐怕是「知道」而沒能「行道」吧！道理簡單，難在實踐而已。「子貢其猶病諸！」

述而

・

第七

1

子曰：「述而不作，信而好古，竊比於我老彭。」

孔子說：「〔我所遵循的是先王之道，所以〕我只傳述古聖先賢的禮樂制度而不妄自創作，我篤信並且愛好這些先聖先賢的王道思想，我的榜樣就是古代的史官。」

這章是孔子的為學的自述，分成三部分，且是《論語》第七篇〈述而〉的開始，命名的由來就是因為孔子說的「述而不作」開頭的兩個字。全篇共有三十七章、三十八章和三十九章三種分章法，我們遵循三十八章的分章。

皇侃認為這章之所以排在〈雍也〉之後是因為「時既夷險，聖賢地閉，非唯二賢之不遇，而聖亦失常，故以聖不遇證賢不遇非賢之失」；邢昺的意見略有不同：「此篇皆明孔子之志行也，以前篇論賢人君子及仁者之德行，成德有漸，故以聖人次之。」朱子認為：「此章多記聖人謙己誨人之辭，及其容貌行事之實。」

「述」和「作」常常被當成相對的名詞。《說文解字》：「述，循也。」「作，起也。」皇侃就認為：「述者，傳於舊章也；作者，新制作禮樂也。」《禮記・樂記》〈13〉：「作者之謂聖，述者之謂明；明聖者，述作之謂也。」道德的意味濃厚。邢昺在注釋中也襲用，卻沒提是引用《禮記》的說法。孔子在開老鄉「原壤」的玩笑時說他「長而無述焉」（〈憲問43〉）的「述」，是「言行被人稱述」，和此處的「述」似乎沒有關係。子貢也曾經擔心「子如不言，則小子何述？」這裡的「述」是「記載」，和此章的意義不同。（〈陽貨19〉）至於孔子說的「蓋有不知而作之者」的「作」，則和此處的道德高度也無關，而有「妄作」的意思。（〈述而28〉）不過，《禮記・中庸》〈18〉的「父作之，子述之」這種承先啟後的「輩份倫理」，恐怕就呼應了本章孔子的想法。

「信而好古」——皇侃的解釋是「己常存忠信而復好古先王之道」。劉寶楠解釋：「信者，知之明；不信必不能好，故言『篤信好學』。」孔子曾說過自己「不是生而知之者」，而是「好古敏求」的人（〈述而20〉）。簡言之，也是「以古人智慧啟發我們的智慧」。

「竊」——一說是「猶盜」（皇侃），一說是「私」（《廣雅・釋詁》），是孔子的謙虛的用語。「竊比於我老彭」是「我竊比於老彭」的倒裝句。

「老彭」的解釋分歧，初步可以區分為將「老彭」認為是「一人」還是「兩人」：「一人說」又別有三解：一說是一個殷商時姓彭的賢大夫，一說是傳說中年壽八百的彭祖，一說就是老聃（邢昺引《世本》和趙翼）；「二人說」就說是「老子」和「彭祖」（鄭玄和王弼）（也作「彭鏗」（王夫之））。劉寶楠認為兩人都是史官，所以孔子「信而好古」才拿他們當例證。

韓愈認為這句話不是孔子謙虛，而是：「傷己不遇，嘆其道若老彭而已」。因為孔子羨慕周公可以制禮作樂，可是他自己只能像老彭這樣的史官敘述古事而已，不能有所作為。

這句話簡單而難解。毓老師接受公羊學的傳承，認為孔子思想有三變：最初是以東周為理想目標，所以讚嘆：「周監於二代，郁郁乎文哉！吾從周。」（〈八佾14〉）接著質疑「法先王」的信念，所以說：「吾不復夢見周公。」（〈述而5〉）最後，孔子自創了禮運大同思想，徹底跟過去的自己決裂，說出：「我其為東周乎！」（〈陽貨5〉）如果從這三階段論來看，一般解釋的「述而不作，信而好古」，恐怕是早期的孔子的寫照。如果是照韓愈的解釋，恐怕是第二階段的孔子，開始覺得「述而不作，信而好古」是無法濟世的，並須與時俱進。

《禮記・中庸》〈31〉說過「仲尼祖述堯舜，憲章文武」，這裡「祖述」的應該就世堯舜的「法天尚公」，這也是後來孔子「因魯史作春秋」的同一個用意。孔子算是能「繼志述事」：繼堯舜之志，述尚公之事。

綜合以上的說法以及我們過去對孔子的理解，我們可以合理的推斷孔子的大同理想，是「既述且作，信而好古往今來」，繼往開來，不偏不倚的中庸之道。不過，這樣的大同世界，恐怕要活得像「老彭」一樣久才看得到吧！

附錄

《禮記・中庸》〈18〉子曰：「無憂者其惟文王乎！以王季為父，以武王為子，父作之，子述之。武王纘大王、王季、文王之緒，壹戎衣而有天下，身不失天下之顯名；尊為天子，富有四海之內。宗廟饗之，子孫保之。武王末受命，周公成文、武之德，追王大王、王季，上祀先公以天子之禮。斯禮也，達乎諸侯、大夫及士、庶人。父為大夫，子為士，葬以大夫，祭以士。父為士，子為大夫，葬以士，祭以大夫。期之喪，達乎大夫；三年之喪，達乎天子；父母之喪，無貴賤，一也。」

——〈31〉仲尼**祖述堯**、**舜**，憲章文、武；上律天時，下襲水土。辟如天地之無不持載，無不覆幬，辟如四時之錯行，如日月之代明。萬物並育而不相害，道並行而不相悖，小德川流，大德敦化，此天地之所以為大也。

2

子曰：「默而識之，學而不厭，誨人不倦，何有於我哉？」

孔子說：「我靜靜地觀察而不用口說來考察事物，學道也從不覺得厭倦，傳道也從不會疲倦，這些事情（我都樂在其中）完全難不倒我。」

這章接續上章，也是孔子自述教和學的基本態度和精神。

「默而識之」——皇侃解作「見事心識而口不言」，後來注釋家大概也都遵循這樣的解釋。「識」可讀成「是」，也可讀成「志」，都是「記」的意思。這和「多見而識之」（〈述而28〉）及「多學而識之」（〈衛靈公3〉）應該有互通之處，都強調口語之外的「非語文」學習。顏回的「不違如愚」（〈為政9〉）大概也是這種學習。這也和《禮記・大學》〈2〉所說的「格物致知」（一般解釋是「研究事物，獲得知識」，我認為可以解成「認識萬事萬物一體」，也就是《禮記・中庸》〈23〉所說的：「唯天下至誠，為能盡其性；能盡其性，則能盡人之性；能盡人之性，則能盡物之性；能盡物之性，則可以贊天地之化育；可以贊天地之化育，則可以與天地參矣！」）應該是相互輝映的道理。這就是我們有時會覺得很難用恰當的言語來表達，但「我就是知道」的那種說不出來的密契體悟。

「學而不厭」——皇侃說是：「學先王之道而不厭止也。」也就是「樂此不疲」的這種「樂道」的最高境界（〈雍也20〉）。孔子對於自己的「好學」十分自豪。他說過：「十室之邑，必有忠信如丘者焉，不如丘之好學也。」（〈公冶長28〉）他也希望弟子在跟別人談到自己時，能說：「其為人也，發憤忘食，樂以忘憂，不知老之將至云爾！」（〈述而19〉）有時「學而不厭」也說成「為之不厭」（〈述而34〉）。從這裡就可以看出「學」和「行」是一體的兩面。

「誨人不倦」——皇侃說：「誨，教也。又教一切人而不疲倦也。」這也就是孔子自述的「有教無類」（〈衛靈公39〉）。

「學而不厭」和「誨人不倦」兩項是孔子很自豪的特點，他認為自己也只有這樣的本事，哪能算得上別人所說的「聖」與「仁」。（〈述而34〉）可是這正是孔子的獨特之處。正因為如此，所以古注都把「何有與我哉？」解釋成「這是我獨有的特性，別人都沒有這種德行」這種孤傲的話，而不採行簡單而且有點謙遜的「這點對我來說一點都不困難」（參見〈子罕16〉），言下之意是「我只有這點小把戲而已」。

孟子引用了《論語》中沒有出現過，子貢誇獎孔子的話：「學不厭，智也；教不倦，仁也。仁且智，夫子既聖矣！」（《孟子・公孫丑上》〈2〉）這樣當面給孔子戴高帽、拍馬屁的話，不是給這位謙遜的老師難堪嗎？〈述而34〉沒提到子貢的話，只提到公西華說的：「這就是弟子學不到的地方。」孔子應該沒聽到，否則又要拿教誨冉有畫地自限的話來教誨公西華。

被列入「道家」的文子，也闡明「學而不厭，所以治身也，教而不倦，所以治民也，賢師良友，舍而為非者寡矣。」（《文子・尚仁》〈15〉）

被列入「雜家」的《呂氏春秋》一書也提到：「學」為了「成身」，「教」則為了「利人」。（《呂氏春秋・孟夏紀》〈尊師5〉）

雖說儒、道、雜不同派，但文子的「治身」和「治民」、《呂氏春秋》的「成身」和「利人」，都能不約而同且精準掌握孔子此處的「學不厭」和「教不倦」精神。這正是古之君子共同相信的「修己安人」之道。

這樣看來「何有於我哉？」似乎可以解釋成和古注完全相反的：「這豈是我一個人的專利呢？」毓老師很愛講的一段話是：「舜何？人也？予何？人也？有為者亦若是！」（《孟子・滕文公上》〈1〉）

大家一起努力，就都做得到。「何有於我哉！」

附錄

《禮記・大學》〈2〉古之欲明明德於天下者，先治其國；欲治其國者，先齊其家；欲齊其家者，先修其身；欲修其身者，先正其心；欲正其心者，先誠其意；欲誠其意者，先致其知，**致知在格物**。物格而後知至，知至而後意誠，意誠而後心正，心正而後身修，身修而後家齊，家齊而後國治，國治而後天下平。自天子以至於庶人，壹是皆以修身為本。其本亂而末治者否矣，其所厚者薄，而其所薄者厚，未之有也！此謂知本，此謂知之至也。

《呂氏春秋．孟夏紀》〈尊師5〉君子之學也，說義必稱師以論道，聽從必盡力以光明。聽從不盡力，命之曰背；說義不稱師，命之曰叛；背叛之人，賢主弗內之於朝，君子不與交友。故教也者，義之大者也；學也者，知之盛者也。義之大者，莫大於利人，利人莫大於教。知之盛者，莫大於成身，成身莫大於學。身成則為人子弗使而孝矣，為人臣弗令而忠矣，為人君弗彊而平矣，有大勢可以為天下正矣。故子貢問孔子曰：「後世將何以稱夫子？」孔子曰：「吾何足以稱哉？勿已者，則好學而不厭，好教而不倦，其惟此邪。」天子入太學，祭先聖，則齒嘗為師者弗臣，所以見敬學與尊師也。

3

子曰：「德之不修，學之不講，聞義不能徙，不善不能改，是吾憂也。」

孔子說：「不知道修養自己的德行，不實踐自己所學，聽到該做的事情不去做，明知不是對的事情還硬要去做，這些都是我擔心的事情。」

這章是孔子自述的「四憂」，雖然只列出了四種，不表示除此之外孔子就沒什麼擔憂的。這應該只是其中最重要的四種。

從何晏到朱子都沒有對本章的任何字做出解釋。戴望特別解釋「講」、「習也」，不是現在只靠嘴來說，是說了要去做；他也解釋「徙、取也」，「取義」到了最高點，也就是「捨生取義」。劉寶楠對本章關鍵字的解釋最詳盡，他旁徵博引：「修」，有「飾」（《說文》）和「治」（《廣雅．釋詁》）的意思；「講」，是「習」；「徙」是「迻」（就是「移」），也就是「徙義」（〈顏淵10〉）。皇侃認為這四樣是孔子擔心「世人」的「不脩」、「不講」、「不徙」和「不改」。邢昺則一反以往對皇侃言聽計從的做法，主張「孔子憂在修身也」。我覺得都沒把事情說完全。

如果從正面來看，孔子希望的是「修德」、「講學」、「徙義」和「改過」四件事。這些都散見於《論語》不同的章節之中。不過，仔細來看，「徙義」（做該做的事）和「改過」（遷善）都是「修德」和「講學」的一部分內容。所以看似四件事，其實是兩件事，而目標就只有一個：「修己安人」。孔子擔憂自己做不到，其他人就更不用說了。這樣一來，人類只有日益沉淪，終至滅絕。

孔子說過「仁者不憂」（〈子罕29〉和〈憲問28〉）或「君子不憂不懼」（〈顏淵4〉），但是要達到仁者或君子的境界顯然不容易，就連孔子有時候都自己承認自己做不到（〈憲問28〉）。

這是我們希望留給自己或子孫的未來嗎？我們能不像孔子一樣擔憂嗎？

4

子之燕居，申申如也，夭夭如也。

孔子平常時，都表現出心平氣和的神態。

這章是弟子描繪孔子休閒時候的神態。皇侃說是「明孔子居處有禮」；邢昺說是「此章言孔子燕居之時體貌也」。

「燕居」是「退朝而居」（皇侃），或是「閒暇無事之時」（朱子），或說是「閒坐」（黃式三和黃懷信）。「申申」和「夭夭」有將兩詞當成一樣的意思的解釋「和舒之貌」（馬融）；有分別解釋的：「申申」當成「心和也」（皇侃），或「狀其躬之直」（黃式三），或「言其敬」（劉寶楠），或指直著上身（黃懷信）；「夭夭」當成「貌舒也」（皇侃），或「狀其躬之稍俯也」（黃式三），或「言其和」（劉寶楠），或屈著下身（黃懷信）。「如」是形容詞，就是「的樣子」。

總結兩種解釋：一種是形容孔子平日在家舒坦的樣子，一種則形容他閒坐時候的樣子。我覺得第一種解釋似乎比較有點道理。

《論語》的第十篇〈鄉黨〉都是弟子平時觀察孔子日常生活起居的樣子。這章以及其他描述孔子行為的章節，似乎也應該併入其中才是。

這章只有短短幾個字，完全沒有任何故事。可是在先秦兩漢的文獻中，有關「孔子燕居」的故事還滿值得介紹一下，請注意，這個故事並沒有「申申如也」和「夭夭如也」：

有一次「孔子燕居」，剛好子貢在旁侍候著，就說了：「弟子服侍老師這麼多年，盡心盡力，學問也沒法再進步了，想休息（休學）一下！」孔子就順著問：「你想休息哪一方面呢？」子貢回答說：「我不想再事君了！」孔子說：「《詩經》上說：『他早晚都不懈怠，就為了服侍君上一個人。』這是不容易的事，怎麼能說休息就休息呢！」子貢又說：「我不想再侍奉父親了！」孔子又回答說：「《詩經》上說：『孝子永遠不會窮盡，將來賜你好福氣。』這是不容易的事，怎麼能說休息就休息呢？」子貢接著說：「我不想再服侍兄弟了！」孔子又回答說：「《詩經》上說：『老婆孩子歡樂和諧，像琴瑟一樣；兄弟也該團結和睦，和樂而且盡興。』這是不容易的事，怎麼能說休息就休息呢？」子貢又說：「我不想耕田！」孔子就說：「《詩經》上說：『白天去割茅草，晚上搓絞繩索，急急登上屋頂覆蓋，不久就要開始播種百穀。』這是不容易的事，怎麼能說休息就休息呢？」子貢絕望地說道：「君子難道沒有休息的時候嗎？」孔子回答說：「到了棺材蓋上的那一天才停止播種，這樣才知道時間過得很快的，這才是君子休息的時候。所以說，學問是沒有停止的時候，蓋棺才停。《詩經》上說：『日將月就。』說的就是學。」（《韓詩外傳·卷八》〈24〉和《孔子家語·困誓》〈1〉）

另外，《禮記》各有〈仲尼燕居〉和〈孔子閒居〉（篇幅太長，就不在此詳述），都是孔子在教誨弟子，而不是此章所說的「申申如也」及「夭夭如也」。

附錄

《韓詩外傳．卷八》〈24〉孔子燕居，子貢攝齊而前曰：「弟子事夫子有年矣，才竭而智罷，振於學問，不能復進，請一休焉。」子曰：「賜也，欲焉休乎？」曰：「賜欲休於事君。」孔子曰：「《詩》云：『夙夜匪懈，以事一人。』為之若此其不易也，若之何其休也！」曰：「賜欲休於事父。」孔子曰：「《詩》云：『孝子不匱，永錫爾類。』為之若此其不易也，如之何其休也！」曰：「賜欲休於事兄弟。」孔子曰：「《詩》云：『妻子好合，如鼓瑟琴。兄弟既翕，和樂且耽。』為之若此其不易也，如之何其休也！」曰：「賜欲休於耕田。」孔子曰：「《詩》云：『晝爾於茅，宵爾索綯；亟其乘屋，其始播百穀。』為之若此其不易也，若之何其休也。」子貢曰：「君子亦有休乎？」孔子曰：「闔棺兮乃止播耳，不知其時之易遷兮，此之謂君子所休也。故學而不已，闔棺乃止。」《詩》曰：「日就月將。」言學者也。

《孔子家語．困誓》〈1〉子貢問於孔子曰：「賜倦於學，困於道矣。願息而事君，可乎？」孔子曰：「《詩》云：『溫恭朝夕，執事有恪。』事君之難也。焉可息哉？」曰：「然則賜願息而事親。」孔子曰：「《詩》云：『孝子不匱，永錫爾類。』事親之難也。焉可以息哉？」曰：「然則賜請願息於妻子。」孔子曰：「《詩》云：『刑於寡妻，至於兄弟，以御於家邦。』妻子之難也。焉可以息哉？」曰：「然則賜願息於朋友。」孔子曰：「《詩》云：『朋友攸攝，攝以威儀。』朋友之難也。焉可以息哉？」曰：「然則賜願息於耕矣。」孔子曰：「《詩》

云：『晝爾於茅，宵爾索綯，亟其乘屋，其始播百穀。』耕之難也。焉可以息哉？」曰：「然則賜將無所息者也？」孔子曰：「有焉。自望其廣，則睪如也；視其高，則填如也；察其從，則隔如也。此其所以息也矣。」子貢曰：「大哉乎死也！君子息焉！小人休焉！大哉乎死也！」

5

子曰：「甚矣！吾衰也！久矣吾不復夢見周公。」

孔子（感歎地）說：「我真是年紀大、身體不行了！我已經很久都沒夢見我的偶像周公了！」

本章應該是孔子晚年的自述。有另一種斷句法是「甚矣！為衰也久矣！吾不復夢見周公」，意思沒差。

孔安國最早的見解是：「孔子老衰，不復夢見周公，明盛時夢見周公，欲行其道也。」邢昺和朱子都附和。有人卻不同意這種說法，認為孔子此說是在感傷周朝的禮樂崩壞，所以才說「不夢」（皇侃引李充的說法）。所以「衰」有「身衰」和「道衰」兩種說法。

我們在〈八佾14〉說過毓老師承繼公羊學的傳統，認為這是孔子思想的「三變」：早期「信而好古」，以周朝禮樂制度為理想，讚美：「周監於二代，郁郁乎文哉！吾從周。」（〈八佾14〉）本章則是孔子的思想轉型期，開始拋棄原先的想法，而準備創生自己的理想，才說出不以自己的偶想周公為夢想；最後，孔子堅定了自己的「禮運大同世界」，大膽說出：「吾其為東周乎？」（我的理想難道還是效法東周嗎？〔潛台詞是：「我要創發新的禮運大同世界。」〕）周公也變成孔子口中的「小康六君子」（《禮記・禮運》〈2〉）之一，離「大同」還有一段很遠的距離。

一般人都把「夢周公」當成「想睡覺」的美稱。明朝晚期馮夢龍在《笑府》一書中蒐羅到和此有關，一則名為〈晝寢〉的笑話：「一師晝寢，及醒，謬言曰：『我乃夢周公也。』明晝，其徒效之。師以界方擊醒，曰：『汝何得如此？』徒曰：『亦往見周公耳。』師曰：『周公何語？』答曰：『周公說昨日並不曾會尊師。』」

一個應該嚴肅思考的問題是：周公到底為什麼是孔子早期的偶像？

簡單說，大概有幾點：

首先，周公制禮作樂，讓周初的政治和社會井然有序，這是讓身處禮樂崩壞時代的孔子非常羨慕嚮往的。

其次，周公的為人「素位而行〔謹守本分，思不出其位〕」、「禮賢下士」、「不驕不吝」（〈泰伯11〉）：周公在武王死後，輔相年幼的成王，雖然他當時的權力大到可以「取而代之」，可是他並沒有像傳言所說的「要不利於成王」。另外，他也為國求才若渴（《荀子・堯問》〈3〉），有賢人來訪，就算是在洗頭，他也會把頭髮挽起來馬上出來接見，就算是正在吃飯，也會把飯吐出來，馬上接見，絲毫不敢怠慢。他特別囑咐過兒子伯禽，千萬不要因為自己被封於魯就驕傲起來、看不起賢能的人（《說苑・敬慎》〈2〉和《韓詩外傳・卷三》〈31〉）。

接著，周公的治理之道是「親親尊賢」，而不是姜太公的「舉賢賞功」（《韓詩外傳・卷十》〈25〉）。還有，周公也教導成王「桐葉封虞」是要實踐的諾言，讓成王學到「君無戲言」的治道（《荀子・君道》〈11〉）。而且他還教導成王「父子、君臣、長幼之道也；成王有過，則撻伯禽，所以示成王世子之道也」（《禮記・文王世子》〈4〉）。

這些理念孔子在《論語》的許多章節中都有呼應。當然，孔子不再夢見周公，指是不以周公的「小康」為理想，這種「私天下」的理想已經被孔子後來的「公天下」大同理想給取代了。

在唐朝以前，周公和孔子一起被祭祀，後來周公的地位越來越低，孔子的歷史地位反而逆轉勝出。在山東曲阜有孔廟和周公廟，可是後者也不如前者有人望。

孔子的公天下思想應該也會勝出吧！可是，也有很多人好久沒夢到孔子了！

附錄

《荀子・堯問》〈3〉伯禽將歸於魯，周公謂伯禽之傅曰：「汝將行，盍志而子美德乎？」對曰：「其為人寬，好自用以慎。此三者，其美德已。」周公曰：「嗚呼！以人惡為美德乎？君子好以道德，故其民歸道。彼其寬也，出無辨矣，女又美之！彼其好自用也，是所以窶小也。君子力如牛，不與牛爭力；走如馬，不與馬爭走；知如士，不與士爭知。彼爭者均者之氣也，女又美之！彼其慎也，是其所以淺也。聞之曰：『無越踰不見士。』見士問曰：『無乃不察乎？』不聞即物少至，少至則淺。彼淺者，賤人之道也，女又美之！吾語女：我、文王之為子，武王之為弟，成王之為叔父，吾於天下不賤矣；然而吾所執贄而見者十人，還贄而相見者三十人，貌執之士者百有餘人，欲言而請畢事者千有餘人，於是吾僅得三士焉，以正吾身，以定天下。吾所以得三士者，亡於十人與三十人中，乃在百人與千人之中。故上士吾薄為之貌，下士吾厚為之貌，人人皆以我為越踰好士，然故士至；士至而後見物，見物然後知其是非之所在。戒之哉！女以魯國驕人，幾矣！夫仰祿之士猶可驕也，正身之士不可驕也。彼正身之士，舍貴而為賤，舍富而為貧，舍佚而為勞，顏色黎黑而不失其所，是以天下之紀不息，文章不廢也。」

《說苑．敬慎》〈2〉 昔成王封**周公**，**周公**辭不受，乃封**周公**子伯禽於魯，將辭去，**周公**戒之曰：「去矣！子其無以魯國驕士矣。我，文王之子也，武王之弟也，今王之叔父也；又相天子，吾於天下亦不輕矣。然嘗一沐三握髮，一食而三吐哺，猶恐失天下之士。吾聞之曰：德行廣大而守以恭者榮，土地博裕而守以儉者安，祿位尊盛而守以卑者貴，人眾兵強而守以畏者勝，聰明睿智而守以愚者益，博聞多記而守以淺者廣；此六守者，皆謙德也。夫貴為天子，富有四海，不謙者先天下亡其身，桀紂是也，可不慎乎！故《易》曰，有一道，大足以守天下，中足以守國家，小足以守其身，謙之謂也。『夫天道毀滿而益謙，地道變滿而流謙，鬼神害滿而福謙，人道惡滿而好謙。』是以衣成則缺衽，宮成則缺隅，屋成則加錯；示不成者，天道然也。《易》曰：『謙亨，君子有終吉。』《詩》曰：『湯降不遲，聖敬日躋。』其戒之哉！子其無以魯國驕士矣。」

《韓詩外傳》〈卷三31〉 **周公**踐天子之位，七年，布衣之士所贄而師者十人，所友見者十二人，窮巷白屋先見者四十九人，時進善者百人，教士千人，宮朝者萬人。成王封伯禽於魯，**周公**

誡之曰：「往矣！子無以魯國驕士。吾、文王之子，武王之弟，成王之叔父也，又相天下，吾於天下，亦不輕矣。然一沐三握髮，一飯三吐哺，猶恐失天下之士。吾聞德行寬裕，守之以恭者榮；土地廣大，守之以儉者安；祿位尊盛，守之以卑者貴；人眾兵強，守之以畏者勝；聰明睿智，守之以愚者善；博聞強記，守之以淺者智。夫此六者、皆謙德也。夫貴為天子，富有四海，由此德也；不謙而失天下，亡其身者，桀紂是也；可不慎與！故易有一道，大足以守天下，中足以守其國家，近足以守其身，謙之謂也。夫天道虧盈而益謙，地道變盈而流謙，鬼神害盈而福謙，人道惡盈而好謙。是以衣成則必缺衽，宮成則必缺隅，屋成則必加拙，示不成者，天道然也。《易》曰：『謙、亨、君子有終、吉。』《詩》曰：『湯降不遲，聖敬日躋。』誡之哉！其無以魯國驕士也。」傳曰：子路盛服以見孔子。孔子曰：「由，疏疏者何也？昔者，江於汶，其始出也，不足以濫觴；及其至乎江之津也，不方舟，不避風，不可渡也，非其眾川之多與！今汝衣服其盛，顏色充滿，天下有誰加汝哉！」子路趨出，改服而入，蓋揖如也。孔子曰：「由志之，吾語女；夫慎於言者不譁，慎於行者不伐。色知而有長者、小人也。故君子知之為知之，不知為不知，言之要也；能之為能之，不能為不能，行之要也。言要則知，行要則仁，既知且仁，又何加哉！」《詩》曰：「湯降不遲，聖敬日躋。」

——〈卷十25〉昔者，太公望周公旦受封而見。太公問周公何以治魯？周公曰：「尊尊親親。」太公曰：「魯從此弱矣。」周公問太公曰：「何以治齊？」太公曰：「舉賢尚功。」周公曰：「後世必有劫殺之君矣。」後齊日以大，至於霸，二十四世而田氏代之。魯日以削，三十四世而亡。由此觀之，聖人能知微矣。《詩》曰：「惟此聖人，瞻言百里。」

6

子曰：「志於道，據於德，依於仁，游〔或作「遊」〕於藝。」

孔子自述說：「〔我是〕立定志向實踐修己安人之道，修德為依歸，安人為目標，樂於學習六藝。」

雖然本章沒有主詞，但是延續著本篇開始的孔子自述，恐怕還是應該在這樣的脈絡（語境）裡來理解比較好，這是「依脈絡解經」的方法。

這章有四個動詞〔志、據、依和游〕和四個名詞〔道、德、仁和藝〕。四個動詞古人都有分別解釋，也都認為四個名詞有高下臚列的差別〔道最高，藝最低〕。我覺得「志於道」是總綱，其餘三項是分別舉例，也就是說，「據於德」、「依於仁」和「遊於藝」是孔子「志於道」在日常生活中的三種體現。

「志」，何晏解作「慕也」，皇侃稍加發揮說是「在心向慕之謂也」，朱子的解釋最有名：「心之所之之謂。」毓老師喜歡王夫之「心之所主」的解釋。「志」當動詞用，《論語》中有「志學」（〈為政4〉）、「志仁」（〈里仁4〉）和「志道」（〈里仁9〉）三種說法。這章只提到「志道」顯然只是比較一般性的說法，「志學」和「志仁」就是比較特殊性的說法。

「道」的解釋差最多：皇侃很平常心地說：「通而不壅者也」；邢昺有道家的口吻：「虛通無擁，自然之謂也」；朱子轉回儒家：「人倫日用之間所當行者是也」；劉寶楠也以儒家為本解釋為「明明德親民，〈大學〉之道」，我就稱為「修己安人」之道。

「據」和「依」應該是類似的意思，可是古注都不願這麼明說。何晏說：「據，仗也……依，倚也。」皇侃說：「據者，執杖之辭也……依者，倚也。」朱子說：「據者，職守之意……依者，不違之謂。」劉寶楠說：「言據者，據猶守也……『依仁』猶言親仁，謂於仁人當依倚之也。」我怎麼看都是同義字。

「德」和「仁」也是一體兩面，我認為可以分成「修己」和「安人」兩項。皇侃說：「德，謂行事得理者也……仁者，施惠之謂也。」邢昺發揮何晏的意旨：「夫立身行道、為仗於德，故可據也；博施於民而能濟眾，乃謂之仁。」朱子說：「德，則行道而有得於心者也……仁，則私欲盡去而心德之全也。」

「游」字都被古注釋家認為不如前面三個動詞來得重要，甚至帶有一絲瞧不起的意味。何晏說：「不足據依，故曰游。」皇侃說：「履歷之辭也。」邢昺遵循何晏的說法；朱子說：「游者，玩物適情之謂。」劉寶楠認為：「遊者，不迫遽之意。」

「藝」——何晏說是「六藝」，皇侃進一步解釋：「藝，六藝；禮、樂、書、數、射、御也。」邢昺引古書做出不同的解釋並且加以自己的評論：「《周禮・保氏》云：『長養國子，教之六藝：一曰五禮；二曰六樂；三曰五射；四曰五馭；五曰六書；六曰九數。』此六者所以飾身耳，劣於道德與仁，故不足依據，故但曰遊。」朱子說法比較持平些：「藝，則禮樂之文、射御書數之法，皆至理所寓而日用之不可闕者也。」我覺得這些就是君子日常生活中的樂趣所在。可惜，後來大家都看不起「藝」，甚至覺得「玩物喪志」，讀書人於是越來越緊繃著臉，越來越遠離日常生活的各種藝，成了「有才無藝」的「半人」，完全沒「樂道」的樣子。

現在山東曲阜孔子研究院的十字廣場上立了兩座牌坊，正反兩面就刻著這四句話。

7

子曰：「自行束脩以上，吾未嘗無誨焉。」

孔子說過：「只要年滿十五歲、服裝儀容整齊、自己也準備好要學習了，還帶了肉乾當見面禮，〔這樣的學生〕我從來沒有拒絕教誨這樣的人過。」

這章是孔子自述收學生的標準。這章很出名，讀過《論語》的人都記得。明眼人一看，就知道這麼長的翻譯是因為我將所有的不同說法融為一爐的結果。我覺得孔子可能「一語多關」，而且各家解釋都很合情合理，所以就做了這麼一個大膽的解釋。

這章的關鍵字是「束脩」，說法有幾種：

最常見就說是肉乾：皇侃簡要地說是「十束脯也」（十串肉乾），「脩，脯也」，還補充說明古人見面都要帶見面禮，「束脩」是最薄的禮。邢昺基本上也遵循皇侃的解釋，不過他強調孔子只說是「薄禮」以上，應該也包含玉帛之類的厚禮。如果真是這樣，這算是「依家庭狀況收學費」的「浮動學費」創舉。朱子基本上也順著兩位前輩的說法，但是補充說：「不知來學則無往教之禮，苟以禮來，則無不有以教之也」，突顯「禮」的重要，不在乎厚薄。

鄭玄的說法，「束脩」是指「年十五以上也」，因為《白虎通德論・卷四》〈辟雍1〉說：古人十五歲入太學。

和鄭玄說法相關的解釋是「束脩謂束帶修飾」（劉寶楠引李賢《後漢書》〈延篤傳〉注），也就是「服裝儀容整齊」的意思。

另外一種意思將「誨」當成「悔」來解，出自包慎言的《溫故錄》：「案《魯論》，則束脩不謂脯脡。《易》曰：『悔吝者，言乎其小疵也。』又曰：『震無咎者，存乎悔』，聖人戒慎恐懼，省察維嚴，故時覺有悔。自行束脩以上，謂自知謹飭砥礪而學日以漸進也。恐人以束脩即可無悔，故言未嘗無悔以曉之。」雖然劉寶楠批評他純屬臆測，但是學生有學習上的心理和思想準備，確實是教育的重要基礎。

以前（一九七五－一九七九年）我在毓老師的「天德黌舍」（一九八七年台灣解除戒嚴，才改名「奉元書院」）讀書時，每個月都要繳交「束脩」，交的是現金，不是肉乾。大年初一到老師家拜年，大家也都帶茶葉或補品的多，沒見帶肉乾的。那時候老師只收大學生，不收社會人士或高中生以下。有時候老師還要學生先寫自傳，才考慮收不收人入門，所以毓老師的標準也很多元的。我是從這個經驗得到的靈感，也算是「依經驗解經」吧！

附錄

《白虎通德論・卷四》〈辟雍1〉古者所以年十五入太學何？以為八歲毀齒，始有識知，入學學書計。七八十五，陰陽備，故十五成童志明，入太學，學經術。

8

子曰：「不憤不啟，不悱不發，舉一隅不以三隅反，則不復也。」

孔子說過：「學生要是自己不發憤，我就沒辦法啟發他的智慧。學生要是自己不先求要學會表達自己的想法，我也不能啟發他的智慧。如果我舉一個例子給學生聽，他卻沒有辦法用它去理解同類的事情，那麼我就不要再用同樣的例子來說明（，免得他還是不懂）。」

這章還是孔子自述他的教學法。由於這句話像《論語》其他許多篇章一樣沒有主詞，因此前八個字的解釋，就至少就有下面兩種：一種是從師生互動的觀點來看，前兩個字講學生，後兩個字講老師：學生要是自己不發憤，我就沒辦法啟發他的智慧。學生要是自己不先求要學會表達自己的想法，我也不能啟發他的智慧。也有將這章轉向學習前該有的態度和結果，和孔子教學無關的解釋：「『不憤不啟』：自己不能發憤，就不能開啟自己的智慧。『不悱不發』，自己不能一心求通，就不能發現自己所未知。」（《子曰論語》（上冊），頁三三九。）

「憤」——皇侃說：「謂學者之心思義未得而憤憤然。」朱子說法類似：「心求通而未得之意。」簡單說就是「發憤學道」。「啟」——《說文》說是「教」，皇侃和邢昺都說「開」，朱子特別順著前面的解釋表明是「開其意」，簡單說就是「啟發智慧」，和下面的「發」是同樣的意思。「悱」——皇侃說：「謂學者之口欲有所諮而未能宣悱悱然也。」朱子說法類似：「口欲言而未能之貌。」就是學了之後的表達。皇侃說：「發，發明也。」朱子也順著前面的解釋說是「達其辭」，也和前面一樣是「啟發智慧」。

現在講究的「啟發式教學」的用詞就是來自這章。這種教學方法要先安排好特殊的環境，鼓勵學生主動去發現、思考問題，並且解決問題。這裡的「不憤」和「不悱」都是學生主動學習時碰到的困難，在這樣的前提之下，老師才加以「啟發」，開啟他的智慧，讓他進一步去思考和解決問題。

最後一句通常都是這麼解釋的：舉例時說明了一個角的情況，他還不能從此類推到其他三個角的情況，我就不再教這樣（愚笨）的學生了。

「隅」是「角」。「反」，朱子說是「還以相證」，就是被啟發後的聯想反應。「復」，朱子說是「再告也」，我覺得應該是「再用同樣的例子解說」。

我覺得傳統把「則不復也」解釋成「不再教這樣的學生」（應該是「不再這樣教學生」才對），會讓孔老夫子的「至聖先師」招牌失靈。真正的「至聖先師」、「有教無類」、「學不厭，誨不倦」，怎麼就因為學生不懂就嫌學生笨，然後就放棄教育學生的機會呢？現代很多老師確實是這樣的，還以為自己是學孔子，真是可怕的誤解。

許仁圖將這章的「不」做「不能」解，很有啟發性。不過，所謂的「不復」解成「不能回復全貌」就有點費解。

我覺得從正能量立場來看孔子，「則不復也」應該是「就不再用同一個學生不懂的例子，而要舉一個他聽得懂得例子」」。會教書的老師之所以因材施教，就是要讓不同資質的學生都能懂才對。根據同樣的原則，我才會覺得〈雍也26〉「中人以下，不可以語上也」也是這樣的意思，因為這樣才能配合上孔子自述的「誨不倦」的精神。這是我的「依經驗解經」。

9

子食於有喪者之側，未嘗飽也。

> 孔子在幫人辦喪事時，吃飯都〔因為哀傷而〕食不下嚥。

這章是弟子描述孔子在他人有喪事時的行為。我覺得應該將這種對孔子日常生活的描述，都放在〈鄉黨〉篇中。

何晏認為這是講辦喪事應該哀戚，在旁吃飯吃得飽，是沒有同情心的表現。皇侃解釋這是孔子在幫人辦喪事時的行為。還特別引用了《禮記．雜記下》〈95〉：「饑而廢事，非禮也；飽而忘哀，亦非禮也。」邢昺基本上也照著講。

孔子和弟子因為習禮，而喪事剛好又是古代五禮〔吉、凶、軍、賓、嘉〕中的「凶禮」，加上孔子強調「慎終追遠」，所以孔子和弟子十分講究喪禮。這也是為什麼後來墨家討厭儒家「厚葬」和「久葬」的禮節，要以「薄葬」和「速葬」與之對抗。

孔門第一弟子顏淵過世的時候，弟子不管孔子的想法，仍然加以「厚葬」〈先進11〉。孔子過世時，子貢（《禮記·檀弓上》〈50〉和《孔子家語·終記解》〈3〉）、公西華（〈檀弓上51〉和〈終記解4〉）、子夏（〈檀弓上97〉和〈終記解3〉）和子游（〈終記解3〉）眾弟子都在喪禮上派上用場（〈檀弓上51〉）。孔門其實是該有個這方面的企業。

附錄

《禮記·檀弓上》〈50〉**孔子之喪**，門人疑所服。**子貢曰**：「昔者夫子之喪顏淵，若喪子而無服；喪子路亦然。請喪夫子，若喪父而無服。」

《孔子家語·終記解》〈3〉既卒，門人疑所以服夫子者。**子貢曰**：「昔夫子喪顏回也，若喪其子而無服。喪子路亦然。今請喪夫子若喪父而無服。」於是弟子皆弔服而加麻。出有所之，則由經。**子夏曰**：「入宜經可也，出則不經。」**子游曰**：「吾聞諸夫子，喪朋友，居則經，出則否；喪所尊，雖經而出，可也。」

《禮記·檀弓上》〈51〉**孔子之喪**，**公西赤**為志焉：飾棺、墻，置翣設披，周也；設崇，殷也；綢練設旐，夏也。

《孔子家語·終記解》〈4〉**孔子之喪**，**公西赤**掌殯葬焉。唅以疏米三具，襲衣十有一稱，加朝服一，冠章甫之冠，珮象環，徑五寸而綦組綬，桐棺四寸，柏棺五寸，飭棺牆，置翣設披，周也；設崇，殷也；綢練設旐，夏也。兼用三王禮，所以尊師，且備古也。

《禮記·檀弓上》〈97〉**孔子之喪**，有自燕來觀者，舍於**子夏氏**。子夏曰：「聖人之葬人與？人之葬聖人也，子何觀焉？昔者夫子言之曰：『吾見封之若堂者矣，見若坊者矣，見若覆夏屋者矣，見若斧者矣。』從若斧者焉。馬鬣封之謂也。今一日而三斬板，而已封，尚行夫子之志乎哉！」

10

子於是日哭，則不歌。

孔子如果在當天弔喪哭過，就不會再在同一天唱歌。

有人主張這章要連著上章一起讀，皇侃的版本甚至將兩章合成一章。如果連著上一章讀，這章就還是在「弔喪之日」的脈絡下。就一般情況而言，表達的就是孔子的情緒以及禮的規定，都不在「哭」和「歌」的兩個「悲」「喜」極端擺盪，篤守著情感的中庸之道。

「是日」有兩種解釋：何晏就雲淡風輕地說「一日之中」，並沒有特別說喪禮；皇侃說「即弔赴之日」，邢昺說是「聞喪之日」。後者似乎比較合情合理。

因為對於「是日」的解釋不同，「哭」也就有不同的意義：朱子特別明指為「吊哭」（哀悼、祭拜死者並哀哭）；其餘則認為是一般的哭。

當時的喪禮顯然是不「歌」的（《禮記・曲禮上》〈67〉），此外，「望柩不歌」、「不巷歌」、「適墓不歌」，以及「哭日不歌」。

「歌」和「哭」對舉，前者是值得高興的事，後者則是悲哀的事（《荀子・解蔽》〈3〉和《淮南子・修務訓》〈5〉）。

人的喜怒哀樂是內心的情緒，這些情緒都要配合外在的禮節，這樣才是孔子認為符應「天地萬物合一」的「性命道合一」（《禮記・中庸》〈1〉）的最高境界。

附錄

《禮記・曲禮上》〈67〉適墓不登壟，助葬必執紼。臨喪不笑。揖人必違其位。望柩不歌。入臨不翔。當食不嘆。鄰有喪，舂不相。里有殯，不巷歌。適墓不歌。哭日不歌。送喪不由徑，送葬不辟塗潦。臨喪則必有哀色，執紼不笑，臨樂不嘆；介冑，則有不可犯之色。故君子戒慎，不失色於人。

《荀子・解蔽》〈3〉生則天下歌，死則四海哭。

《淮南子・修務訓》〈5〉夫歌者，樂之徵也；哭者，悲之效也。

11

子謂顏淵曰：「用之則行，舍之則藏，唯我與爾有是夫！」子路曰：「子行三軍，則誰與？」子曰：「暴虎馮河，死而無悔者，吾不與也。必也臨事而懼，好謀而成者也。」

孔子跟顏淵說：「君上聘用了就去行道，不見用就藏道於民。大概只有你和我有這樣的能耐吧！」子路（搶著）問：「那麼您要是帶兵打仗，又要帶誰呢？」孔子回答說：「那種只會用蠻力和老虎打架、不知危險就冒險渡河，不怕死的莽漢，我才不贊成呢（或：我才不會跟這樣的人在一起）！要帶就要帶上碰到事情會小心謹慎，而且會先謀畫好了才行事的人。」

這章有人把子路的問話當成另外一章處理。其實當成一章的對照，師生之間的互動比較活潑有趣。除此之外，這章的主旨在講君上「用」「舍」時君子的自處之道，以及慮深通敏，才能成事。

何晏引用到孔安國的注解，但沒有特別標舉「用」和「舍」和政治領域有關。他只是一般性的說「言可行則行，可止則止，為我與顏淵同耳。」皇侃也只說是「時事宜可行或不宜行」。戴望的發揮比較特別：「行王政致太平，是謂行；作新王以俟後聖，是為臧（即「藏」）。」劉寶楠一語道破地說：「行、藏皆指道言。」可是都沒說出來這是君上「知用」或「不用」。當時只有君王知用與否，才有行道或藏道可言。

這章是「用」「舍」並舉，之前在〈雍也6〉也出現過：子謂仲弓曰：「犂牛之子騂且角，雖欲勿用，山川其舍諸？」在《論語》中，「用」常有「被君上賞識而知用」的意思：孔子曾經誇下海口，如果有人知用我，三月就可以見到成效（百日維新），一年就會有成就（〈子路10〉）；他也說：「如果有人知用我，我難道還會只想著為東周服務嗎？」（〈陽貨5〉）可是齊景公卻說：「吾老矣！不能用也！」（〈微子3〉）毛遂自薦，投效無門，也不自卑，轉而「藏道於民」。

在其他時候就說是個人的「達」和「窮」：孔子和弟子「在陳絕糧」的時候，孔子就勉勵失志的弟子：「君子固窮，小人窮斯濫矣！」（〈衛靈公2〉）「窮」不是「沒錢」，就是這裡所謂的「舍」，也就是「不為君上所用」。有時也用「隱居」來說：「隱居以求其志」（〈季氏11〉）和「隱居放言」（〈微子8〉），都不是因為「人不知」就躲起來搞頹廢，而是積極地蓄積正能量，藏道於民，待時而動。「達」則是「質直而好義，察言而觀色，慮以下人」（〈顏淵20〉），還是做著「修己安人」的事，而不是讓自己親朋好友跟著自己的發達而雞犬升天。

孔子的私淑弟子孟子後來說：「窮不失義，達不離道。窮不失義，故士得己焉；達不離道，故民不失望焉。古之人，得志，澤加於民；不得志，修身見於世。窮則獨善其身，達則兼善天下。」（《孟子・盡心上》〈9〉）。《說苑・雜言》〈5〉也說：「君子窮則善其身，達則利於天下。」這些都很能發揮孔子在本章所說的精神。

另外一個部分和子路有關。子路聽完孔子誇獎小學弟，心生不滿，想到自己跟隨孔子這麼多年，好歹也是老師身邊最重要的保鑣，所以就用假設性問題問孔子，結果被潑了一盆冷水。

這裡出現一個一語雙關的「與」字。在誇獎顏淵的時候說過：「為我與爾有是夫！」這個「與」字有三種說法：一是「及」；一是「謀」（呼應後面的「好謀而成」）；一是「許」（贊成或讚美）。這裡子路說的「則誰與」的「與」是「帶著」、「參與」的第四種意思。孔子回答的「吾不與也」則有「贊同」和「帶著」的雙重意思。一字多義，在各國語言中，並不罕見。這種字義的轉換也是幽默的最佳來源。

「暴虎」就是「徒手打老虎」，後來「武松打虎」就是這裡孔子不贊同的危險行為，傳統「二十四孝」中「黃香打虎救父」的故事更是讓現代兒童陷入險境的萬萬不可的事。「馮河」的「馮」要念成「平」，是不坐船渡過大河，也是孔子不贊成的危及生命的行為。子路還沾沾自喜，自以為是「見義勇為」而「死而無悔」，讓孔子當頭棒喝，說出「無不與也」（我絕不贊成這樣有勇無謀的事）！

朱子說：「懼，謂敬其事」；「成，謂成其謀」。其實「臨事而懼」就是事前戰戰兢兢，如臨深淵，如履薄冰，不是怕事而嚇到不敢動手去做；「好謀而成」是事前有充分的規劃準備，像毓老師常說的「慮深通敏」，而不是什麼都沒準備就匆忙上陣，這些「有勇無謀」的事情，還需要論成敗嗎？

現代社會網路便利，言論自由或者由政府管，或者由自己自律。人人都可以在網路上行道，完全不用藏，真要藏也藏不住。在這樣的情況下，恐怕更重要的就是孔子教誨子路的話：「臨事而懼，好謀而成！」

慎始成終！

12

子曰：「富而可求也，雖執鞭之士，吾亦為之。如不可求，從吾所好。」

孔子說：「財富和地位如果是可以用道求得的，就算是做卑賤的職務，我也會努力去做；如果是不以道求得的，我寧願遵循我平常所鍾愛的先王之道（，而放棄追求財富和地位）。」

這章是孔子描述自己對於財富的態度。孔子這裡只提到「富」，卻沒提到「貴」，《史記・伯夷列傳》〈6〉引用這句話時，卻是「富貴」並提，這應該是《論語》版本的不同，對於本句的大意方面並沒有影響。

這章的字義沒有太大歧解，句義也很清楚。這裡提到的「可求」和「不可求」應該是「可以正道求之與否」，而不是命定論式的斷言。「執鞭之士」是指低賤的職位。「從吾所好」，其實也是「從吾所樂」，如果是早期的孔子應該指的是「先王之道」，如果是晚期孔子，應該就是指「禮運大同之道」。

許多人經常認為這章是孔子不愛財富的證明。其實應該是說孔子反對不以正道（也就是「義」）求得的財富（〈里仁5〉）：「不義而富且貴，於我如浮雲。」（〈述而16〉）孔子樂道之心強過好富之心。因為心中只有「富」而沒有「道」或「禮」，容易嬌氣逼人（〈學而15〉）。也有人解釋「富貴有命」的命定論思想，這和孔子「求道為先」的人生觀是不相關的。孔子在乎的不是這種物質上的財富，而是有沒有能「行道利人」的這種無形財富。《說苑・立節》〈1〉和《韓詩外傳・卷一》〈8〉都強調君子重視的是「忠」、「信」、「廉」這三種道德名聲，也算是能掌握到重點。

此外，許多人也誤會孔子認為「富」不重要。孔子有一天去到衛國，冉有在旁陪著。孔子就驚嘆於人口的繁多。冉有就問到：「人口眾多以後，接下來該做什麼事？」孔子就回答說：「讓人民富起來！」（冉有又）問說：「人民都富起來以後，又要再做什麼？」孔子說：「讓人民都有文化教養。」（〈子路9〉）從這個故事看來，孔子並不排除財富，而不能只是「肥了當官的人而瘦了人民」，要富就要讓大家都富起來，也許可以說「獨富富不如眾富富」。特別是在「邦無道」的時候，只想著自己的「富貴」，而不管人民死活，這也是孔子期期以為不可之事（〈泰伯13〉）。我們也可以從《易經・小畜》〈6〉說的「富以其鄰」和「不獨富」當成佐證。

我一直以為「為富不仁」（有錢人沒一個好東西）這句話是孔子說的。查了一下，才發現是孔子從小就怕的陽虎說的。他說：「為富不仁矣！為仁不富矣！」（《孟子・滕文公上》〈3〉）這替後來的「恨富情結」找到一個經典根據，讓後人不再去區分真正「為富不仁」的人和「為仁致富」的人，讓那些辛苦創業，善待勞工的老闆，都一律被戴上「黑色企業家」或「血汗工廠老闆」的高帽子。

附錄

《史記・伯夷列傳》〈6〉子曰「道不同不相為謀」，亦各從其志也。故曰「富貴如可求，雖**執鞭之士**，吾亦為之。如不可求，從吾所好」。「歲寒，然後知松柏之後凋」。舉世混濁，清士乃見。豈以其重若彼，其輕若此哉？

《說苑・立節》〈1〉士君子之有勇而果於行者，不以立節行誼，而以妄死非名，豈不痛哉！士有殺身以成仁，觸害以立義，倚於節理而不議死地；故能身死名流於來世，非有勇斷，孰能行之？子路曰：「不能勤苦，不能恬貧窮，不能輕死亡；而曰我能行義，吾不信也。」昔者申包胥立於秦庭，七日七夜喪不絕聲，遂以存楚，不能勤苦，安能行此！曾子布衣縕袍未得完，糟糠之食，藜藿之羹未得飽，義不合則辭上卿，不恬貧窮，安能行此！比干將死而諫逾忠，伯夷叔齊餓死於首陽山而志逾彰，不輕死亡，安能行此！故夫士欲立義行道，毋論難易而後能行之；立身著名，無顧利害而後能成之。《詩》曰：「彼其之子，碩大且篤。」非良篤修激之君子，其誰能行之哉？王子比干殺身以作其忠，伯夷叔齊殺身以成其廉，此三子者，皆天下之通士也，豈不愛其身哉？以為夫義之不立，名之不著是士之恥也，故殺身以遂其行。因此觀之，卑賤貧窮，非士之恥也。夫士之所恥者，天下舉忠而士不與焉，舉信而士不與焉，舉廉而士不與焉；三者在乎身，名傳於後世，與日月並而不息，雖無道之世不能污焉。然則非好死而惡生也，非惡富貴而樂貧賤也，由其道，遵其理，尊貴及己，士不辭也。孔子曰：「富而可求，雖**執鞭之士**，吾亦為之；富而不可求，從吾所好。」大聖之操也。《詩》云：「我心匪石，不可轉也，我心匪席，不可卷也。」言不失己也；能不失己，然後可與濟難矣，此士君子之所以越眾也。

《韓詩外傳・卷一》〈8〉王子比干殺身以成其忠，柳下惠殺身以成其信，伯夷叔齊殺身以成其廉，此三子者，皆天下之通士也，豈不愛其身哉！為夫義之不立，名之不顯，則士恥之，故殺身以遂其行。由是觀之，卑賤貧窮，非士之恥也；天下舉忠而士不與焉，舉信而士不與焉，舉廉而士不與焉，三者存乎身，名傳於世，與日月並而息，天不能殺，地不能生，當桀紂之世不之能汙也，然則非惡生而樂死也，惡富貴好貧賤也，由其理，尊貴及己而仕也不辭也。孔子曰：「富而可求，雖**執鞭之士**吾亦為之。」故阨窮而不憫，勞辱而不苟，然後能有致也。《詩》曰：「我心匪石，不可轉也，我心匪席，不可卷也。」此之謂也。

13

子之所慎：齊、戰、疾。

孔子平常敬謹從事（或面對）的有三樣事：齋祭、打仗和疾病。

這章是弟子描述孔子日常生活的行為。孔子並沒有針對這三件事情說教，所以算是屬於身教，其實應該收在〈鄉黨〉篇。

「慎」——《說文》說是「謹」，就是思慮周到，小心翼翼。

「齊」——有的讀作「其」，皇侃說是「先祭之名也」，因為在祭祀之前，要「先散齊七日，致齊三日也」。「齊」就是：「人心有欲散漫不齊，故將接神，先自寧靜、變食、遷坐以自齊潔也。時人慢神，故於齊不慎，而孔子慎之也。」有的讀作「齋」，就是「齋」祭。

「戰」——皇侃解釋是：「兩刃相交，性命俄頃。身體髮膚，彌宜全重。時多暴虎，不避毀傷，惟孔子慎之。」指的不只是打仗，還包括和猛獸的生存鬥爭。

「疾」——皇侃解釋是：「宜將養制節飲食。以時人不慎，而孔子慎之也。」看起來也是現在人重視的「食品安全」和「養生」問題。

皇侃以後的注解大致都不出這種解釋的框架。朱子特別強調：「戰則眾之死生、國之存亡繫焉；疾又無深知所以死生存亡者，皆不可以不謹也。」

〈鄉黨〉篇對於孔子的「齊」行有比較多描述：在「齊祭」，要穿特別的衣服，用布做的「明衣」，而且吃飯要「變食」（和平常的不同），還要「居必遷坐」（更換經常坐的地方）。另外《禮記》中也有不少關於「齊」的規定，特別強調「齊明盛服」（《禮記·中庸》〈16〉和〈21〉）和「齊莊中正」（〈32〉），主要是在心態和服裝上的自尊自重。現在許多人都把「齋」想成「吃素」，這應該不是孔子的原意。

《論語》中直接講到「戰」的章節只有〈子路30〉的「以不教民戰，是謂棄之」。不過，孔子也積極的認為應該教老百姓備戰，不過時間要相當長：「善人教民七年，亦可以即戎矣。」（〈子路29〉）衛靈公曾經請教過孔子有關打仗的事，孔子回答說：「我沒學過。」（〈衛靈公1〉）這也是他對於打仗的事很謹慎的表現。

至於「疾」，孔子提醒過孟武伯問孝時說：「父母唯其疾之憂。」（〈為政6〉）這是個人身體上的病痛。孔子也注意探病的禮節（〈雍也10〉和〈鄉黨13〉），甚至在他不想見的人來訪時，他竟然稱病不出，然後又在客人要走之際，彈琴讓對方知道他其實沒病（〈陽貨20〉）。這也是他謹慎運用「疾」的事例。不過，更重要的是，孔子更重視人格上的「疾」。他認為古代人有三種人格缺陷，當代人的人格缺陷則不同：「古代人的狂是放肆，當代人的狂是放蕩；古代人的有所不為是注重自己的廉潔，當代

人是強調自己對社會的憤怒；古代人的愚是直白，當代人的愚是〔認為自己比別人聰明而〕要詐騙別人。」（〈陽貨16〉）

孔子還有一種謹慎對待而不是生理方面的「疾」：「君子疾沒世而名不稱焉。」（〈衛靈公20〉）孔子死後被稱為「聖人」，這是孔子生前一直避免的「高帽子」。這也是孔子小心謹慎的事。

附錄

《禮記・中庸》〈16〉子曰：「鬼神之為德，其盛矣乎！視之而弗見，聽之而弗聞，體物而不可遺。使天下之人齊明盛服，以承祭祀，洋洋乎如在其上，如在其左右。《詩》曰：『神之格思，不可度思！矧可射思！』夫微之顯，誠之不可揜如此夫。」

〈21〉子曰：「好學近乎知，力行近乎仁，知恥近乎勇。知斯三者，則知所以修身；知所以修身，則知所以治人；知所以治人，則知所以治天下國家矣。凡為天下國家有九經，曰：修身也，尊賢也，親親也，敬大臣也，體群臣也，子庶民也，來百工也，柔遠人也，懷諸侯也。修身則道立，尊賢則不惑，親親則諸父昆弟不怨，敬大臣則不眩，體群臣則士之報禮重，子庶民則百姓勸，來百工則財用足，柔遠人則四方歸之，懷諸侯則天下畏之。齊明盛服，非禮不動，所以修身也；去讒遠色，賤貨而貴德，所以勸賢也；尊其位，重其祿，同其好惡，所以勸親親也；官盛任使，所以勸大臣也；忠信重祿，所以勸士也；時使薄斂，所以勸百姓也；日省月試，既廩稱事，所以勸百工也；送往迎來，嘉善而矜不能，所以柔遠人也；繼絕世，舉廢國，治亂持危，朝聘以時，厚往而薄來，所以懷諸侯也。凡為天下國家有九經，所以行之者一也。」

——〈32〉唯天下至聖，為能聰明睿知，足以有臨也；寬裕溫柔，足以有容也；發強剛毅，足以有執也；**齊莊中正**，足以有敬也；文理密察，足以有別也。溥博淵泉，而時出之。溥博如天，淵泉如淵。見而民莫不敬，言而民莫不信，行而民莫不說。是以聲名洋溢乎中國，施及蠻貊；舟車所至，人力所通，天之所覆，地之所載，日月所照，霜露所隊；凡有血氣者，莫不尊親，故曰配天。

14

子在齊聞《韶》，三月不知肉味。曰：「不圖為樂之至於斯也！」

孔子在齊國聽到了舜時期的韶樂，有很長一段時間都陶醉在其中而不知道肉的味道。〔孔子因此〕說：「沒想到音樂可以感人到這樣的程度。」

孔子在齊國聽到了舜時期的韶樂，有很長一段時間都很難過，甚至到了不知道吃肉的味道〔，覺得齊國根本配不上這樣的音樂〕。〔因此孔子感嘆地〕說：「沒想到音樂已經淪落到無德的邦國都可以演奏的地步。」

這章是描繪孔子在齊國聽到〈韶〉樂後的反應。歷來有兩種完全不同的解釋：

邢昺和朱子的解釋：孔子到了齊國，聽到了舜製作的〈韶〉樂，〔陶醉得〕好久都忘記了肉的味道。孔子讚嘆說：「萬萬沒想到音樂可以讓人快樂到這樣的〔忘掉肉味的〕境界。」

皇侃的獨見如下：孔子到了齊國，聽到了舜製作的〈韶〉樂，難過了很久，〔認為齊國國政配不上〈韶〉樂的境界，徒具形式，因而傷心得〕甚至忘掉了肉味。孔子悲嘆地說：「萬萬沒想到〔聖王的〕音樂也可以引起我的多重感傷！」

「韶」，古書中又作「大韶」（《新語．獨斷》〈卷上75〉和《莊子．雜篇》〈天下2〉和《竹書紀年．帝舜有虞氏》〈1〉）、「九韶」（《說苑．修文》〈17〉）或「簫韶」（《白虎通德論．卷二》〈禮樂5〉），古注都說是「舜樂名」，《禮記．樂記》〈23〉說是「繼也」，《風俗通義．聲音》〈2〉說是「繼堯也」，《春秋繁露．楚莊王》〈6〉說是「昭也」，皇侃說是「紹」，就是現在說的「克紹箕裘」的「紹」，是「承傳」的意思，皇侃進一步解釋說：「韶，紹也。天下之民樂順揖讓紹繼堯德，故舜有天下而製樂名『韶』也。」

傳統的解釋重點全在最後一句：「圖」，是「謀慮也」（皇侃）或「謀度也」（邢昺）；「為」，是「作」（王弼和邢昺）；「樂」，指〈韶〉樂；「斯」，是「此」，指「齊國」（王弼、皇侃和邢昺）。

皇侃認為，孔子在齊聞〈韶〉樂，「心為傷痛」，所以才忘肉味。因為「齊是無道之君而濫奏聖王之樂器」，所以讓人感傷。簡言之，〈韶〉樂沒有搭配聖王，徒具形式，而無實質。

後來的邢昺和朱子忽略皇侃說的「心痛」，都強調是因為〈韶〉樂太美了因而沉醉而忘記肉味。後來戴望也認為，孔子感嘆的是〈韶〉樂：「美其不但自正，又以正人。」（《說苑．修文》〈32〉）其實司馬遷也是這麼想的，只不過他多加了孔子學習〈韶〉樂的這件事，而不是只有本章所講的「聽聞」而已（《史記．孔子世家》〈9〉）。

〈韶〉樂之美善，孔子早在〈八佾25〉就讚嘆過。我覺得，這裡的重點不在音樂本身，而在於和音樂搭配的齊國政治情況，以及他當時（三十五歲）是因為避祖國動亂而到了齊國。在這種背景之下聞

〈韶〉這種歌誦聖王的美善兼備的音樂，一來感傷於〈韶〉樂淪落到齊國這種以霸道為尚的邦國，一來感傷於祖國的動亂，一來又感傷於周道衰微，所以在這種相對的政治情況下，聞〈韶〉就更牽動了孔子敏感而脆弱的心。堯舜聖王何在？〈韶〉樂應該搭配這樣的聖王才對啊！怎麼淪落到讓這些「斗筲之人」（〈子路20〉）拿來演奏呢？這種糟糕的狀況只能讓人食不知味吧？

附錄

《說苑．修文》〈32〉 孔子至齊郭門之外，遇一嬰兒挈一壺，相與俱行，其視精，其心正，其行端，孔子謂御曰：「趣驅之，趣驅之。」〈韶〉樂方作，孔子至彼，聞韶三月不知肉味。故樂非獨以自樂也，又以樂人；非獨以自正也，又以正人矣哉！

《史記．孔子世家》〈9〉 孔子年三十五，而季平子與郈昭伯以鬬雞故得罪魯昭公，昭公率師擊平子，平子與孟氏、叔孫氏三家共攻昭公，昭公師敗，奔於齊，齊處昭公乾侯。其後頃之，魯亂。孔子適齊，為高昭子家臣，欲以通乎景公。與齊太師語樂，聞〈韶〉音，學之，三月不知肉味，齊人稱之。

15

冉有曰：「夫子為衛君乎？」子貢曰：「諾。吾將問之。」入，曰：「伯夷、叔齊何人也？」曰：「古之賢人也。」曰：「怨乎？」曰：「求仁而得仁，又何怨。」出，曰：「夫子不為也。」

冉有（和眾門人討論）說：「我們老師會不會去幫助衛君呢？」子貢回答說：「嗯。我去問問老師。」就進到屋裡，問說：「伯夷和叔齊兩個人是怎麼樣的人呢？」孔子回答說：「這兩位是古代的賢人。」子貢（又）問說：「他們會怨天尤人嗎？」孔子回答說：「他們求仁得仁，怎麼會怨天尤人呢？」子貢告退以後（很篤定地）跟冉有說：「我們老師不會讚許衛君父子爭國的。」

這章是弟子冉有猜測孔子對衛國父子爭國的態度。子貢用了伯夷和叔齊的故事來請教孔子，然後得出他自以為是的答案。

關於這章，有個歷史故事。根據皇侃的說法，衛靈公因為聽信南子的話把太子蒯聵驅逐，靈公死後就立了蒯聵的兒子出公輒。孔子當時在衛國就是出公輒招待的。後來蒯聵要回國和兒子爭王位。當時的人都以為孔子會幫助出公輒抵抗父親蒯聵。朱子認為衛人以蒯聵得罪於父，應當由出公輒繼位。不管傳言如何，大家顯然都不知道孔子的立場，所以才有弟子冉有這麼一問。冉有怕挨孔子罵，所以就讓子貢去問孔子。

「為」——古注解作「助」，但是戴望認為該作「與」，就是「讚許」。黃懷信認為「為」無「助」的解釋，戴望的解釋是對的。從本章的內容來看，子貢也只是想了解孔子的評價，並沒有要不要幫忙的意思。所以解作「讚許」是比較恰當的。

「怨」——皇侃解作「恨」，朱子解作「悔」。

伯夷和叔齊讓國和餓死首陽山的故事當時廣為流傳，我們在〈公冶長23〉也提到過。這裡強調的應該是兩人「讓國」之事，來對應衛國父子誰該繼位的問題，應該和「餓死」的部分無關。

可是為什麼可以從「伯夷和叔齊」的「求仁得仁」得出「夫子不為也」呢？鄭玄早有解釋：「父子爭國，惡行也。孔子以伯夷、叔齊為賢且仁，故知不助衛君明矣！」結論就是子貢認為孔子不贊許蒯聵和出公輒這對父子爭位的行為。王夫之甚至認為孔子認為出公輒之立是不對的，應該像伯夷和叔齊一樣逃亡讓國。毛奇齡認為，伯夷和叔齊的「兄弟讓國」和蒯聵和出公輒的「父子爭國」情況不同，當讓的應該是當父親的蒯聵而不是兒子出公輒。孔子說「父不父，子不子」（〈顏淵11〉）恐怕就是暗指這件事。

可是，子貢為什麼不直接問呢？朱子認為子貢不直接斥責衛君，而以伯夷和叔齊的情況發問，理由是：「君子居是邦不非其大夫，況其君乎？」顯然這是當時的賓客之禮。

後來子路也問過類似的問題：「衛國國君請您幫忙治理國政，您工作的第一步是什麼？」孔子回答：「必也正名乎！」（〈子路3〉）這樣的答案大概也和衛國這種父子爭國的局面有關吧！

孔子在衛國發生了不少值得一提的事：他讚揚衛公子荊不求住房美善，夠用就好（〈子路8〉）；他剛到衛國，看到人口富庶，不禁讚嘆，然後告知弟子之後要再努力的方向就是「讓大家都富起來」（富之）和「讓大家都文明起來」（教之）（〈子路9〉）；他也曾經在旅居衛國時擊磬發抒有志難伸的心情（〈憲問39〉）；他對衛靈公無道卻不亡國也有獨到的看法：因為還有一幫賢臣輔佐而且他也懂得尊賢（〈憲問19〉和《說苑・尊賢》〈17〉）；衛靈公想請教孔子打仗的事，孔子推說「不知道，沒學過」（〈衛靈公1〉）。孔子的兒媳婦後來也是在衛國過世的（《禮記・檀弓上》〈79〉和〈檀弓下198〉）。孔子還說過：「魯、衛之政，兄弟也。」（〈子路7〉）孔子對衛國的感情，是很深的。

話說回來，孔子到底認為這兩位衛君誰該當位呢？也許欽命的兒子該讓給逃走的父親，這樣才符合「父父子子」的家庭倫理？還是逃走的父親該讓給欽定的兒子，畢竟這是前任（自己的父親）的授命？還是父子倆該像伯夷和叔齊一樣都爭相讓國，讓真正賢能的人（譬如說孔子）來當國呢？

歷史沒有發生的事情，我們只能想像。

附錄

《禮記》〈檀弓上79〉子思之母死於衛，柳若謂子思曰：「子，聖人之後也，四方於子乎觀禮，子蓋慎諸。」子思曰：「吾何慎哉？吾聞之：有其禮，無其財，君子弗行也；有其禮，有其財，無其時，君子弗行也。吾何慎哉！」——〈檀弓下198〉

子思之母死於衛，赴於子思，子思哭於廟。門人至曰：「庶氏之母死，何為哭於孔氏之廟乎？」子思曰：「吾過矣，吾過矣。」遂哭於他室。

16

子曰：「飯疏食飲水，曲肱而枕之，樂亦在其中矣。不義而富且貴，於我如浮雲。」

孔子說過：「有得吃喝就好，差一點沒關係；有得睡就好，拿手臂當枕頭也沒關係，我樂的是求道傳道，吃住都無所謂。如果是不經過正當手段獲得的財富和地位，對我來說就像天上的浮雲。」

這章也是孔子的自述，他強調自己樂於求道，不在乎富貴。字義都很簡單：「飯疏食」是「吃粗食」。「飲水」是「飲生水」。「曲肱」是「彎著手臂（胳膊）」。

這章和《論語》的其他章節也有相互呼應之處。皇侃說：「飯疏食飲水」就是〈學而14〉說的「食無求飽」；「曲肱而枕之」就是同章所說的「居無求安」。這章也和孔子誇獎顏回的部分大部分雷同：「賢哉回也！一簞食，一瓢飲，在陋巷。人不堪其憂，回也不改其樂。賢哉回也！」（〈雍也11〉）可見顏淵真是一個「具體而微」的孔子。孔子不在乎吃住，甚至還會到「發憤忘食，樂以忘憂」（〈述而19〉）的地步。這都是他主張的「君子謀道不謀食」（〈衛靈公32〉）的具體實踐。

孔子不追求物質生活上的富足，連帶也不在乎世俗的榮華富貴。可是他並沒有討厭有地位和有財富，只是不追求不義而得的財富和地位，地位和富貴於他都是天上的浮雲。這裡的關鍵是「義」。

這裡的「義」是孔子最高的一種道德判斷。他強調對天下事的判斷都要以「義」為依歸（〈里仁10〉）。君子應該「義以為質」（〈衛靈公18〉），不管是「見利」或「見得」都要「思義」（〈憲問12〉、〈季氏10〉和〈子張1〉）。他不是不食人間煙火的人，當然知道富貴是人人念茲在茲的兩樣寶（〈里仁5〉）。可是大家都要，卻都不遵守遊戲規則來取得，就變成奪取，到頭來，誰也得不到好處。所以得富貴要有「道」，也要有「義」這樣的道德來約束。後來文天祥在〈正氣歌〉裡說的「道義為之根」也是源自孔子此處的思想。

可惜後來人在解這一段的時候，好像都把孔子當成「恨富」的始祖。孔子要的「富貴」，不是他個人或任何個人的富貴，他要的是全民的富貴，特別是有倫理規範的競爭或競合（有「道」和「義」約束的）而求得的富貴。也許可以這麼說：「獨富貴不如眾富貴」。這樣一來，富貴的浮雲，就能替我們遮去人世間許多類似炙烈陽光曬出的直接傷害。

17

子曰：「加我數年，五十以學《易》，可以無大過矣！」

孔子說過：「再讓我多活幾年（多長些見識），（我終於知道）就算是五十歲才開始學易經，都（不算晚，也）不會犯大過錯。」

這章也是孔子自述，只是有斷句或是選字（「易」還是「亦」）的問題，讓整句有很大的歧解。

一般的說法，說這章和孔子學《易經》以避免大過有關。

除了一般的斷句法之外，還有一種斷句兼選字的解法是：「加我數年，五十以學，亦可以無大過矣！」如果是這樣，就是純粹講五十歲以後學習，和《易經》沒有半點關係，也可以免除犯大過的可能。程樹德認為：「五十以學者，即『蘧伯玉行年五十，而知四十九年之非』意也。『亦可以無大過矣』者，即『欲寡其過』意也。」也就是說，晚學總比不學好。

所以這句話，只有最後一段「可以無大過矣！」沒問題。其他兩句，都是問題。

先是第一句話「加我數年」就牽涉到孔子說這話的年紀和整句話的邏輯問題。有關孔子講這話的年紀有兩種說法：一種是「四十五六七歲說」（皇侃說「四十五六」，邢昺說是「四十七」），因為「加我數年」才到「五十」。可是如果已經知道學《易》能無大過，那麼為什麼不馬上就學，還要等到「五十」才開始？另一種是「七十左右」，可是這樣「加我數年學《易》」就說不通了。元朝的陳天祥在《四書辨疑》中乾脆說這章不可解。

至於「學《易》可以無大過」的部分，何晏認為：「年五十而知天命，以知命之年讀至命之書，故可以無大過矣！」皇侃也說：「此孔子重《易》，故欲令學者加功於此書也。」朱子的說法明白點出：「學《易》則明乎吉凶消長之理、進退存亡之道，故可以無大過。」

如果從「依經解經」的立場來看，《論語》中並沒有孔子傳授《易》的記載。只有在〈子路22〉孔子引用到《易經・恆卦》〈4〉的「不恆其德，或承之羞」一詞。

司馬遷說：「孔子晚而喜《易》，序〈彖〉、〈繫〉、〈象〉、〈說卦〉、〈文言〉。讀《易》，韋編三絕。曰：『假我數年，若是，我於《易》則彬彬矣。』」（《史記・孔子世家》〈61〉）這裡根本沒有提到「五十歲」的事。更令人不解的是，《孔子家語》還提到孔子弟子中有一位叫「商瞿」的人，比顏淵大一歲，也是魯國人，他就是孔門《易經》的唯一傳人（《孔子家語・七十二弟子解》〈25〉）。可是司馬遷在〈仲尼弟子列傳85〉卻沒說孔子傳《易》給商瞿的事，反而放在〈儒林列傳19〉裡說，而且還提供了相當完整的《易經》傳承系譜（《漢書・儒林傳》〈9〉中的記載詳略不同）。司馬遷倒是有提到商瞿年長無子，後來再娶，還怕絕後，結果孔子大概是替他卜了一卦，說他四十歲過後會有五個兒子。後來果然如此（《史記・仲尼弟子列傳》〈98〉）。《孔子家語》在講同一個故事的時候，多了一句他勸告朋友年長無子，「未必妻之過」這麼睿智而且有現代生物學概念的話（《孔子家語・七十二弟子解》〈32〉）。東漢的王充也提到孔子生病商瞿占卜的事（《論衡・別通》〈15〉）。

可是，奇怪的就是，這些都沒被記載在《論語》中。難道這又有什麼孔門的「不傳之祕」？

我五十歲生日的那年大年初一，在例行性給毓老師拜年之後回到家，就拿起《易經》好好念了一遍。以前念大學時和毓老師學了一些皮毛，覺得和自己個性不合，只要規規矩矩做人就好，所以也沒認真學，現在後悔了。這算是我年輕時不學的「大過」吧？

我跟毓老師學《易經》時，老師不教卜卦。但是聽一些學弟妹說，老師教過卜卦，但是怕流弊太大，所以後來就再也不教。我們學的《易經》算是「君子易」，重視修己安人，不特別關注「趨吉避凶」的那套「江湖易」。「易為君子謀，不為小人謀。」懂這個道理，學過半矣！不過，師門中教《易經》的學長不少，也都有各自的路數。真是「師父領進門，修行在個人」。

現代人希望學點傳統智慧，不想從《論語》入手，都眼高手低要學《易經》，所以造就了「《易經》班滿街開，《易經》書滿街賣」的現象。如果大家都求「無大過」，這是好事。如果不修德守正，只想趨吉避凶，天下有這樣便宜的事嗎？台灣有一位貪官和行賄的建商都去修了某位學長開的《易經》，其中建商還帶了祕書去聽課，結果後來行賄和收賄的事跡敗露，一樣鋃鐺入獄。

看來，有人學《易經》，還是免不了「大過」。

附錄

《孔子家語》〈七十二弟子解32〉梁鱣，齊人，字叔魚。少孔子三十九歲，年三十，未有子，欲出其妻。商瞿謂曰：「子未也。昔吾年三十八無子，吾母為吾更取室。夫子使吾之齊，母欲請留吾。夫子曰：『無憂也。瞿過四十，當有五丈夫。』今果然。吾恐子自晚生耳，未必妻之過。」從之，二年而有子。

《史記．仲尼弟子列傳》〈98〉孔子既沒，弟子思慕，有若狀似孔子，弟子相與共立為師，師之如夫子時也。他日，弟子進問曰：「昔夫子當行，使弟子持雨具，已而果雨。弟子問曰：『夫子何以知之？』夫子曰：『《詩》不云乎？「月離於畢，俾滂沱矣。」昨暮月不宿畢乎？』他日，月宿畢，竟不雨。商瞿年長無子，其母為取室。孔子使之齊，瞿母請之。孔子曰：『無憂，瞿年四十後當有五丈夫子。』已而果然。問夫子何以知此？」有若默然無以應。弟子起曰：「有子避之，此非子之座也！」

《論衡．別通》〈15〉孔子病，商瞿卜期日中。孔子曰：「取書來，比至日中何事乎？」聖人之好學也，且死不休，念在經書，不以臨死之故，棄忘道藝，其為百世之聖，師法祖修，蓋不虛矣！自孔子以下，至漢之際，有才能之稱者，非有飽食終日無所用心也，不說五經則讀書傳。書傳文大，難以備之。卜卦占射凶吉，皆文、武之道。昔有商瞿，能占爻卦；末有東方朔、翼少君，能達占射覆。道雖小，亦聖人之術也，曾又不知。

《史記．儒林列傳》〈19〉自魯商瞿受易孔子，孔子卒，商瞿傳易，六世至齊人田何，字子莊，而漢興。田何傳東武人王同子仲，子仲傳菑川人楊何。何以易，元光元年徵，官至中大夫。齊人即墨成以易至城陽相。廣川人孟但以易為太子門大夫。魯人周霸，莒人衡胡，臨菑人主父偃，皆以易至二千石。然要言易者本於楊何之家。

《漢書・儒林傳》〈9〉自魯**商瞿**子木受易孔子，以授魯橋庇子庸。子庸授江東馯臂子弓。子弓授燕周醜子家。子家授東武孫虞子乘。子乘授齊田何子莊。及秦禁學，易為筮卜之書，獨不禁，故傳受者不絕也。漢興，田何以齊田徙杜陵，號杜田生，授東武王同子中、雒陽周王孫、丁寬、齊服生，皆著易傳數篇。同授淄川楊何，字叔元，元光中徵為太中大夫。齊即墨成，至城陽相。廣川孟但，為太子門大夫。魯周霸、莒衡胡、臨淄主父偃，皆以易至大官。要言易者本之田何。

18

子所雅言，《詩》、《書》、執禮，皆雅言也。

孔子在正式場合講話用的都是官方語言，誦讀《詩》、《書》和〔擔任司儀〕執行各項禮儀時也都用官方語言。

這章是弟子記載孔子在正式場合講到《詩》、《書》、禮時所使用的語言。「雅」——古注都說是「正」；「雅言」就是「正式的話」或是「官話」或是「標準語」。現在台灣把這種通用的標準語叫做「國語」，大陸叫做「普通話」。孔子生在山東曲阜，平常講的應該是山東話，而當時周朝定都現在的陝西，所以孔子時代的「官話」就應該是陝西話。誦讀《詩》和《書》時，也特別用標準話；因為禮是要執行的，所以用「執」〔朱子說是「守」〕。也有古人說這個「執」字其實是「藝」，指的是這裡沒提到的「六藝」之一的「樂」。特別是上一章談到《易》，所以這章也一併提到「六藝」的事。這種說法也有點意思。

古注中只有朱子很奇怪地獨排眾議說：「雅，常也。《詩》以理情性；《書》以道政事，禮以謹節文，皆切於日用之實，故常言之。」這就把語言問題轉向內容問題。朱子的解釋很少被後人採納。

看到這裡的記載我想過，要是能請會講山東話和陝西話的人各錄製完整的《論語》朗誦，之後還可以拿來和「國語」或「普通話」比較，某種程度重現「原汁原味《論語》」，這樣多有意思！當然，在這個全球化的時代，用各種語言唸《論語》應該也可以搞成一個「計畫」（或「項目」）。

先秦兩漢的古籍很少提到「雅言」。一個有趣的故事出現在《孔叢子・儒服》〈3〉：「平原君」強迫一個叫「子高」的人喝酒，就說了這樣的話：「以前有句諺語說：『堯舜飲酒千鍾，孔子飲酒百觚，子路最差也還能喝上十榼。』古代的聖賢沒一個不能喝的。您怎麼就不喝呢？」子高回答說：「就我所知，聖賢勝過一般人是因為他的道德，沒聽過是因為他在飲食方面勝出。」平原君就說：「就算您說得對，那麼這樣的諺語是怎麼傳下來的？」子高回答說：「這都是那些愛喝酒的人勸人家喝酒所揑造出來的話，並非事實。」平原君很高興地說：「我真不開您玩笑，您說的話我從沒聽過，〔不過〕您說的真是『雅言』。」這個故事的「雅言」似乎又和「標準話」無關，好像是指「正確的話」。

我常常因為留了大鬍子的外型，被誤會是「大塊吃肉、大碗喝酒」的漢子，而且常常在說不會喝之後，被用各種理由勸說喝酒的好處，甚至要我妥協到只沾沾唇就行，否則就算是不給人面子，每每讓我好生尷尬，也就越來越不喜歡應酬。

一九七〇年代中期的某年大年初三，毓老師請了一桌同學去吃飯，我也有幸在受邀之列。那天老師就要男同學喝酒（我不記得有哪些人，也不記得有沒有女同學，不過那時候女同學要是單獨一個人，老師是不見的，怕惹閒話，所以應該沒有，除非跟男朋友一起）還說：「菸可以不抽，酒不可以不喝。」當時我喝了一杯，昏昏然了很久。我也不知道老師這話是「雅言」，還是「戲言」。約十年後，另一次和老師及一群同學吃飯，紀念太師母百歲冥誕，吃素，沒喝酒，留下了一張合照。這是我唯一一次和老師同學合影。以後就是每年大年初一的拜年和聆聽老師的「雅言」，也都是《詩》、《書》、禮方面的事情，再也沒有提到酒。

附錄

《孔叢子．儒服》〈3〉平原君與子高飲，強子高酒，曰：「昔有遺諺：『堯舜千鍾，孔子百觚，子路嗑嗑，尚飲十榼。』古之賢聖無不能飲也。吾子何辭焉？」子高曰：「以穿所聞，賢聖以道德兼人，未聞以飲食也。」平原君曰：「即如先生所言，則此言何生？」子高曰：「生於嗜酒者。蓋其勸厲獎戲之辭，非實然也。」平原君欣然曰：「吾不戲子，無所聞、此雅言也。」

19

葉公問孔子於子路，子路不對。子曰：「女奚不曰：『其為人也，發憤忘食，樂以忘憂，不知老之將至云爾。』」

葉〔音社〕公問子路，孔子是個怎樣的人。子路沒有回答。孔子〔知道了以後就〕說：「你為什麼不這麼說，〔我的老師啊是那種〕發憤求道和傳道就忘了吃飯，樂於和人分享得道和傳道的喜悅而忘掉了很多煩憂，甚至都忘掉自己的年紀一大把了。」

這章是孔子希望弟子在別人問起自己時，可以做出他自己希望的描述。

葉公在《論語》中出現過三次，其他兩次都在〈子路〉：一次向孔子請問政事（〈子路16〉），一次跟孔子相互討論和比較雙方「直」的觀念和行動（〈子路18〉）。除此之外，葉公在先秦兩漢的古籍中也常出現：他姓沈，名諸梁，字子高，是楚國的大夫，他被分封的「采邑」在「葉」，所以被稱為「葉公」。孔安國說他是「僭位」，劉寶楠則替他喊冤。荀子說他「個頭小」，穿起衣服好像撐不起來的樣子，可是他卻能夠在楚國危難時出手相救，留下仁義功名（《荀子·非相》〈2〉和《風俗通義·正失》〈葉令祠2〉）。為「人不可貌相」又添一例。也有記載說他「終身不仕」（《韓詩外傳·卷七》〈6〉），顯然和上面的故事不合。比較著名的是「葉公好龍」這個成語的典故：葉公是龍的崇拜者，家居裝飾到處都畫了龍，龍知道了很受感動，覺得一定要見見這個粉絲一面。沒想到龍才出現在葉公家中，就把這個號稱好龍的葉公給嚇得「失其魂魄，五色無主」（《新序·雜事五》〈137〉）。所以後來「葉公好龍」就指「故作喜歡的樣子，其實不然」。

孔子這裡表述的是他的「理想自我」。他自詡好學過人（〈公冶長28〉），也就是「不求飽食、不求安居、敏事、慎言、就有道而正」這樣的「好學」。他此處提到的「三忘」，其實都還植根於不忘求道和行道的這個君子之「志」或「命」或「天命」。

「發」和「憤」應該就是〈述而8〉的「不憤不啟，不悱不發」，這是求道的積極精神。「樂以忘憂」的「樂」也應該是〈雍也20〉的「知之者不如好之者，好之者不如樂之者」最高境界。至於忘記老之將至，則也是因為前面兩忘才衍生出的第三忘〔忘年〕。〔如果是現代人，這種「忘」就有可能是得到「阿茲海默症」的疑慮。〕

「發憤忘食」和「樂以忘憂」其實都不是常態，這裡應該是誇張的片面之詞。他不是鼓勵「不食」，他也說過：「吾嘗終日不食，終夜不寢，以思，無益，不如學也。」（〈衛靈公31〉）他其實也有念茲在茲的「憂道不憂貧」（〈衛靈公32〉），以及「四憂」：「德之不修，學之不講，聞義不能徙，不善不能改」（〈述而3〉）。這些都「忘」，表示「樂道」也已經到了「仁者不憂」（〈子罕29〉和〈憲問28〉）或是「君子不憂不懼」（〈顏淵4〉）的最高境界。

如果現在學生都學孔子這樣「忘食」，恐怕會先搞壞身體。孔子這樣做是為了求道行道。現在的學生如果也出現這種「三忘現象」（或者「上癮現象」），恐怕是為了打電動和上網吧？

附錄

《荀子・非相》〈2〉**葉公**子高，微小短瘠，行若將不勝其衣然。白公之亂也，令尹子西，司馬子期，皆死焉，**葉公**子高入據楚，誅白公，定楚國，如反手爾，仁義功名善於後世。故事不揣長，不揳大，不權輕重，亦將志乎爾。長短大小，美惡形相，豈論也哉！

《風俗通義・正失》〈葉令祠2〉謹按：《春秋左氏傳》：**葉公**子高姓沈名諸梁，古者，令曰公，忠於社稷，惠恤萬民，方城之外，莫不欣戴。白公勝作亂，子西、子期，劫惠王以兵。**葉公**自葉而入，至於北門，或遇之曰：「君胡不胄？國人望君如望慈父母焉。盜賊之矢若傷君，是絕民望也。若之何不胄？」乃胄而進。又遇一人，曰：「何為胄？國人望君如望歲焉，日日以幾。若見君面，是得艾也。人知不死，其亦無有奮心，猶將旌君以徇於國，而又掩面以絕民望，不亦甚乎？」乃免胄而進之，與國人攻白公。奔山而逝，生烹石乞，迎反惠王，整肅官司，退而老於葉。及其終也，葉人追思而立祠。功施於民，以勞定國，兼茲二事，固祠典之所先也。此乃春秋之時，何有近孝明乎！

《新序・雜事五》〈137〉子張見魯哀公，七日而哀公不禮，託僕夫而去曰：「臣聞君好士，故不遠千里之外，犯霜露，冒塵垢，百舍重趼，不敢休息以見君，七日而君不禮，君之好士也，有似**葉公**子高之好龍也，**葉公**子高好龍，鉤以寫龍，鑿以寫龍，屋室雕文以寫龍，於是夫龍聞而下之，窺頭於牖，拖尾於堂，葉公見之，棄而還走，失其魂魄，五色無主，是葉公非好龍也，好夫似龍而非龍者也。今臣聞君好士，不遠千里之外以見君，七日不禮，君非好士也，好夫似士而非士者也。《詩》曰：『中心藏之，何日忘之。』敢託而去。」

20

子曰：「我非生而知之者，好古，敏以求之者也。」

孔子說：「我不是〔人家謠傳的〕天生聰明睿智的人，我只是好從古人的言行學習做人做事的道理，然後勤快地而且謹慎地去求道和行道的人。」

這章也是孔子的自述。比較需要解釋的字是「敏」：皇侃解作「疾速」，朱子的說法也差不多：「速也，謂汲汲也。」強調的是「快速」。但是孔子也警告過「欲速則不達」（〈子路17〉），所以應該不是求「快」。戴望和劉寶楠則解作「勉」，劉寶楠進一步說：「黽勉以求之也。」也是「勤快」的意思，但是這也有點狹隘。毓老師常強調「慮深通敏」，重視的不是「快」而是思慮的「周全」。《論語》裡提到「敏」時，有「敏於事」（〈學而14〉）、「敏於行」（〈里仁24〉）和「敏而好學」（〈公冶長15〉），還兩次強調「敏則有功」（〈陽貨6〉和〈堯曰1〉）。所以應該是在做人和做事方面考慮到後果而負起責任的長處，也就是二十世紀之交德國社會學家韋伯所強調的「責任倫理」。

這裡的兩個「之」字，皇侃解「知之」是「知事理」，其他人則無解。我覺得應該是指「道」，是「先王之道」或「君子之道」，或者，說得更淺顯一點，就是前面提到的「做人做事的道理」。這種「道」不是孟子所說的不學而知的「良知」，所以要「好古敏求」，從聖人或君子的「先言往行」去見賢思齊，學習「蓄德」(《易經‧大蓄》〈1〉)。應該不是為了「復古」，更不是為了「守舊」，而是要從古人的智慧尋求開啟自己和時人智慧。

孔子說過「知或學」的三種境界：「生而知之，上也；學而知之，次也；困而學之，又其次也。困而不學，民斯為下矣！」(〈季氏9〉)他這裡說的「好古敏求」應該是「學而知之」的第二境界。可是外人或弟子常常因為他的廣博知識，又沒見他拜過師，所以都覺得他是「生而知之」者，他因此要澄清一下。也讓人知道，如果您也能「好古敏求」，就可以達到同樣的境界(「或生而知之，或學而知之，或困而知之，及其知之，一也。」(《禮記‧中庸》〈20〉))。不過，他這裡沒提到，《禮記‧中庸》〈20〉卻在這段之後馬上強調「行」的不同層次和同樣的結果：「或安而行之，或利而行之，或勉強而行之，及其成功，一也。」只要去做，不管動機是「安」(精神層面)，還是「利」(物質層面)，還是「勉強」(意志層面)，最後都一樣會成功。這是勉勵大家一起努力，可惜後人都還覺得只有孔子做得到，自己沒辦法，認為他是「至聖先師」，我們遠遠不及，就畫地自限，不再努力。

孔子其實要說的是：「我做得到，你也做得到。」套句在台灣流行過一陣子的廣告詞：Trust me, you can make it。

21

子不語：怪、力、亂、神。

孔子平常不和人論辯：怪異、暴力、亂德和神鬼之事。

這章是弟子側寫孔子平常不論辯的四件事。這裡的「語」和「言」原來是有區別的。《說文解字》：「直言曰言，論難曰語。」如果照這種說法，孔子的不「語」就不是「不說」或「不談論」，而是「不和人論辯」。皇侃說：「發端曰言；答述曰語。」清朝黃式三的引注中：「言，言己事也；為人說曰語。」這樣「言」的內容以自己的事情為主；「語」的內容則是回答別人的問題，也就是說孔子不回答這四類問題。戴望說：「語，誨言。」強調的是教誨內容，當成此處的解釋也很恰當。劉寶楠則解釋為「不語，謂不稱道也」，也說得通。

「怪」——是「怪異」，皇侃補充說「妖孽之事」。荀子就說過：「君子道其常，而小人道其怪也。」（《荀子·榮辱》〈9〉）他甚至舉了「好治怪說，玩琦辭，甚察而不惠，辯而無用，多事而寡功，不可以為治綱紀」的惠施和鄧析為例（《荀子．非十二子》〈6〉）。東漢的王充說：「詭於眾而突出曰怪。」（《論衡．自紀》〈13〉）戴望舉例說是：「日食（蝕）、星變、山崩之屬。」劉寶楠提到：「《書》、《傳》言夫子辨木、石、水、土諸怪，及防風氏骨節專車之屬，皆是因人問答之，非自為語之也。」這幾個時人請教孔子的怪事，可以顯見孔子的博學多聞（《說苑．辨物》〈20〉、〈21〉和《孔子家語．辯物》〈1〉）。

「力」——皇侃說是「多力」，舉例是「烏獲舉千鈞」（《孟子．告子下》〈22〉）。朱子則說是「勇力」。戴望舉例說：「羿善射，奡盪舟。」（〈憲問5〉）

「亂」——何晏引王氏舉的例子是「臣弒君、子弒父」；朱子說是「悖亂之事」。戴望舉例：「如孔文子問軍旅（〈公冶長15〉）、白公問微言（此人作亂，被好龍的葉公所殺，見〈述而19〉）。」劉寶楠引《左傳．宣公十五年》的「民反德為亂」作解。孔子強調的「亂」常常是因為「勇」沒有得到「禮」（〈泰伯2〉）或「學」（〈陽貨8〉）或「義」（〈陽貨23〉）的節制。

「神」——皇侃說是「鬼神」之事。朱子對此則說了很多：「鬼神，造化之迹，雖非不正，然非窮理之至，有未易明者，故亦不輕以語人也。」戴望舉的例子則是「杜伯射王（《國語．周語上》〈12〉）、伯有為厲（《論衡．死偽》〈11〉）」的鬼故事。可是孔子是「敬鬼神而遠之」的人，而且孟子和荀子對於「神」的定義也和我們現在的鬼神觀無關：「聖而不可知之之謂神」（《孟子．盡心下》〈71〉）和「盡善挾治之謂神」（《荀子．儒效》〈15〉）。毓老師也常說：「神是那些生前對於人類有貢獻的人。」不過，如果是這樣的意思，孔子應該常常講，讓人見賢思齊才對。所以，孔子不語的神，恐怕還是民間那種神祕的鬼神信仰，這和孔子強調的現實生活理性主義不同。

孔子的這「四不語」，皇侃認為：「此四事言之無益於教訓，故孔子語不及之也。」朱子引謝氏的話來反證：「聖人語常不語怪、語德不語力、語治不語亂、語人而不語神。」

其實，孔子早就表明過自己的立場：「素隱行怪，後世有述焉，吾弗為之矣！君子遵道而行，半途而廢，吾弗能已矣。君子依乎中庸，遁世不見知而不悔，唯聖者能之。」（《禮記·中庸》〈11〉）這是他的中道選擇。

附錄

《國語·周語上》〈12〉十五年，有神降於莘，王問於內史過，曰：「是何故？固有之乎？」對曰：「有之。國之將興，其君齊明、衷正、精潔、惠和，其德足以昭其馨香，其惠足以同其民人。神饗而民聽，民神無怨，故明神降之，觀其政德而均布福焉。國之將亡，其君貪冒、辟邪、淫佚、荒怠、粗穢、暴虐；其政腥臊，馨香不登；其刑矯誣，百姓攜貳。明神不蠲而民有遠志，民神怨痛，無所依懷，故神亦往焉，觀其苛慝而降之禍。是以或見神以興，亦或以亡。昔夏之興也，融降於崇山；其亡也，回祿信於聆隧。商之興也，檮杌次於丕山，其亡也，夷羊在牧。周之興也，鸑鷟鳴於岐山；其衰也，杜伯射王於鄗。是皆明神之志者也。」

《論衡·死偽》〈11〉鄭伯有貪愎而多欲，子皙好在人上，二子不相得。子皙攻伯有，伯有出奔。駟帶率國人以伐之，伯有死。其後九年，鄭人相驚以伯有，曰：「伯有至矣。」則皆走，不知所往。後歲，人或夢見伯有介而行，曰：「壬子，余將殺帶也。明年壬寅，余又將殺段也。」及壬子之日，駟帶卒，國人益懼。後至壬寅日，公孫段又卒，國人愈懼。子產為之立後以撫之，乃止矣。伯有見夢曰：「壬子、余將殺帶，壬寅、又將殺段。」及至壬子日，駟帶卒，至壬寅，公孫段死。其後子產適晉，趙景子問曰：「伯有猶能為鬼乎？」子產曰：「能。人生始化曰魄，既生魄，陽曰魂。用物精多，則魂魄彊，是以有精爽至於神明。疋夫疋婦彊死，其魂魄猶能憑依人以為淫厲，況伯有、我先君穆公之胄，子良之孫，子耳之子，弊邑之卿，從政三世矣。鄭雖無腆，抑諺曰：『蕞爾小國。』而三世執其政柄，其用物弘矣，取精多矣。其族又大，所憑厚矣。而彊死，能為鬼，不亦宜乎？」伯有殺駟帶、公孫段不失日期，神審之驗也。子產立其後而止，知鬼神之操也。知其操，則知其實矣。實有不空，故對問不疑。子產，智人也，知物審矣。如死者無知，何以能殺帶與段？如不能為鬼，子產何以不疑？

22

子曰：「三人行，必有我師焉。擇其善者而從之，其不善者而改之。」

孔子說：「只要眾人在一起，一定有我可以師法之處。我選擇眾人行為中善的部分來遵從，不善的部分當成讓自己改正的警惕（也希望藉此來影響別人改過遷善）。」

這章沒有難懂的字，意思其實也很清楚，是孔子自述自己跟別人學好，不學壞。有些版本第一句作「我三人行」。《史記・孔子世家》〈68〉：「三人行，必得我師。」也許參考的是《論語》版本中的《魯論》。邢昺認為這章講的是「學無常師」。

主張「我三人行」的黃懷信說：「作『三人行必有我師焉』義雖可通，但如此則『三人』為不相干之人，可以泛指，恐非孔子原意。且下云『擇其善者而從之，其不善者而改之』，若為不相干之人而已不與行，則其善不善何以知之？（可）見孔子必謂『我三人』。」何晏的集解採用這四個字。

其餘注解都是用「三人行」。主要有「實指」和「虛指」兩種解釋，以及從自己的角度看或是從別人的角度看的差別：朱子採取前者的立場：「三人同行，其一我也。彼二人者一善一惡，則我從其善而改其惡焉，是二人者皆我師也。」而且是從自己出發看其他二人；劉寶楠採取後者的立場，認為「三人者，眾辭也」，解釋也和朱子不同：「我並彼為三人，若彼二人以我為善，我則從之；二人以我為不善，我則改之。是彼二人皆為我師。」這裡是從別人的反應看出自己的善與不善。

這兩種解釋都從「善人」或「不善人」的角度看，而不是從「善事」或「不善事」的角度看。把人看成「善人」（好人）或「不善人」（壞人）是有點過度簡單的區分。其實當成「善行」或「不善行」恐怕更符合《論語》相關章節的教誨，也符合我們的日常生活經驗。也就是說，不管怎樣的朋友，都有值得我們取法的長處，也有我們需要警惕的短處（〈學而8〉和〈子罕25〉）。所以，簡單說，前者考慮到別人，後者只管自己。不僅如此，我們不僅要自己學好，也要發揮身教的影響力，帶動別人學好（《潛夫論・德化》〈16〉）。子張轉述過孔子說過的「尊賢而容眾」以及「嘉善而矜不能」（〈子張3〉），或是「見賢思齊，見不賢而內自省也」（〈里仁17〉）也是這種想法的另一種表述。

在傳統社會裡，道德觀念的共識強，善或不善的標準也清楚。現代社會多元，情況就沒這麼簡單。但是自己要好，也要帶動別人一起好，這樣才會有永續發展的社會。

附錄

《潛夫論・德化》〈16〉孔子曰：「三人行，必有我師焉。擇其善者而從之，其不善者，我則改之。」《詩》美「宜鑒於殷」，「自求多福」。是故世主誠能使六合之內，舉世之人，咸懷方厚之情，而無淺薄之惡，各奉公政之心，而無姦陬之慮，則義、農之俗，復見於茲，麟龍鸞鳳，復畜於郊矣。

23

子曰：「天生德於予，桓魋其如予何？」

孔子說過：「老天爺要是讓我有傳道之德，桓魋這個人又怎麼能傷害我呢？」

這章是孔子在六十歲（西元前四九二年）（《史記・宋微子世家》〈53〉）經過宋國被桓魋圍殺時，說來讓自己和弟子安心的話。

《史記・孔子世家》〈24〉把這章的背景說得比較清楚些：孔子離開曹國到了宋國，他跟弟子在大樹下開始練習禮儀，這時桓魋想殺孔子，就先拔掉那棵大樹。孔子就跟弟子離開了。弟子說：「老師，我們快快逃命吧！」孔子這時就說了這章的話。

這章的關鍵人物是桓魋。他是宋國的司馬（總司令）。古注都沒說孔子是怎麼招惹了桓魋，讓他氣到要把孔子殺了。可是如果真要殺孔子，也不必把大樹拔了吧？而且真要殺孔子，孔子和弟子還逃得掉嗎？這些都是疑點。所以桓魋大概只想嚇唬嚇唬孔子和一行弟子。

古注對「天生德與予」一詞的解釋都像是事後尊孔，不像是孔子這樣謙虛的人會說的話。包咸就說：「天生德者，謂授我以聖性也。德合天地，吉而無不利，故曰：『其如予何也？』」孔子一直謙稱不敢稱聖稱仁（〈述而34〉），這裡卻這樣誇大解釋，不是讓孔子為之氣結嗎？皇侃說他：「凶愚，心恆欲害孔子。孔子故明言語之，使其凶心止也。言天生聖德於我，我與天同體，桓魋雖無道，安能為天而害我乎？故云：『如予何也。』夫凶人亦宜不履謝，而有時須以道折之。」這就把這句話當成是當面對桓魋曉以大義，而不是安慰弟子的話。我覺得如果是當面說的話，好像不必提桓魋的名諱吧？因此還是覺得安慰弟子的可能性高一些。

讓桓魋討厭孔子的一個可能原因，記載在《孔子家語・曲禮子貢問》〈2〉中：孔子在宋國的時候，看到桓魋開始為自己打造石頭棺槨，而且聽說做了三年都沒完工，做到工匠都累病了的地步，就批評說：「這樣做太過奢華了。人死了屍體很快就會腐化，何必浪費在做棺槨這件事上。」我想桓魋一定是輾轉聽到這樣的批評，想要嚇嚇孔子看誰的屍體會先腐化，才做出這種拔大樹的事情來讓孔子知道自己具有操縱他死生的大權。

孔子之前（五十六歲，西元前四九六年）在經過「匡」這個地方時，也碰到無端被匡人包圍的窘境。當時他就安慰過弟子：「如果老天爺要滅絕周文王之道，那麼〔我就逃不過這個劫難〕將來的人也聽聞不到周文王之道；如果老天爺將傳周文王之道的責任交付在我身上，〔大家就會逢凶化吉。我們與道同在，〕匡人不可能會傷害我們！」（〈子罕5〉）匡人後來發現整件事是個誤會，就解了圍，後人於是就更認為老天爺沒有要滅絕孔子傳的道。

孔子安慰自己和弟子的話，經過這樣的轉折，變成了後人在失意時勉勵自己的重要經典名句。桓魋和匡人反而意外地變成孔子「聖化」的貴人。

老子也說過：「飄風不終朝、驟雨不終日。」（《老子》）

《易經》有很多「修德」方面的提醒，碰到不好的時候（《易經》說的「坎」），不用卜卦就可以

參考：

「進德修業」（〈乾卦〉〈文言12—13〉）、「果行育德」（〈蒙卦1〉）、「以儉德辟難，不可榮以祿」（〈否卦1〉）、「多識前言往行，以畜其德」（〈大畜卦1〉）、「以常德行，習教事」（〈坎卦1〉）、「自昭明德」（〈晉卦1〉）、「反身修德」（〈蹇卦1〉）。

附錄

《史記》〈宋微子世家53〉二十五年，孔子過宋，宋司馬桓魋惡之，欲殺孔子，孔子微服去。

——〈孔子世家24〉孔子去曹適宋，與弟子習禮大樹下。宋司馬桓魋欲殺孔子，拔其樹。孔子去。弟子曰：「可以速矣。」孔子曰：「天生德於予，桓魋其如予何！」

《孔子家語．曲禮子貢問》〈2〉孔子在宋，見桓魋自為石槨，三年而不成，工匠皆病。夫子愀然曰：「若是其靡也，死不如速朽之愈。」

24

子曰：「二三子以我為隱乎？吾無隱乎爾。吾無行而不與二三子者，是丘也。」

孔子說過：「各位同學！有人以為我教學有所隱瞞嗎？我〔光明正大〕沒有隱瞞。我的所作所為沒有不可以告訴你們的，這就是我孔某的為人。」

這章是孔子針對弟子懷疑自己教學藏了兩手而做的辯解。

「二三子」是指「諸弟子」，也就是當著同學面說的「各位同學」。「爾」是「你」或「你們」。「行」就是「為」，就是「行為」或是「所作所為」。「與」，朱子解作「示」或「教」（劉寶楠）。「是」，俞樾特別解作「視」，戴望也有同樣的主張，所以後面這句就變成「言無不與二三子者，視我所行」，意思就是「我若是沒說的事情，各位可以看我所做的事情〔也可以知道〕」，表示夫子不僅重視言教，也重視身教。

包咸認為：「聖人智廣道深，弟子學之不能及，以為有所隱匿，故解之也。」其他古注大致也遵守這樣的解釋，也就是弟子程度不夠，卻懷疑老師留了一手沒教。戴望和劉寶楠的解釋都主張，孔子之教有言教和身教之分，前者可得聞，後者則不可得聞。學生應該從這兩方面學習，不可只重視言教，忽略身教。這一點孔子其實也「點化」過子貢，只是子貢沒懂：有一天孔子說：「我不想用講的了！」子貢（很恐慌地）說：「老師！您如果不用講的，我們學生要怎麼記述您的教誨？」孔子說：「你去看看老天爺，祂說過什麼話？四季照行，百物照生，老天爺說過什麼話？」（〈陽貨19〉）子貢只想到「聽言」，沒學會「觀行」。

這章的關鍵字「隱」幾乎沒人解釋。其實〈季氏6〉就說過：「言及之而不言謂之隱。」也就是孔子該跟弟子說的都說了，知無不言、言無不盡。可是弟子為什麼還是有這樣的懷疑呢？

陳亢有一次碰到孔子的兒子伯魚，就問他：「你這個當兒子的是不是聽過一些我們這些當弟子的沒聽過的事？」伯魚回答說：「沒有啊！有一次我父親站在庭院中，我剛好要經過，他就叫住我，問我說：『學過《詩經》了嗎？』我回答說：『沒有耶！』我父親就說：『不學《詩經》，將來在正式場合怎麼會說場面話？』我便退回書房去學《詩經》。又有一天，我父親同樣站在庭院裡，我又剛好經過，我父親叫住我，問我說：『學過《禮》了嗎？』我回答說：『沒有耶！』我父親就說：『不學《禮》，將來怎麼在社會上立身呢？』我便退回書房去學《禮》。我就聽聞過這兩件事。」陳亢聽完告退後很高興地說：「問一件事竟然得知了三件事：知道了《詩》和《禮》的重要性，也知道了老師和兒子的關係是很疏遠的。」（〈季氏13〉）這個故事中的陳亢有點奇怪，首先是懷疑老師留了一手教自己的兒子；後來發現老師和兒子疏遠，竟然很高興，而沒有悲嘆老師也沒善盡為人父的角色，連自己小孩學過什麼都不知道。

毓老師早在一九七〇年代前教過不少外國學生，後來這些學生各自根據自己的專長寫了專業學術文章，編寫了一本《無隱錄》（*Nothing Concealed*）。書名典故就是出自這一章。

一般來說，我們現在只會要求老師對於傳授的內容無隱，不會認為老師該把自己私人的事情都拿出來在上課時講。老師還是有他的該隱之處，這是他的「隱私權」。

25

子以四教：文、行、忠、信。

孔子的教學有四個重點：活用古人的智慧、啟發自己的踐行、自己做事要盡心盡力，以及對朋友守信。

這章是弟子描述孔子的四種教學內容。這章並沒有記載孔子的言語，似乎放進〈鄉黨〉篇為佳。

「文」——古注的解釋都差不多：皇侃說是「典籍辭義謂之文」；邢昺說是「先王之遺文」；戴望說是「六藝」；劉寶楠說是「《詩》、《書》、《禮》、《樂》」。毓老師喜歡說「經天緯地謂之文」，也就是上天下地無所不教，不只是古注說到的傳統「六藝」而已。總而言之，就是集大成的古人智慧。

「行」——皇侃說是「孝悌恭睦謂之行」；邢昺說是「德行」，還說「在心為德，施之為行」；戴望說是「六行」（不知何義？）；劉寶楠強調是「躬行」。綜合來看，就是日常生活中實踐所學到的道德。

「忠」——皇侃說是「為人臣則忠」；邢昺轉說「中心無隱謂之忠」，完全跳脫「人臣的義務」來解釋；劉寶楠也說是「中以盡心曰忠」。簡言之，就是自己做事盡心盡力。

「信」——皇侃說是「與朋友交則信」；邢昺也是差不多的意見：「人言不欺謂之信」；劉寶楠的想法不同：「恆有諸己曰信」。簡言之，就是對朋友講信用。

孔子雖然常常「忠信」並舉（〈學而8〉、〈公冶長28〉、〈子罕25〉和〈顏淵10〉），但是這裡明言「四教」，所以大部分注解都將「忠信」分開解釋。

和這章最相關的大概就是所謂的「孔門四科」：德行、言語、政事和文學。如果硬要和這章的「四教」搭配來看：「文」大概等同「文學」，「行」等同「德行」，「忠」等同「政事」，「信」等同「言語」。

如果從《論語》記載的有關條目來看：和「文」有關的部分，孔子教誨學生「博學於文」（〈雍也27〉、〈顏淵15〉），也說過「敏而好學，不恥下問，是以謂之文也」（〈公冶長15〉）；他更強調自己具有「斯文在茲」的神聖使命（〈子罕5〉）。和「行」有關的部分，往往強調「言行合一」或「行先於言」，甚至強調「行（身教）重於言（言教）」（〈述而24〉）。「忠」的部分，強調的是「君臣互動」中「臣」的義務，但多半是「忠於事」而不是後世的「忠君」，特別不是「愚忠」。「信」則強調言談中的「信」（〈為政22〉、〈泰伯16〉和〈子路20〉）、朋友之間的「信」（〈學而4〉），也強調君臣上下的「信」（〈顏淵7〉、〈陽貨6〉、〈子張10〉和〈堯曰1〉）。

《論語》中的〈學而6〉一併提到了「信」、「行」和「文」；〈衛靈公6〉提到了「忠信」和「行」；〈衛靈公18〉提到了「行」和「信」。

綜合來看，這四項並不是互斥的四種教學內容，「忠」和「信」分別看或合起來看都是基本道德，前者對自己，後者對別人；文則偏向於對世界的基本知性能力，最後都需要靠著「行」來完成我們對於「自己—別人—世界」的責任。「知—德—行」三位一體，才是一個「人」的完成，也是一個「人的世界」的完成，這正是孔門的完整教育內容。

26

子曰：「聖人，吾不得而見之矣！得見君子者，斯可矣！」子曰：「善人，吾不得而見之矣！得見有恆者，斯可矣！亡而為有，虛而為盈，約而為泰，難乎有恆矣！」

孔子〔感嘆地〕說：「聖人啊！我是沒機會見到了！如果能見到一個〔守道行道的〕君子也算可以了！」孔子〔感嘆地〕說：「善人啊！我也沒機會見到了！能見到一個有恆心的人也算可以了！〔可是，碰到的盡是〕沒本事卻裝作有本事，空無一物卻裝成滿滿一筐，貧困卻裝作富有，這樣〔裝下去〕怎麼能持久呢！」

這章分成兩段，是孔子感嘆世風日下，連個最起碼的有恆的人都找不著了。本章字都不難懂：「亡」就是「無」。

「聖人」的道德位階高過「君子」，「君子」又分別高過「善人」和「有恆者」。不過孔子這裡批評的對象似乎是統治者，不是一般人。孔子的「聖人」標準很嚴格，大概都是堯和舜這種古代「公天下」的聖主明君。所以「聖人」指的是古代統治者是毫無疑問的。

「君子」一直都有「有位者」和「有德者」之分。古代只有當政者被稱為「君子」，孔子來了個語言和思想革命，將「君子」的內涵轉向道德面，這樣他的學生就可以被訓練成「有道德的君子」，而和「統治的君子」分庭抗禮。這章應該是批評當時的統治者；後來他甚至氣到將這些人「今之從政者」怒稱為「斗筲之人」（小鼻子小眼）（〈子路20〉）。

「善人」在《論語》中出現過三次（〈子路11〉、〈子路29〉和〈堯曰1〉），管的是「為邦」（治國）和「教民」的大事，就算不是君王，也是貴族統治階級。至於「有恆者」，只在本章出現。

就孔子舉的「亡而為有，虛而為盈，約而為泰」這三個打腫臉充胖子的狀況來看，這些人不僅不敢面對或者甚至就連自己都不知道自己的無能，或是知道卻要粉飾太平，這樣還想妄想當個永續經營者，可能嗎？

這裡的「亡而為有，虛而為盈，約而為泰」的情況，和《禮記》的〈大學3〉、〈中庸1〉都提到過的「慎獨」關係密切，又可以分成「自欺」和「欺人」兩部分。

「自欺」的「慎獨」，見於〈中庸1〉：「君子戒慎乎其所不睹，恐懼乎其所不聞。莫見乎隱，莫顯乎微。故君子慎其獨也。」這裡的「君子」恐怕也是指當政者，因為自欺，以為自己「有」、「盈」和「泰」，別人卻都看到他的「亡」、「虛」和「約」，只有統治者自己被蒙蔽。這是「自欺式的慎獨」，這種搞不清楚狀況的統治，怎麼可能持久？

另一種是「自欺欺人式的慎獨」：「亡而為有，虛而為盈，約而為泰」正是「掩其不善，而著其善」，殊不知「人之視己，如見其肺肝然」（〈大學3〉），還能騙得了誰？這種自欺之外還想要欺人的把戲，人家早已經看透他的把戲了，他還以為自己占了上風而沾沾自喜。

如果將「亡而為有，虛而為盈，約而為泰」翻轉過來的話，會變成孔子讚賞的美德。曾子就曾經誇獎過顏回「以能問於不能，以多問於寡；有若無，實若虛，犯而不校」的謙虛境界（〈泰伯5〉）。此話雖然出自曾子，但是孔子應該也會點頭稱是吧！

附錄

《禮記》〈中庸1〉天命之謂性，率性之謂道，修道之謂教。道也者，不可須臾離也，可離非道也。是故君子戒慎乎其所不睹，恐懼乎其所不聞。莫見乎隱，莫顯乎微。故君子慎其獨也。喜怒哀樂之未發，謂之中；發而皆中節，謂之和；中也者，天下之大本也；和也者，天下之達道也。致中和，天地位焉，萬物育焉。

——〈大學3〉所謂誠其意者，毋自欺也，如惡惡臭，如好好色，此之謂自謙，故君子必慎其獨也！小人閑居為不善，無所不至，見君子而後厭然，掩其不善，而著其善。人之視己，如見其肺肝然，則何益矣！此謂誠於中，形於外，故君子必慎其獨也。曾子曰：「十目所視，十手所指，其嚴乎！」富潤屋，德潤身，心廣體胖，故君子必誠其意。

27

子釣而不綱，弋不射宿。

孔子釣魚時用釣竿，不用魚網；射箭時絕不射夜間停留在樹上休息的鳥。

這章是弟子記載孔子釣魚和射箭的原則，沒有孔子說的話，放在〈鄉黨〉應該比較恰當。「釣」——孔安國說是「一竿釣也」，也就是「用釣竿釣魚」。「綱」——應該就是現在的「網」，孔安國說是「為大綱以橫絕流」，也就是用「魚網網魚」。「弋」是「繳射」，朱子解釋說：「以生絲繫矢而射也。」「宿」——孔安國說是「宿鳥」，也就是「夜間在樹上休息的鳥」，皇侃的解釋是「宿鳥夜聚有群易得多」，也就是怕一次傷害太多，所以才不射。

古注對於這段話沒有太多歧見。皇侃解是：「周、孔之教，不得無殺，是欲因殺止殺，故同物有殺也。」所以不是「不殺」，而是「殺也要有節制」。邢昺挑明了說：「釣則得魚少，綱則得魚多。孔子但釣而不綱，是其仁也。」後人大概也都是順著這樣的解釋來看待這章。總之，孔子做不到「不害」，所以就以「最小傷害」為原則。

孔子對動物的態度還有其他記載：有一次馬廄失火了，孔子聽聞之後，第一時間先問有沒有人受傷，然後才問到馬的情況（〈鄉黨12〉）（這段有歧解：有人解釋這段時，認為孔子「問人不問馬」，有人解釋說「先問人，才問馬」）。另外一個孔子和動物的故事是：孔子養的狗死了，就讓子貢（或作「子贛」）將狗埋了，還特別叮囑子貢要用廢棄的車蓋。孔子就算再窮也不能草草地就把死狗給埋了。這樣兼顧了「尊生」和「惜物」之理（《孔子家語・子貢問》〈24〉和《論衡・祭義》〈8〉）。

當初楚莊王原本想厚葬愛馬，後來被優孟的一席幽默給打醒了（《史記・滑稽列傳》〈6〉）。現代有些人對於動物的感情又「更上一層」，有些「寵物」出門有車可乘，天冷有衣可穿，還有專人代為梳洗，不過一旦失寵，這些「昔日貴賓」就馬上淪落街頭流浪，甚至進入動物收容所，等待「安樂死」。這些都是「太過」的行為。

孔子對於人和動物的關係也是謹守中庸之道，不走極端，還是值得現代人借鏡。

毓老師說過，每次看到遛狗的人都會覺得這人一定很孝順，對狗都這麼好，對他父母親難道不會更好嗎？當然，老師講這話是語帶諷刺的。不過毓老師自己也養過好幾隻臘腸和鬆獅狗，沒人敢問他孝不孝順的事，不過，他曾為太師母親手繪製了一千幅的觀音圖。身教如此，何須多言。

附錄

《孔子家語・子貢問》〈24〉 孔子之守狗死。謂子貢曰：「路馬死則藏之以帷，狗則藏之以蓋。汝往埋之。吾聞弊帷不棄，為埋馬也；弊蓋不棄，為埋狗也。今吾貧無蓋，於其封也，與之席，無使其首陷於土焉。」

《論衡·祭義》〈8〉孔子之畜狗死，使子贛埋之，曰：「吾聞之也，弊帷不棄，為埋馬也；弊蓋不棄，為埋狗也。丘也貧，無蓋，於其封也，亦與之席，毋使其首陷焉！」延陵季子過徐，徐君好其劍，季子以當使於上國，未之許與。季子使還，徐君已死，季子解劍帶其冢樹。御者曰：「徐君已死，尚誰為乎？」季子曰：「前已心許之矣，可以徐君死故負吾心乎？」遂帶劍於冢樹而去。祀為報功者，其用意猶孔子之埋畜狗也；祭為不背先者，其恩猶季之帶劍於冢樹也。

《史記·滑稽列傳》〈6〉優孟，故楚之樂人也。長八尺，多辯，常以談笑諷諫。楚莊王之時，有所愛馬，衣以文繡，置之華屋之下，席以露床，啗以棗脯。馬病肥死，使群臣喪之，欲以棺槨大夫禮葬之。左右爭之，以為不可。王下令曰：「有敢以馬諫者，罪至死。」優孟聞之，入殿門。仰天大哭。王驚而問其故。優孟曰：「馬者王之所愛也，以楚國堂堂之大，何求不得，而以大夫禮葬之，薄，請以人君禮葬之。」王曰：「何如？」對曰：「臣請以彫玉為棺，文梓為槨，楩楓豫章為題湊，發甲卒為穿壙，老弱負土，齊趙陪位於前，韓魏翼衛其後，廟食太牢，奉以萬戶之邑。諸侯聞之，皆知大王賤人而貴馬也。」王曰：「寡人之過一至此乎！為之奈何？」優孟曰：「請為大王六畜葬之。以壟灶為槨，銅歷為棺，齎以薑棗，薦以木蘭，祭以糧稻，衣以火光，葬之於人腹腸。」於是王乃使以馬屬太官，無令天下久聞也。

28

子曰：「蓋有不知而作之者，我無是也。多聞，擇其善者而從之，多見而識之，知之次也。」

1. 孔子說過：「有些人對教誨的內容沒有充分的了解就穿鑿附會。我不是這樣的人。我靠著廣泛聽聞，然後選取其中可信的材料當根據，其次是靠著自己到處親眼所見，努力記下來的內容為補充。」

2. 孔子說過：「有人不知春秋大義就妄寫歷史。我不是這樣的。我對於『所傳聞之世』和『傳聞之世』，都廣泛求取古代的各種傳說，然後選擇可信度高的當成我作春秋的根據；對於『所見之世』，我也都是謹慎地記下我的見聞，當成補充內容。」

這章是孔子自述自己的「作」和別人的不同。有兩種解釋：前者是指一般的情況，從何晏、皇侃、邢昺到朱子，大概都是這樣解釋的；後者專指孔子「作春秋」而言，戴望和劉寶楠都持這樣的見解，而且還都引用《春秋公羊傳》〈隱公元年7〉、〈桓公二年2〉和〈哀公十四年1〉，以及《春秋繁露．楚莊王》〈3〉為證。我覺得有理。

「識」——朱子說要念成「志」，是「記」的意思。「知之次」一句，孔安國認為是「次於生〔而〕知〔之〕者」。這就把此章強調「作」的重點轉向了「知」，更轉向了「生知、學知和困知」的三境界，我覺得是誤導，應該還是在「知而作」這點上著力。

如果我們將這一段定為孔子自述作《春秋》，那麼〈述而1〉所說的「述而不作」就是孔子早期還沒想到要「作《春秋》」時說的話，而這段也可以推測是孔子晚年說的話。否則，孔子在本章說的話就和那句自相矛盾了。

孔子「作《春秋》」是要針砭統治階級的為非作歹。這在專制時代是很具革命性的行為，所以後人談起這樣的事情就儘量隱晦。這章也許就留下了「作」、「聞」和「見」這樣的線索，讓知津者可以按圖索驥，得知孔子的苦心。

附錄

《春秋公羊傳》〈隱公元年7〉公子益師卒。何以不日？遠也。**所見**異辭，**所聞**異辭，所傳聞異辭。

——〈桓公二年2〉滕子來朝。三月，公會齊侯、陳侯、鄭伯於稷，以成宋亂。內大惡諱，此其目言之何？遠也。**所見**異辭，**所聞**異辭，所傳聞異辭。隱亦遠矣，曷為為隱諱？隱賢而桓賤也。

——〈哀公十四年1〉十有四年，春，西狩獲麟。何以書？記異也。何異爾？非中國之獸也。然則孰狩之？薪采者也。薪采者則微者也，曷為以狩言之？大之也。曷為大之？為獲麟大之也。曷為獲麟大之？麟者仁獸也。有王者則至，無王者則不至。有以告者曰：「有麇而角者。」孔子曰：「孰為來哉！孰為來哉！」反袂拭面，涕沾袍。顏淵死，子曰：「噫！天喪予。」子路死，子曰：「噫！天祝予。」西狩獲麟，孔子曰：「吾道窮矣！」《春秋》何以始乎隱？祖之所逮聞也。所見異辭，所聞異辭，所傳聞異辭。何以終乎哀十四年？曰：備矣！君子曷為為《春秋》？撥亂世，反諸正，莫近諸《春秋》。則未知其為是與？其諸君子樂道堯舜之道與？末不亦樂乎堯舜之知君子也？制《春秋》之義以俟後聖，以君子之為，亦有樂乎此也。

《春秋繁露．楚莊王》〈3〉春秋分十二世以為三等：有見，有聞，有傳聞。有見三世，有聞四世，有傳聞五世。故哀、定、昭，君子之所見也。襄、成、文、宣，君子之所聞也。僖、閔、莊、桓、隱，君子之所傳聞也。所見六十一年，所聞八十五年，所傳聞九十六年。於所見微其辭，於所聞痛其禍，於傳聞殺其恩，與情俱也。是故逐季氏而言又雩，微其辭也。

29

互鄉難與言。童子見，門人惑。子曰：「與其進也，不與其退也，唯何甚！人絜己以進，與其絜也，不保其往也。」

互鄉這個地方的人很難溝通。有一天一個小青年來求見孔子，（孔子也接見了，）弟子就大惑不解。孔子說：「我們要鼓勵人家願意走上正道，不要讓他走回老路。我們做人不要太過分。別人都已經自己準備好了要走正道，我們就要鼓勵他，他過去做了什麼事情就不要提了。」

孔子在本章中表現出「有教無類」（〈衛靈公39〉）的教學態度。

「互鄉」是一個地方。不過到底這個地方在哪裡，劉寶楠列舉了很多古注的說法，也沒有一個確定的說法。

「難與言」，鄭玄說：「其鄉人言語自專，不達時宜。」劉寶楠後來更解釋說：「謂其俗鄙固，不信人言。」皇侃說：「此一鄉之人皆專愚不可與知共言語也。」朱子說：「其人習於不善，難與言善。」戴望說：「以其是非錯互，乖捂正道，故目為互鄉。」總之，古注都認為「互鄉」這地方的人不是「善類」，不聽人勸，所以有小青年來拜見才會讓弟子很困擾，不知道這個來自「非善類之鄉」的小青年要來幹什麼，大概怕他對孔子不利吧？

「與」是「讚許」和「鼓勵」。「進」，何休公羊注說是「去惡就善」，也就是「走正道」。「退」就是「進」的相反。「絜」或作「潔」，就是「修治」。「往」就是「過去的行為」。

這件事情很奇怪。弟子難道不知道孔子「有教無類」的教育政策嗎？不就是因為這些人不走正道才要教誨他們走正道嗎？「舉直錯諸枉，能使枉者直」（〈顏淵22〉）。

孔子不放棄任何一個教育登門求教的人的機會。帶不帶牛肉乾沒關係，只要已準備好向學而且人也修飾整齊，都可以來學。

30

子曰：「仁遠乎哉？我欲仁，斯仁至矣！」

孔子說：「仁德是離我們生活很遠的事情嗎？我想要踐行仁德，自然就會展現出仁德的行為。」

這章是孔子鼓勵弟子行仁，還有跟他們說過程中別找藉口。

這裡強調的是人能主動行「仁」。孔子在顏淵問仁的時候也說過：「為仁由己，而由仁乎哉？」（〈顏淵1〉），以及「人能弘道，非道弘人」（〈衛靈公29〉）都是強調「由自己做起」的這種主動性。

這種「仁」是「尊重別人」、「替別人想」，希望「自己和大家都好」。「老吾老以及人之老，幼吾幼以及人之幼」（《孟子．梁惠王上》〈7〉）就是「仁」在日常生活的具體實踐。如果能這樣周全的考量，就能做到「欲而不貪」，因為：「欲仁而得仁，又焉貪？」（〈堯曰2〉）孔子在這裡所展現的，不僅是「富與貴是人之所欲」（〈里仁5〉），而且「仁」也是「人之所欲」。只是後面這個道理乍聽起來違背常識，但仔細想想，難道有錯嗎？「你好，我也好」的「共存共利共榮」總比「你好，我不好」的「貧富差距」要來得讓社會更穩定吧！

弟子往往不相信自己有這種實踐的力量而畫地自限。冉求就說過：「老師您教的都很好，就是我能力不夠，做不到。」孔子點化他說：「你說能力不夠是畫地自限的藉口。」（〈雍也12〉）孔子沒進一步說，這是「意願」的問題，不是「能力」的問題。有「意願」，「能力」就可以加強。這也就是「性相近也，習相遠也」（〈陽貨2〉），或者說「志相遠也」。這才是「成敗」的差別之所在。

《後漢書‧列女傳》〈15〉竟然在提到婦女的「四德」時，引用到孔子這句話，不過沒提到「孔子」，只含混其詞說是「古人」。作者認為「婦德、婦言、婦容、婦功」這四項其實沒這麼難，「為之甚易，唯在存心耳！」現代價值觀當然會覺得這是歧視婦女。如果去掉「婦」而改換成「人」，那麼在「德、言、容、功」四方面都努力去做，這樣的「人德」應該也是「為之甚易，唯在存心耳！」

附錄

《後漢書‧列女傳》〈15〉婦行第四：女有四行，一曰婦德，二曰婦言，三曰婦容，四曰婦功。夫云婦德，不必才明絕異也；婦言，不必辯口利辭也；婦容，不必顏色美麗也；婦功，不必工巧過人也。清閑貞靜，守節整齊，行己有恥，動靜有法，是謂婦德。擇辭而說，不道惡語，時然後言，不厭於人，是謂婦言。盥浣塵穢，服飾鮮絜，沐浴以時，身不垢辱，是謂婦容。專心紡績，不好戲笑，絜齊酒食，以奉賓客，是謂婦功。此四者，女人之大德，而不可乏之者也。然為之甚易，唯在存心耳。古人有言：「**仁遠乎哉？我欲仁，而仁斯至矣。**」此之謂也。

31

陳司敗問：「昭公知禮乎？」孔子曰：「知禮。」孔子退，揖巫馬期而進之，曰：「吾聞君子不黨，君子亦黨乎？君取於吳為同姓，謂之吳孟子。君而知禮，孰不知禮？」巫馬期以告。子曰：「丘也幸，苟有過，人必知之。」

陳國管司法的官員請問〔孔子〕說：「貴國的國君昭公是否知禮？」孔子回答說：「知禮。」孔子退出之後，〔陳國官員〕就請〔孔子的學生〕巫馬期進來問話，說：「我聽說君子不幫助別人隱匿是非。你老師會隱匿是非嗎？魯國的國君娶了同自己一樣姓姬的女子，〔怕人家說他不知禮而娶同姓女〕就把妻子謊稱為『吳國的長女』。這樣的國君要是知禮，那麼〔全天下人〕誰不知禮啊！」巫馬期將這件事回報給孔子。孔子〔感恩地〕說：「我真是幸運啊！如果犯了錯，別人一定會知道〔而且指正我〕。」

這章是有人指出孔子犯的錯，孔子雖然為難，但是還是感謝對方指出他的錯誤。《史記・仲尼弟子列傳》〈102〉最後還有一句：「臣不可言君親之惡，為諱者，禮也。」這樣解釋比較詳盡。這恐怕是參考版本不同的關係。

「司敗」是陳國和楚國的官名，其他國家叫「司寇」，主管司法的事情。

巫馬期是孔子弟子，本名施，字子旗，少孔子三十歲（《孔子家語・七十二弟子解》〈31〉和《史記・仲尼弟子列傳》〈101〉）。他在《論語》就出現這麼一次。他有一次和孔子出門，孔子叫大家帶傘，後來果然下雨。他請教孔子之後，才知道孔子真是「上通天文」，從昨天月亮在天上和星座的相對位置，就知道會下雨。其他古籍載了幾件和他有關的事：一是他和宓子賤同樣都主管「單父」這個地方，結果別人管起來輕輕鬆鬆，他卻忙進忙出，累得像狗一樣（《說苑・政理》〈23〉和《韓詩外傳・卷二》〈24〉）。從這個故事延伸出另一個故事，說宓子賤治理「單父」，使得漁民連夜間捕魚都不敢捕小魚（《淮南子・道應訓》〈42〉和《呂氏春秋・審應覽》〈具備42〉），教化之深，連沒人看管的夜間人民都懂得自律。有一次他和子路在一起，看到陳國的富人出游，子路問他如果讓他有這樣的財富，可是不當孔子的學生，他願不願意，結果他生氣了，提到老師的教誨說：「勇士不忘喪其元，志士仁人不忘在溝壑。」（《論語》沒這句話，語見《孟子・滕文公下》〈6〉）。怪學長子路不了解他。這樣的一席話讓子路自己也感到慚愧。（《韓詩外傳・卷二》〈26〉）看來他也是一個相當正直的孔門弟子。

陳國司法官員的問題其實是有陷阱的。他問孔子「昭公是否知禮」，這是個一般性的問題，並沒有提出後面他說的那個「娶同姓女子」的例子（《禮記・曲禮上》〈41〉和《禮記・坊記》〈35〉）。孔子在回答時，是否想的是同樣的例子，就很難說了。古注都認為孔子應該心知肚明，只是為人臣者，按禮要為君上隱諱。可是他為了一個哀公「不守禮」的事情而自己「隱諱守禮」，畢竟還是「隱（哀公）惡」而無「遏（哀公）惡」。「哀公不知禮」已經是明確的事實，而如此一來孔子本身就出現了「知禮」的兩難：要選擇「為尊者諱」還是「遏惡揚善」（《易經．大有》〈1〉）？

昭公的「非禮大事」都記在「春秋三傳」〈哀公十二年〉中（《春秋左傳》、《春秋穀梁傳》、《春秋公羊傳》〈哀公十二年2〉），都說他不遵守「同姓不婚」的禮。所以不管他對禮的知識多麼廣博，行得不合禮，就是「不知禮」。這裡蘊含著「知者必行」的意思。

那「孔子知禮」乎？陳國司法官員以「君子不黨」指正孔子的「為尊者諱」的禮。孔子也認錯了，也很高興被別人指出這個「守禮之過」的錯誤。但是孔子沒明說他會改。「為尊者諱」是最高不可違犯的「禮」嗎？我覺得「遏惡揚善」才是吧！「禮」顯然也有優位順序的問題，但最後還是我們的選擇在做決定。

附錄

《說苑．政理》〈23〉　宓子賤治單父，彈鳴琴，身不下堂而單父治。**巫馬期**亦治單父，以星出，以星入，日夜不出，以身親之，而單父亦治。**巫馬期**問其故於宓子賤，宓子賤曰：「我之謂任人，子之謂任力；任力者固勞，任人者固佚。」人曰宓子賤，則君子矣，佚四肢，全耳目，平心氣而百官治，任其數而已矣。**巫馬期**則不然，弊性事情，勞煩教詔，雖治猶未至也。

《韓詩外傳．卷二》〈24〉　子賤治單父，彈鳴琴，身不下堂，而單父治。**巫馬期**以星出，以星入，日夜不處，以身親之，而單父亦治。**巫馬期**問於子賤，子賤曰：「我任人，子任力。任人者佚，任力者勞。」人謂子賤，則君子矣，佚四肢，全耳目，平心氣，而百官理，任其數而已。巫馬期則不然，乎然事惟，勞力教詔，雖治，猶未至也。《詩》曰：「子有衣裳，弗曳弗婁；子有車馬，弗馳弗驅。」

《淮南子．道應訓》〈42〉季子治亶父三年，而巫馬期絻衣短褐，易容貌，往觀化焉。見得魚釋之。巫馬期問焉，曰：「凡子所為魚者，欲得也。今得而釋之，何也？」漁者對曰：「季子不欲人取小魚也。所得者小魚，是以釋之。」巫馬期歸，以報孔子曰：「季子之德至矣。使人暗行，若有嚴刑在其側者。季子何以至於此？」孔子曰：「丘嘗問之以治，言曰：『誠於此者刑於彼。』季子必行此術也。」故老子曰：「去彼取此。」

《呂氏春秋．審應覽》〈具備42〉宓子賤治亶父，恐魯君之聽讒人，而令己不得行其術也。將辭而行，請近吏二人於魯君，與之俱至於亶父。邑吏皆朝，宓子賤令吏二人書。吏方將書，宓子賤從旁時掣搖其肘。吏書之不善，則宓子賤為之怒。吏甚患之，辭而請歸。宓子賤曰：「子之書甚不善，子勉歸矣。」二吏歸報於君，曰：「宓子不可為書。」君曰：「何故？」吏對曰：「宓子使臣書，而時掣搖臣之肘，書惡而有甚怒，吏皆笑宓子，此臣所以辭而去也。」魯君太息而歎曰：「宓子以此諫寡人之不肖也。寡人之亂子，而令宓子不得行其術，必數有之矣。微二人，寡人幾過。」遂發所愛，而令之亶父，告宓子曰：「自今以來，亶父非寡人之有也，子之有也。有便於亶父者，子決為之矣。五歲而言其要。」宓子敬諾，乃得行某術於亶父。三年，巫馬期短褐衣弊裘，而往觀化於亶父，見夜漁者，得則舍之。巫馬期問焉，曰：「漁為得也。今子得而舍之，何也？」對曰：「宓子不欲人之取小魚也。所舍者小魚也。」巫馬期歸，告孔子曰：「宓子之德至矣。使民闇行，若有嚴刑於旁。敢問宓子何以至於此？」孔子曰：「丘嘗與之言曰：『誠乎此者刑乎彼』。宓子必行此術於亶父也。」夫宓子之得行此術也，魯君後得之也。魯君後得之者，宓子先有其備也。先有其備，豈遽必哉？此魯君之賢也。三月嬰兒，軒冕在前，弗知欲也，斧鉞在後，弗知惡也，慈母之愛諭焉，誠也。故誠有誠乃合於情，精有精乃通於天。乃通於天，水木石之性，皆可動也，又況於有血氣者乎？故凡說與治之務莫若誠。聽言哀者，不若見其哭也；聽言怒者，不若見其鬥也。說與治不誠，其動人心不神。

《韓詩外傳．卷二》〈26〉子路與**巫馬期**薪於韞丘之下，陳之富人有虞師氏者，脂車百乘，觴於韞丘之上。子路與**巫馬期**曰：「使子無忘子之所知，亦無進子之所能，得此富，終身無復見夫子，子為之乎？」**巫馬期**喟然仰天而嘆，闟然投鎌於地，曰：「吾嘗聞之夫子，勇士不忘喪其元，志士仁人不忘在溝壑。子不知予與？試予與？意者，其志與？」子路心慚，故負薪先歸。孔子曰：「由來，何為偕出而先返也？」子路曰：「向也，由與**巫馬期**薪於韞丘之下，陳之富人有虞師氏者，脂車百乘，觴於韞丘之上，由謂**巫馬期**曰：『使子無忘子之所知，亦無進子之所能，得此富，終身無復見夫子，子為之乎？』**巫馬期**喟然仰天而嘆，闟然投鎌於地，曰：『吾嘗聞夫子：勇士不忘喪其元，志士仁人不忘在溝壑。子不知予與？試予與？意者，其志與？』由也心慚，故先負薪歸。」孔子援琴而彈：「《詩》曰：『肅肅鴇羽，集於苞栩。王事靡盬，不能蓺稷黍。父母何怙？悠悠蒼天，曷其有所？』予道不行邪，使汝願者。……」

32

子與人歌而善，必使反之，而後和之。

孔子和人一起唱歌，若是對方唱得好，就一定會請對方再唱一遍，然後自己在旁邊和音或說跟著哼唱。

這章也是弟子記載孔子唱歌的事。〈述而10〉曾說過孔子當天哭過就不唱歌。這章講的是平常狀態。

這章言詞簡單。「歌」，只有戴望強調是「歌《詩》」，其他似乎都當成一般的歌唱。「善」，戴望也模糊地說是「止於中聲也」，大概和「盡善盡美」的「善」有關，也就是「樂而不淫、哀而不傷」的意思。「反」，或解作「重也」（邢昺），或解作「復也」（朱子）。「和」，就是「相應」，像現在歌唱中的「和聲」。《禮記・學記》〈10〉的「善歌者，使人繼其聲」，大概也是這樣的意思吧！

皇侃卻能看出「孔子與人共歌」，若彼人善和於〈雅〉、〈頌〉者，則孔子欲重聞其音曲，故必使重歌也。重歌既竟，欣之無已，故孔子又自歌以答和之也。」邢昺也因此主張「此章明孔子重於正音也。」這是從很正式的角度來看的。《史記．孔子世家》〈30〉確實提到孔子將《詩》三百篇都編成可以唱的歌（弦歌之）。所以這樣的解釋也不無道理。

朱子雖然沒特別說是「歌《詩》」，但是也強調：「必使復歌者，欲得其詳而取其善也。而後和之者，喜得其詳而與其善也。」這裡他沒解釋「善」。我們可以推論不是「鄭聲」那種孔子認為過度濫情的音樂。

孔子到武城的時候，聽到的是「弦歌之聲」，就出現了「莞爾一笑」（〈陽貨4〉）。這應該也算是「歌而善」。他不想見孺悲，就謊稱自己病了，可是傳達命令的人才出門，他就彈起瑟、唱起歌來（〈陽貨20〉）；這裡雖然沒人應和，唱歌卻有著另外的作用。楚狂接輿也曾經唱歌諷刺孔子，他當時也沒「和」，顯然不太同意對方的歌詞內容（〈微子5〉）。

有些和「歌」有關的幾個故事，值得大家聽一聽：子貢曾經問過樂師師乙自己適合唱什麼歌（不是KTV點歌）？師乙就說了一番「個性和歌的關係」的道理，最後歌都會變成舞蹈（《禮記．樂記》〈50〉）。還有一次孔子和子路路上遇難，子路原想用武力殺出重圍，結果孔子就主張老師歌《詩》，弟子來和，最後也解了圍。更有一次，有個人早上才滿的三年之喪，晚上就開始唱歌，子路於是嘲笑這個人，孔子竟然還替這個人解圍，說三年之喪讓人憋太久了（《孔子家語．曲禮子貢問》〈23〉）。《禮記．儒行》〈18〉中也提到「歌樂」是儒者的一種「仁之和」的表現。另外，也有一種解釋認為「歌」是抒發情緒，但是「樂」還是要歸於「正」，像「鄭聲」這樣「太過濫情和煽情」就是不得其正的「淫樂」。這和《禮記．中庸》〈1〉強調的「喜怒哀樂都要發而中節」的理想狀態，是息息相關的一體觀念。

孔子在此除了表達歌唱要合乎禮之外，也強調「獨樂樂不如眾樂樂」。這和現代KTV的發想和後來的實踐其實還真像。

想像孔子和弟子在KTV唱歌……大概會唱〈禮運大同篇〉吧？

附錄

《史記・孔子世家》〈30〉古者詩三千餘篇，及至孔子，去其重，取可施於禮義，上采契后稷，中述殷周之盛，至幽厲之缺，始於衽席，故曰「關雎之亂以為風始，鹿鳴為小雅始，文王為大雅始，清廟為頌始」。三百五篇孔子皆弦歌之，以求合韶武雅頌之音。禮樂自此可得而述，以備王道，成六藝。

《孔子家語・曲禮子貢問》〈23〉魯人有朝祥而暮歌者，子路笑之。孔子曰：「由！爾責於人終無已夫？三年之喪，亦已久矣。」子路出。孔子曰：「又多乎哉！踰月則其善也。」

《禮記・儒行》〈18〉溫良者，仁之本也；敬慎者，仁之地也；寬裕者，仁之作也；孫接者，仁之能也；禮節者，仁之貌也；言談者，仁之文也；歌樂者，仁之和也；分散者，仁之施也；儒皆兼此而有之，猶且不敢言仁也。其尊讓有如此者。

33

子曰：「文，莫吾猶人也。躬行君子，則吾未之有得。」

孔子說：「勉強來說，我的對先王或君子之道的嚮往還趕得上別人。可是要（將所知的「先王或君子之道」都）親身踐行，這我還無法做到。」

這章是孔子謙虛地自述自己的「文」勝於「行」。

「文」——皇侃解作「文章」，戴望說是「文字」，毓老師常說「經緯天地謂之文」。我覺得在這章中，解釋為「先王之道」或「君子之道」恐怕是比較恰當的。

這句話比較讓讀者困擾的是第一句，特別是「莫」字。此字有三種解釋：一當「無」解（何晏、皇侃和邢昺），這句的意思就是說「我之文章不勝於人」；一當「疑辭」（朱子），沒有實質的意思；一是將「文莫」合起來看，是「勉強」的意思（劉寶楠）。這裡孔子謙虛說自己對先王或君子之道的嚮往可以和別人一樣，所以劉寶楠的說法似乎比其他說法要合情合理些。

第二句話比較沒有問題：「躬」是「身」（皇侃和邢昺），「躬行」就是「身體力行」。孔子謙稱他自己沒能做到，其實是暗指「沒有君上願意相信他而且讓他實行先王之道」，所以「未之有得」，應該是：我有和大家一樣的理想，可是沒有人知用，我又能如何？既然「用之不行」，孔子最後選擇用「刪《詩》《書》、訂《禮》《樂》」的方式「藏道於民」，以待來者。這一等，比孫悟空等唐三藏要久。

這裡的「文」和「（躬）行」對舉，孔子自謙，前者和人一樣，沒勝出之處，後者（不能行道）未嘗又和別人有差別呢？真要說，就是別人連行道之心都沒有，孔子自己有心卻無外力奧援。

這裡其實和孔子自己說過的忠信同於人，好學勝過人（〈公冶長28〉）有衝突。此外，孔子在匡地遇到危難時，說過「斯文在茲」的話，如果他真的認為自己的「文」跟別人差不多，那麼他就算遇難，「斯文」還是會在別人身上傳下去的。

這種矛盾應該有個原因。也許這裡有個孔子不願意承認自己「長才」的苦衷，才自謙到幾近自貶的地步。

「天何言哉？四時行焉！百物生焉！」（〈陽貨19〉）

34

子曰：「若聖與仁，則吾豈敢？抑為之不厭，誨人不倦，則可謂云爾已矣！」公西華曰：「正唯弟子不能學也。」

> 孔子〔謙虛地〕說：「有人說我有聖德和仁德，這我怎麼敢當呢！我就只不過是不厭其煩行道，而且孜孜不倦傳道罷了！」弟子公西華〔聽完之後〕說：「這正是我們這些做弟子的所做不到的。」

這章也是孔子自謙之辭，可以呼應〈述而2〉和〈述而19〉。

本章難字不多。「抑」是無義的語助詞。「為」，與其對應，〈述而2〉說是「學」（皇侃、邢昺和劉寶楠），但不如說是「行」要更有意義。「聖」，朱子說是「大而化之」（不是我們現在的意思），焦循和俞樾都說是「智」，「聖與仁」就變成「智與仁」，這樣似乎又把「聖」不是說大就是說小了。孔子不敢自居，顯然不是「智」這個層次。

孔子有一次被子貢問到「博施濟眾」的問題時，表明能做到這樣的地步，已經超越了「仁」而進入「聖」的境界，就連他的偶像堯和舜都做不到（〈雍也30〉）。如果堯舜都做不到，孔子當然謙虛地表示自己就更不用說了。可是從「人人皆可以為堯舜」的立場來看，孔子這麼說，如果不是謙虛，就是他自己很不齒的「畫地自限」。

當時就有人認為孔子值得「聖」這頂「帽子」，原因是他「多能」。子貢也加碼幫腔，認為孔子是「天縱之聖」，讓孔子自爆自己年少地位卑賤的往事，來說明自己會的只是「鄙事」，連「多能」都稱不上，怎麼就扯到「聖」這個他很尊敬的稱號去了呢！（〈子罕6〉）他自己不居「聖人」，也說沒見過「聖人」（〈述而26〉）。

可是連「仁」的稱號他也否認，似乎就說不太過去。因為他說過顏淵「其心三月不違仁，其餘則日月至焉而已」（〈雍也7〉），又鼓勵學生說：「仁遠乎哉？我欲仁斯仁至矣！」（〈述而30〉）可是，被問到某些時人或弟子的「仁」時，他說了這些人的長才，卻不說他們「仁」（〈公冶長8〉和〈公冶長19〉）。他也鼓勵弟子「志於仁」，如此一來就不會做壞事（〈里仁4〉）。他還鼓勵弟子說欲仁仁至（〈述而30〉）或「欲仁得仁」（〈堯曰2〉）。這些應該都不是騙人的話。如果「仁」是他和弟子都做不到的，那麼整本《論語》就是詐騙之書了。

撇開這些頭銜和光環，孔子希望別人認識的自己是「為之不厭，誨之不倦」的人。其實也就是他「效法天」（法天和則天）「行健不息」的行為（孔子應該可以叫作「孔則天」）。這裡的「之」就是他孜孜不倦傳授和實踐的先王之道，或君子之道或禮運大同之道。

本章最後以公西華的一句總結，也頗有意思。這裡明著看是在讚美自己的老師能力出眾，別人都比不上。可是，仔細思量：如果老師教的東西是弟子學不會的，那麼教學又有什麼用呢？是弟子「不能」還是弟子「不願」呢？如果是「不能」，就應該「嘉善而矜不能」（〈子張3〉）；如果是「不願」，那麼那句原來用來罵冉求的話也可以適用這樣的情況吧：「力不足者，中道而廢，今女畫。」（〈雍也12〉）

人類的文明會因為上一代的「不能教」和下一代的「不能學」而衰亡。不能教且不能學，生命能怎樣找到自己的出路呢？

35

子疾病，子路請禱。子曰：「有諸？」子路對曰：「有之。《誄》曰：『禱爾於上下神祇。』」子曰：「丘之禱久矣！」

孔子生了重病，子路就替孔子（向天地眾神）禱告（，祈求孔子早日康復）。孔子說：「有這回事嗎（或有這樣的事嗎）？」子路（恭敬地）回答說：「有。《誄》上就這麼說：『你要向天上地下的神祇祈禱。』」孔子說：「（如果有用的話，）我已經祈禱很久了。」

這章就是孔子「敬鬼神而遠之」（〈雍也22〉）的具體展現。

這章也沒什麼難字。這裡的「疾病」有的版本只有「疾」，就是「生重病」。「禱」，根據《說文解字》：「禱，告事求福也。」戴望的解釋就出自這裡。這裡子路求的應該是希望孔子早日康復。「誄」或作「讄」，邢昺說：「禱，篇名。誄，累也，累功德以求福。」朱子說是：「哀死而述其行之詞也。」

古注都發現這裡師徒兩人有點「雞同鴨講」。孔子生病，子路擔心，所以就有了祈禱的事情。可是孔子因為平常就要學生「敬鬼神而遠之」，而且他素行都無愧神明（《論衡・感虛》〈52〉），子路這種祈禱雖是好意，卻失去了老師平日的教誨。所以孔子說「有諸」，表面上看是問「有沒有這回事」，潛台詞應該是「做這種祈禱的事幹什麼？」或「做這種祈禱的事情有用嗎？」子路沒了解老師的意思。就引經據典說「祈禱天神地祇真的是有用」，讓生重病的孔老夫子沒力氣罵人，只好丟下一句「我早就祈禱很久了」。這句話可以看作是「祈禱無用論」，也可以看作「平日行得正，不必臨時燒香拜神」，也可看作「要是神明真聽人的祈禱，早就沒那麼多天災人禍了」。

大概就在「子疾病」的同一時間，子路好心好意地召集弟子輪流替老師當「臣」（按禮，孔子不能有「臣」）。結果，老師病稍微好了些之後，發現這樣僭越禮法的事情，氣得大罵子路的行為（〈子罕12〉和《論衡・感類》〈9〉）。孔子沒感謝弟子的好意，他念茲在茲的還是平日的守禮循道，竟然崩壞在弟子的善意行為中；這種執著近乎現代的「亞斯伯格症」患者的行為。

此外，孔子似乎不相信「禱」是很有用的。在回答王孫賈一次「話中有話」的話時候，他就義正詞嚴地說：「獲罪於天，無所禱也！」（〈八佾13〉）也就是說，平日不走正道，出了事才想要求助神祇，沒這種便宜事！這和學《易經》為了趨吉避凶而不反身修德，最後還是會有「大過」的「坎」等在前頭，是一樣的。

這裡也反映出有些人認為生病及其康復和祈禱神明的關聯；現在還有上網徵求網友一起來「集氣」的風潮呢！孔子是斷然不肯相信如此關聯的。

孔子的現世生活的理性在此章展露無遺。弟子沒學到孔子的精神，在此也同樣展露無遺。

附錄

《論衡》〈感虛52〉**孔子疾病，子路請禱。孔子曰：「有諸？」子路曰：「有之；《誄》曰：『禱爾於上下神祇。』」孔子曰：「丘之禱久矣。」**聖人修身正行，素禱之日久，天地鬼神知其無罪，故曰「禱久矣」。《易》曰：「大人與天地合其德，與日月合其明，與四時合其敘，與鬼神合其吉凶。」此言聖人與天地鬼神同德行也。即須禱以得福，是不同也。湯與孔子俱聖人也，皆素禱之日久。孔子不使子路禱以治病，湯何能以禱得雨？孔子素禱，身猶疾病；湯亦素禱，歲猶大旱，然則天地之有水旱，猶人之有疾病也。疾病不可以自責除，水旱不可以禱謝去，明矣。

——〈感類9〉又問曰：「魯季孫賜曾子簀，曾子病而寢之。童子曰：『華而睆者，大夫之簀。』而曾子感慚，命元易簀。蓋禮，大夫之簀，士不得寢也。今周公，人臣也，以天子禮葬，魂而有靈，將安之不也？」應曰：「成王所為，天之所予，何為不安？」難曰：「季孫所賜大夫之簀，豈曾子之所自制乎？何獨不安乎？子疾病，子路遣門人為臣。病間，曰：『久矣哉由之行詐也！無臣而為有臣。吾誰欺？欺天乎？』孔子罪子路者也。己非人君，子路使門人為臣，非天之心，而妄為之，是欺天也。周公亦非天子也，以孔子之心況周公，周公必不安也。季氏旅於太山，孔子曰：『曾謂泰山不如林放乎？』以曾子之細，猶卻非禮，周公至聖，豈安天子之葬？曾謂周公不如曾子乎？由此原之，周公不安也。大人與天地合德，周公不安，天亦不安，何故為雷雨以責成王乎？」

36

子曰：「奢則不孫，儉則固。與其不孫也，寧固。」

孔子說：「奢侈就不會僭禮恭順，節儉又會失禮固陋。可是，〔真要擇一〕與其不安心順世，寧願固陋。」

這章比較「奢」和「儉」兩個極端，如果不能守禮或中庸之道，寧儉勿奢。這章和〈八佾4〉相互呼應。

「孫」或作「遜」，是「順」的意思；「不孫」，皇侃說是「僭濫不恭之謂也」。「陋」是「固陋」。

孔安國早就說了：「〔奢和儉〕具失之，奢不如儉。奢則僭上，儉不及禮。」所以兩者都失去一個「禮」的制衡。《禮記・王制》〈23〉也提到祭禮時奢儉的選擇：「豐年不奢，凶年不儉」，一切都要合「禮」。

子貢請問過孔子「管仲失之奢，晏子失之儉」，如果真要選擇，哪一位比較賢能？孔子並沒有像這章一樣說有儉德的晏子比較賢能。他覺得兩人都是「賢大夫」，但是重點在於「君子上不僭下，下不逼上」（《孔子家語・曲禮子貢問》〈6〉）。

孔子的弟子有若和曾子曾經針對「晏子知禮與否」有過辯論，重點不在於他的「儉」。有若認為晏子雖儉，但不知禮。曾子則持相反意見，認為晏子知禮，因為「國奢，則示之以儉；國儉，則示之以禮」（《禮記・檀弓下》〈159〉）。

另外還有一個幾本古籍都提到的和奢儉有關的歷史故事：秦穆公曾經請教過「由余」得國和失國的原因，「由余」就提出「奢則失國，儉則得國」的看法（《說苑・反質》〈8〉、《韓詩外傳・卷九》〈24〉和《韓非子・十過》〈7〉）。

簡單說，「奢」是太過，「儉」是不及，要以中庸之禮來節制才是孔子的最高理想。這裡提到「與其奢也，寧固」，只是一個不得已而非最好的選擇。

37

子曰：「君子坦蕩蕩，小人長戚戚。」

君子平常心態和外表寬廣；小人平常的心態和外表則是憂慮重重。

這章講的是君子和小人內心和外表的對比。《論語》裡這樣的章節有十七章。之前的〈為政14〉、〈里仁11〉、〈里仁16〉和〈雍也13〉即是。君子和小人的區別，一種是地位上，一種是道德上的高低。這裡應該是講道德上，是對於君子和小人外顯行為的描述，並沒有說明內在原因。皇侃從「內聖」來看，因為「君子內省不疚」，「小人好為罪過，故恆懷憂懼也」。朱子引用程子的說法也差不多：「君子循理，故常舒泰；小人役於物，故多憂戚。」戴望從「外王」入手：「君子利及天下，故坦蕩蕩；小人利切身家，故長戚戚。」

這些對比當然是要凸顯兩者的不同，隱藏兩者相同或相似之處。兩者相同或相似之處，才是可以互相轉換的可能：小人可以立志轉為君子，君子也會因為沉淪而為小人。

38

子溫而厲，威而不猛，恭而安。

孔子〔平常〕待人溫文有禮，講話也常鼓勵人，他神態上有威嚴，卻不讓人感到受脅迫，神態恭敬而且安詳。

這章是弟子描述孔子平日的神態，搭配上章說的「君子坦蕩蕩」。這章該放入專門記載孔子行為的〈鄉黨〉篇中。有些版本在「子」後有「曰」字，有些版本「子」字之上有「君」字。

這章的單字比較好解：「溫」，「和潤也」（皇侃）。「厲」，「嚴也」（皇侃）或「嚴肅也」（朱子）或「正顏色」（戴望）。「猛」，「怒也」（戴望）。「安」，「猶晏也。寬容覆載曰晏」（戴望）。

「溫而厲」——如果照傳統的解釋「溫和而嚴厲」，就會造成我們認知反差的困擾。所以毓老師認為「厲」應該是「鼓勵」，和〈子張9〉的「聽其言也厲」應該是一樣的。這樣「態度溫和，常講鼓勵人的話」前後就比較一致。「厲」字在《論語》中還有其他的意思（〈憲問39〉、〈陽貨12〉和〈子張10〉）。

其實《論語》中「溫」和「厲」並舉的章節只有本章，「溫」和「恭」同時出現的章節，除了本章之外，還有其他二章，只是有些加上其他德行，如「良」、「儉」、「讓」（〈學而10〉），有些加上「明」、「聰」、「忠」、「敬」、「問」、「難」和「義」（〈季氏10〉）。

「威」——之前孔子有說過「君子不重則不威」（〈學而8〉），後來孔子也提到過「威而不猛」，當成是「五美」之一，他自己的解釋是：「君子穿著適合場合的衣帽，行為舉止都表現出有自信尊嚴的樣子，讓人家遠遠看了就會興起敬畏之心。」（〈堯曰2〉）不是靠著火爆的脾氣或官大學問大的那種「狐假虎威」。

「恭而安」的「恭」基本上是「恭己」，自己在態度上表現出內心的誠意，安己也安人。

從弟子眼中可看出孔子的莊嚴形象，後代畫家或學子大概都以這樣的形象來遙想孔子當年，這其實和他希望的「發憤忘食、樂以忘憂」的「怪老頭」形象有點不太一樣。勉強來說，一種是在「人前」的自在，一種則是「人後」的自在。

這章的描述，也讓我想起毓老師。

泰伯

•

第八

1

子曰：「泰伯，其可謂至德也已矣！三以天下讓，民無得而稱焉。」

孔子〔誇讚地〕說：「泰伯真是德行至高，無人能比啊！他三次有機會掌握政治大權，卻因為顧全天下人的幸福而辭讓，〔而且沒有大肆宣揚自己的讓國，〕使得人民都沒有察覺他有讓國之德。」

從這章開始進入第八篇，古注各版本都一致作二十一章，只有今人黃懷信的《論語彙校集釋》分成二十三章。

這章是孔子誇獎泰伯「三讓天下」的「至德」，呼應〈里仁13〉子曰：「能以禮讓為國乎？何有？不能以禮讓為國，如禮何？」

皇侃認為這章放在〈述而〉之後是因為：「物情見孔子棲遑，常謂實係心慮，今明泰伯賢人尚能讓國，以證孔子大聖，雖位非九五，起以粃糠累真？」邢昺則說：「此篇論理讓仁孝之德，賢人君子之風，勸學立身，守道為政，嘆美正樂，鄙薄小人，遂稱堯、舜及禹、文王、武王。以前篇論孔子之行，此篇首末載賢聖之德，故以為次也。」

「泰伯」的「泰」也有作「太」的，兼具「善」和「大」的美稱；「伯」是「長子」（也稱「元子」）。泰伯是周太王古公亶（音膽）父的長子，弟弟分別是排行老二的「仲雍」和排行老三的「季歷」。根據《史記・周本紀》〈5〉的說法，因為老三生了個好兒子姬昌（也就是後來的周文王）頗得爺爺古公亶父的喜愛，認為將來家業就要靠這個孫子。身為姬昌的「大伯」的「泰伯」和「二伯」的「仲雍」（也就是虞仲）揣摩出父親古公亶父的心意，兩人逃往當時文明化程度不高的吳國，而且入境問俗「文身斷髮」，就這樣背棄中原文化，斬斷了自己回國繼位的後路，這樣身為老三的季歷就可以繼承周朝的君位。這就是太伯被孔子誇獎的「三以天下讓」的一個說法。

另一個說法出自《韓詩外傳・卷十》〈5〉，多了一些司馬遷沒說的細節：古公亶父交代老三季歷的遺言，告知在他死後一定要去找兩位兄長回來，如果他們不回來，才能理所當然安心繼位。後來古公亶父過世後，兩位兄長回來奔喪，發現朝中群臣都想讓季歷繼承君位，可是這個老三懂得兄長有優先繼位之禮，堅持不肯。這時老大泰伯就和老二仲雍商量，老二想出了個辦法說老三要養老爸鍾愛的孫子，所以應該讓他繼位，最後就這麼定案。孔子還誇讚這些兄弟說：「太伯獨見，王季獨知；伯見父志，季知父心。故大王太伯王季可謂見始知終，而能承志矣。」後來泰伯到吳國去，被當地人拱為吳王（亦見於《史記・吳太伯世家》〈1〉）。

第三個算是綜合的說法，出自東漢王充的《論衡・四諱》〈8〉：泰伯知道父親喜愛季歷的兒子姬昌，就藉口「入吳採藥，斷髮文身，以隨吳俗」。這是「一讓」。後來古公亶父過世，泰伯回來奔喪，季歷想讓位，泰伯「再讓」。季歷不從，泰伯「三讓」，還說了自己已經斷髮文身，不適合再當「社稷之主」，這才讓季歷不得已而繼承王位（亦見於《吳越春秋・吳太伯傳》〈1〉）。

前兩個說法都沒在「三」字上做文章，重點在於「讓」。後一種說法就開啟了後來注釋家去拼湊「三讓」的故事枝節。

其實這裡的重點應該在於「讓」，特別是在許多故事都在記述爭王位，甚至為了「爭」王位而搞到父子和手足反目的地步；特別又在於「不招搖（或是不高調）地讓」，這應該是孔子讚不絕口的原因。還有，這裡並沒有孔子在別處讚揚的「當仁不讓」（〈衛靈公36〉），主要是因為這裡是為「天下人的幸福而讓賢」，而不是為了「個人的私利」或是「我具有長子繼承權」而不讓，這是「尊賢」而且又是「大公無私」的行為，最後是以「公則說〔就是「悅」〕」（〈堯曰1〉）為負責任的考量。這才是孔子讚嘆不已的「至德」。

可惜這樣的「至德」並沒有在中國帝王時代成為一項優良的政治文化。

古人都讀《論語》，卻不能踐行，這樣就算把《論語》背得滾瓜爛熟，又有什麼用呢？

附錄

《史記・周本紀》〈5〉古公有長子曰**太伯**，次曰虞仲。太姜生少子季歷，季歷娶太任，皆賢婦人，生昌，有聖瑞。古公曰：「我世當有興者，其在昌乎？」長子**太伯**、虞仲知古公欲立季歷以傳昌，乃二人亡如荊蠻，文身斷髮，以讓季歷。

《韓詩外傳・卷十》〈5〉大王亶甫有子曰**太伯**、仲雍、季歷，歷有子曰昌，**太伯**知大王賢昌，而欲季為後，**太伯**去，之吳。大王將死，謂曰：「我死，汝往讓兩兄，彼即不來，汝有義而安。」大王薨，季之吳告伯仲，伯仲從季而歸，群臣欲伯之立季，季又讓。伯謂仲曰：「今群臣欲我立季，季又讓，何以處之？」仲曰：「刑有所謂矣，要於扶微者。可以立季。」季遂立，而養文王，文王果受命而王。孔子曰：「**太伯**獨見，王季獨知；伯見父志，季知父心。故大王**太伯**王季可謂見始知終，而能承志矣。」《詩》曰：「自**太伯**王季，惟此王季，因心則友。則友其兄，則篤其慶，載錫之光。受祿無喪，奄有四方。」此之謂也。**太伯**反吳，吳以為君，至夫差二十八世而滅。

《論衡・四諱》〈8〉昔**太伯**見王季有聖子文王，知太王意欲立之，入吳采藥，斷髮文身，以隨吳俗。太王薨。**太伯**還，王季辟主。**太伯**再讓，王季不聽。三讓，曰：「吾之吳、越，吳、越之俗，斷髮文身。吾刑餘之人，不可為宗廟社稷之主。」王季知不可，權而受之。夫徒不上丘墓，**太伯**不為主之義也。

2

子曰：「恭而無禮則勞，慎而無禮則葸，勇而無禮則亂，直而無禮則絞。君子篤於親，則民興於仁；故舊不遺，則民不偷。」

孔子說過：「恭敬卻沒有以禮節制，這樣就容易徒勞無功；謹慎卻沒有以禮節制，這樣就容易畏首畏尾；勇敢卻沒有以禮節制，這樣就容易犯上作亂；正直卻沒有以禮節制，這樣就容易刺傷別人。做人君上的人要和親人保持良好關係，這樣人民也會學到要跟別人保持良好關係；不遺忘朋友的恩情，這樣人民就不會變得人情澆薄。」

這章講的是要「約禮」，就是要用「禮」來約束恭、慎、勇和直四種德行，以免有勞、葸（音喜）、亂和絞的流弊。最後說明為人君上的帶頭作用能讓人民效法。有的注釋家懷疑最後兩句話和前面四句論禮的重要性沒什麼關聯，應該別立一章，甚至有人懷疑最後兩句話是曾子說的。

古注都注意到「葸」，也都解釋成「畏懼」（何晏、邢昺、朱子、黃式三和戴望）或「畏懼過甚」（皇

「絞刺」（邢昺和皇侃），只有劉寶楠引用《廣雅》：「葸，慎也。」另一個就是「絞」，何晏引馬融說是「絞刺」（劉寶楠同），皇侃略作「刺」，朱子解作「急切」（戴望同）。

這一段和〈陽貨8〉說的「六言六蔽」有兩處雷同處：「直而不好學，其蔽也絞、好勇不好學，其蔽也亂」。所以這裡的「無禮」就等於「六言六蔽」中的「不好學」。簡言之，「學」就是「學禮」，應該是毫無疑問的。

《禮記・仲尼燕居》〈1〉和《孔子家語・論禮》〈1〉也都提到和此章類似的「恭和勇」「不中禮」的問題，只是用詞不同：「恭而不中禮，謂之給；勇而不中禮，謂之逆。」不同之處是《孔子家語・論禮》〈1〉中多了一句很重要的話：「禮乎！夫禮所以制中也。」這和《禮記・中庸》〈1〉說的「喜怒哀樂之未發謂之中，發而皆中節謂之和」，也是相互呼應的。「禮」與「和」幾近同義字。

最後兩句中的「君子」是指在上位的統治者。「篤」是「厚」。「興」是「起」。「故舊」是「朋友」。「偷」是「薄」（皇侃、朱子和戴望）或解作「苟且」（王夫之）。

大部分注解者認為此段和前段的「禮」無關，可是戴望認為後段「親親敬故，禮之大者」，所以還是和「禮」有關的。也許這段是特別提醒做君上的人，在這兩件看似平常的事情上也要以禮節制自己的行為，不可因為自己身為君上而不守禮。

在孔子眼中，禮最大，誰都不能超越。

3

曾子有疾，召門弟子曰：「啟予足！啟予手！《詩》云：『戰戰兢兢，如臨深淵，如履薄冰。』而今而後，吾知免夫！小子！」

曾子生了重病，把弟子都找來（交代遺言）說：「把我捲曲的腳和手都打開。《詩經》（〈小雅〉〈小旻之什〉〈小旻6〉）說過：『小心謹慎啊！懷著好像面臨著深淵一樣怕掉下去的心情，懷著踩在薄冰上怕陷下去的心情。』從今以後，我知道自己不會再損傷父母親給我的身體了！各位同學啊！」

這章和下一章都是講曾子生重病的事情。這章以下的接連五章也都和曾子有關。

這裡有幾個關鍵字：「召」，《廣雅》說是「呼」。「啟」多半解作「開」（鄭玄、皇侃、邢昺和朱子），而且也都一律解釋成：「開衾（被褥）而視手足是否毀傷。」這樣被稱為「增字解經」，因為原文就只有「啟予足！啟予手！」，並沒有「啟衾」的字眼。劉寶楠認為應該是「開」，不過解釋成：

「身將死，恐手足有所拘攣，令展布之也。」戴望認為應解為「視」，就是「仔細看看」。雖然有三種不同的解釋，不過三種都同樣認為曾子要求弟子這樣做的理由是「身體髮膚，受之父母，不敢毀傷」（《孝經・開宗明義》〈1〉）。這是曾子過世前所展現的孝道的「身教」。

其餘的字皇侃都解釋得不錯：「予」是「我」。「戰戰」是「恐懼」；「兢兢」是「戒慎」。「如臨深淵」是「恐墜」。「如履薄冰」是「恐陷」。「而今」是「今日」。「而後」是「今日以後」。「免」是「免毀傷」。「小子」是「諸弟子」。

這章引用《詩經・小雅・小旻之什》〈小旻6〉中的「戰戰兢兢，如臨深淵，如履薄冰」，這句也經常被其他先秦兩漢文獻引用，直至今天我們也還在用，意思都是「小心翼翼」。《孝經・諸侯》〈1〉提到諸侯之孝時，提醒：「在上不驕，高而不危；制節謹度，滿而不溢。高而不危，所以長守貴也。滿而不溢，所以長守富也。富貴不離其身，然後能保其社稷，而和其民人。」之後，就引用了這段。

《荀子・臣道》〈7〉提到「仁者必敬人」。但是人有賢有不肖，不加分辨，敬與不敬的差別，往往會招來災禍，然後也引用了〈小旻6〉這段。

《說苑・敬慎》〈1〉強調：「存亡禍福，其要在身，聖人重誡，敬慎所忽。」然後引用《中庸》曰：「莫見乎隱，莫顯乎微；故君子能慎其獨也。」以及諺曰：「誠無垢，思無辱。」然後總結「夫不誠不思而以存身全國者亦難矣！」再引用〈小旻6〉這段。

《說苑・敬慎》〈24〉和《孔子家語・觀周》〈3〉都記載著孔子到周太廟看到「三緘其口」的銅像時，提醒弟子這種「謹言」的重要性。最後也引用了同一段《詩經》文字。

所以孔子教人「謹言慎行」，也曾說過「父母唯其疾之憂」（〈為政6〉）。曾子則側重小心翼翼地照顧自己「身體髮膚」的部分。

曾子臨死前交代兩個兒子曾元和曾華一些他從學長顏淵那學到的事，作為遺言，強調以下四項：「別為了賺錢搞壞身體，這樣就不會有人汙辱你；作官要盡忠職守，不能有絲毫懈怠；生病要完全治癒，才不會加重；懈怠懶惰或造成災禍；不要為了妻子而忘掉孝順父母。」（《說苑．敬慎》〈9〉）

此外，曾子臨死之前也很重視「禮」：他在臨死之前發現自己的草蓆竟然是漂亮而且有光澤的，那時在一旁的樂正子春就覺得這不合禮該換下。雖然這是季孫氏送的禮，但是曾子認為自己身分實在不合，就讓兒子曾元換一張草蓆。曾元認為父親病重，想等到天亮了再換。曾子就說：「你還不如樂正子春愛我。君子愛人，就要以德相勸，只有小人才姑息養奸。我這一生求的是什麼？還不是做一個堂堂正正的守禮之人而死。」於是便起身換蓆，沒等換好，曾子就過世了（《禮記．檀弓上》〈18〉）。孔子弟子至死都不忘守禮，這是一個例證。

《大戴禮記》還特別有〈曾子疾病〉一章，是曾子教導兩位兒子的遺言，頗值得參考。可惜《論語》沒收入這些。

附錄

《說苑．敬慎》〈9〉**曾子有疾**，曾元抱首，曾華抱足，曾子曰：「吾無顏氏之才，何以告汝？雖無能，君子務益。夫華多實少者，天也；言多行少者，人也。夫飛鳥以山為卑，而層巢其巔；魚鱉以淵為淺，而穿穴其中；然所以得者餌也。君子苟能無以利害身，則辱安從至乎？官怠於宦成，病加於少愈，禍生於懈惰，孝衰於妻子；察此四者，慎終如始。《詩》曰：『靡不有初，鮮克有終。』」

《禮記・檀弓上》〈18〉**曾子寢疾，病**。樂正子春坐於床下，曾元、曾申坐於足，童子隅坐而執燭。童子曰：「華而睆，大夫之簀與？」子春曰：「止！」曾子聞之，瞿然曰：「呼！」曰：「華而睆，大夫之簀與？」曾子曰：「然，斯季孫之賜也，我未之能易也。元，起易簀。」曾元曰：「夫子之病革矣，不可以變，幸而至於旦，請敬易之。」曾子曰：「爾之愛我也不如彼。君子之愛人也以德，細人之愛人也以姑息。吾何求哉？吾得正而斃焉斯已矣。」舉扶而易之。反席未安而沒。

《大戴禮記・曾子疾病》〈1〉**曾子疾病**，曾元抑首，曾華抱足。曾子曰：「微乎！吾無夫顏氏之言，吾何以語汝哉！然而君子之務，盡有之矣；夫華繁而實寡者天也，言多而行寡者人也；鷹鶽以山為卑，而曾巢其上，魚、鱉、黿、鼉以淵為淺，而蹶穴其中，卒其所以得之者，餌也；是故君子苟無以利害義，則辱何由至哉？

——〈2〉親戚不悅，不敢外交；近者不親，不敢求遠；小者不審，不敢言大；故人之生也，百歲之中，有疾病焉，有老幼焉，故君子思其不可復者而先施焉。親戚既殁，雖欲孝，誰為孝？老年耆艾，雖欲弟，誰為弟？故孝有不及，弟有不時，其此之謂與？

——〈3〉言不遠身，言之主也；行不遠身，行之本也；言有主，行有本，謂之有聞矣。君子尊其所聞，則高明矣；行其所聞，則廣大矣，高明廣大，不在於他，在加之志而已矣。

——〈4〉與君子游，苾乎如入蘭芷之室，久而不聞，則與之化矣；與小人游，貸乎如入鮑魚之次，則與之化矣；是故，君子慎其所去就。

——〈5〉與君子游，如長日加益，而不自知也；與小人游，如履薄冰，每履而下，幾何而不陷乎哉？吾不見好學盛而不衰者矣，吾不見好教如食疾子者矣，吾不見日省而月考之其友者矣！吾不見孜孜而與來而改者矣！」

4

曾子有疾，孟敬子問之。曾子言曰：「鳥之將死，其鳴也哀；人之將死，其言也善。君子所貴乎道者三：動容貌，斯遠暴慢矣；正顏色，斯近信矣；出辭氣，斯遠鄙倍矣。籩豆之事，則有司存。」

曾子生重病，魯國大夫仲孫捷（也就是「孟敬子」）來探病慰問。曾子說：「鳥要死之前，會發出哀悽的聲音；人要死之前，說的話都是有益的。作為君上的人要守的正道有三項：容貌和表現得宜，可以讓人民不敢有暴力和怠慢的行為；端正面部表情，會讓人民有信任感；講話中肯，人民也不會粗鄙反嗆。至於祭禮所要用的木製和竹製禮器，有專人來管理（，您不必費心在這樣的事情上）。」

這章和上一章都是曾子生重病時還在關心和交代的事。

朱子解釋這則的單字比其他古注多：「貴」——是「重」。「道」——鄭玄和皇侃都說是「禮」。

「容貌」——黃侃說是「儀容舉止」，朱子強調是「舉一身而言」。「暴」——朱子說是「粗厲」，「慢」是「放肆」。「信」——朱子說是「實」，並解釋說：「正顏色而近信，則非色莊也。」「辭」是「言語」。「氣」是「聲氣」。「鄙」是「凡陋」。「倍」是「背理」。「籩」是「竹豆」（「豆」是「祭器」），「豆」是「木豆」。

劉寶楠則認為「容貌」、「顏色」和「辭氣」三者，就是《禮記・冠義》〈1〉說的：「正容體、齊顏色、順辭令。容體正，顏色齊，辭令順，而後禮義備。以正君臣、親父子、和長幼。君臣正，父子親，長幼和，而後禮義立。故冠而後服備，服備而後容體正、顏色齊、辭令順。」這三者也是《大戴禮記・四代》〈26〉所說的「貌色聲眾」，是觀察人的入手處。《韓詩外傳卷二》〈17〉和〈28〉也強調君上的「色」、「容」和「言」三者的重要性。

可是用這三方面的某一面來觀察人是會有偏失的。孔子就說過：「吾欲以顏色取人，於滅明邪改之；吾欲以語言取人，於予邪改之；吾欲以容貌取人，於師邪改之。」（《大戴禮記・五帝德》〈9〉）這三者應該要一併考量，才會看到一個完整的人。

劉寶楠也將〈子張9〉中的「君子三變」搭配此處的說法來看：「望之儼然」講的就是容貌；「即之也溫」講的是「顏色」；「聽其言也厲」，講的是「辭氣」。

我覺得這章其實講的是建議君上「恭己，正南面而已」（〈衛靈公5〉），以及曾子自己說的「君子思不出其位」（〈憲問26〉）。

附錄

《韓詩外傳・卷二》〈17〉君子有主善之心，而無勝人之色；德足以君天下，而無驕肆之容；行足以及後世，而不以一言非人之不善。故曰：君子盛德而卑，虛己以受人，旁行不流，應物而不窮，雖在下位，民願戴之，雖欲無尊，得乎哉！《詩》曰：「彼己之子，美如英，美如英，殊異乎公行。」

——〈28〉上之人所遇，色為先，聲音次之，事行為後。故望而宜為人君者，容也；近而可信者，色也；發而安中者，言也；久而可觀者，行也。故君子容色，天下儀象而望之，不假言而知為人君者。《詩》曰：「顏如渥丹，其君也哉！」

5

曾子曰：「以能問於不能，以多問於寡；有若無，實若虛，犯而不校，昔者吾友嘗從事於斯矣。」

曾子說：「自己有才能，卻願意去請教才能比較差的人；自己知道的很多，卻願意去請教比自己知道少的人；自己有德，卻好像自己沒德一樣（，仍然努力進德）；自己內有實力，卻表現出好像實力不足那樣（，不斷充實自己）；人家惡意來挑釁，也不跟人計較。以前我的朋友（顏淵）曾經在這些方面努力過。」

這章是曾子誇獎大他十六歲的學長顏淵具有謙德的話。

皇侃解釋這章的許多單字：「能」是「才能」；「多」是「識性之多」；「校」，「報」，這是遵循包咸的說法。「友」，指的是「顏淵」，這是遵循馬融的說法。朱子對「校」和「友」的解釋，也遵循皇侃的說法。

這裡「以能問於不能」是「行」，「以多問於寡」則是「知」，「有若無，實若虛，犯而不校」則是「德」。顏淵曾說過「願無伐善、無施勞」（〈公冶長26〉），劉寶楠認為這就是此章所說的「若無」和「若虛」。

至於「犯而不校」，劉寶楠也引用《韓詩外傳・卷九》〈7〉中顏淵的說法來佐證。這裡比較了子路、子貢和顏淵三人的不同說法來展現孔門弟子層次的高低：子路說：「人家對我好，我也對人家好；人家對我不好，我也對別人不好。」子貢說：「人家對我好，我也對人家好；人家對我不好，我會導引他向善，如果不行就算了。」顏回說：「人家對我好，我也對人家好；人家對我不好，我還會對他好。」這三個人說法不同，就請孔子評理。孔子說：「子路說的像是野蠻人說的話；子貢說的像是朋友會說的話；顏回說的像是親人會說的話。」

戴望也注意到《大戴禮記・衛將軍文子》〈8〉所提到的「曾參之行」其實和這裡說顏淵的話很類似：「滿而不滿，實如虛，通之如不及，先生難之；不學其貌，竟其德，敦其言；於人也，無所不信，其橋大人也？常以皓皓，是以眉壽，是曾參之行也。」曾子以顏回為師法的對象是毫無疑問的。劉寶楠認為這就是《大戴禮記・曾子疾病》〈1〉中，曾子最後以顏淵的話作自己遺言的原因（請參考〈泰伯3〉）。

有人看來謙虛，其實是作假，讓人看了不舒服。顏淵的謙虛不同，他在進德修業各方面都孜孜不倦，不斷努力。孔子就說他「吾見其進也，未見其止也」（〈子罕21〉）。

至於「亡而為有，虛而為盈，約而為泰」（〈述而26〉）的人，就是和此章相反的不謙虛之人。這樣的人，真該多學學這章的說法。

附錄

《韓詩外傳．卷九》〈7〉子路曰：「人善我，我亦善之；人不善我，我不善之。」子貢曰：「人善我，我亦善之；人不善我，我則引之進退而已耳。」顏回曰：「**人善我，我亦善之；人不善我，我亦善之**。」三子所持各異，問於夫子。夫子曰：「由之所持，蠻貊之言也；賜之所言，朋友之言也；回之所言，親屬之言也。」《詩》曰：「人之無良，我以為兄。」

《大戴禮記．曾子疾病》〈1〉**曾子疾病**，曾元抑首，曾華抱足。曾子曰：「微乎！吾無夫顏氏之言，吾何以語汝哉！然而君子之務，盡有之矣；夫華繁而實寡者天也，言多而行寡者人也；鷹鶽以山為卑，而曾巢其上，魚、鱉、黿、鼉以淵為淺，而蹶穴其中，卒其所以得之者，餌也；是故君子苟無以利害義，則辱何由至哉？

6

曾子曰：「可以託六尺之孤，可以寄百里之命，臨大節而不可奪也。君子人與？君子人也。」

曾子說：「（一個人）如果可以將年少的幼主託付給他，而且又可以輔佐幼主發號施令，如果碰到安定社稷或生死存亡之際，這個人還能不背叛幼主。這樣的人算是一個君子了吧？算是個君子！」

這章是曾子論「君子人」，應該說的就是「君子」。

「託」，或作「托」，皇侃說是「憑託」。「六尺之孤」，孔安國說是「幼少之君」，皇侃說得更詳細些：「童子無復而為國君者也。年齒幼少位能自立，故憑託大臣，如成王託周公者也。」邢昺除了提到周公之外，還提到霍光。劉寶楠的注解專心在「尺」的長度的說法，說明「六尺」是「幼少」，還說晏嬰長不滿六尺，孟子和荀子也都說「五尺之童」。

「寄命」——孔安國說是「攝君之政令」。皇侃說「百里」指的是「國」；「命」則是「國之教令」。

「臨大節而不可奪」——何休說是：「大節者，安國家、定社稷也。不可奪者，不可傾奪也。」皇侃認為「臨大節」是「國有大難」。邢昺遵循何休的說法，朱子則遵循皇侃的說法。

最後提的「君子」，古注都沒解釋。劉寶楠說是「卿大夫之稱」，其實應該就是指「有位者」，和孔子經常提到的「修己安人」的道德君子重點不同。曾子的「君子」能為主上盡忠，安定社稷，成為後來當政者最鼓勵讀書人做的事情，「將相本無種，男兒當自強」也是這種心態的展現，卻從來沒告訴讀書人「如果君上不行，乾脆取而代之」的這種革命思想。

後世帝王樂於「獨尊儒術」，大概曾子在這章的想法幫了不少忙。

7

曾子曰：「士不可以不弘毅，任重而道遠。仁以為己任，不亦重乎？死而後已，不亦遠乎？」

> 曾子說：「作為一個士，應該要有恢弘和剛毅的品德，因為他的責任重大而且有很長的路要走。以人性和人道的關懷當成自己的責任，難道這還不重嗎？一直要到死才能停止，這不是很長的路嗎？」

這章和上章有關。上章談「君子人」，這章談「士」。

「士」，劉寶楠引用《白虎通德論・爵》〈1〉說：「士者，事也，任事之稱也。」《春秋繁露・深察名號》〈1〉也有類似的說法。在《大戴禮記・哀公問五義》〈4〉中，孔子就強調「士」的特徵是：「知不務多，而務審其所知；行不務多，而務審其所由；言不務多，而務審其所謂；知既知之，行既由之，言既順之，若夫性命肌膚之不可易也，富貴不足以益，貧賤不足以損。若此，則可謂士矣。」《韓詩外傳・卷一》〈10〉的說法基本上一樣，只是簡短一些。《老子》中說的「士」是「微妙玄通，深不可識」，還特別強調「善為士者，不武」。總之，這些說法都和曾子所強調重點的不同。

其他的難字只有「弘」和「毅」。「弘」是「大」（包咸和皇侃）或「寬廣」（朱子）。「毅」是「強而能決斷」（包咸和皇侃）或「強忍」（朱子），可以說是「堅毅」。

曾子強調「仁以為己任」的「任重」就把孔子自己「樂道」的積極活潑精神弄到一個太過死板嚴肅的狀態。不過，「死而後已」的「道遠」則符合孔子「教不厭」、「誨不倦」的「行健不息」的精神。

8

子曰：「興於《詩》，立於禮，成於樂。」

孔子說：「《詩》用來當成修己安人的入門、禮是用來在社會上和人交往立身的進階，樂〔音月〕則是作為一個人最後和最重要的修養。」

這章是孔子論《詩》、禮和樂的重要性。

古注都說「興」是「起」（包咸、皇侃和邢昺），也都說「修身當先學《詩》」，皇侃解釋說：「《詩》有夫婦之法、人倫之本、近之事父，遠之事君故也。」朱子說的略有不同：「《詩》本人情，有邪有正，其為言既易知，而吟詠之間抑揚反復，其感人又易入，故學者之初，所以興起其好善惡之心而不能自已者，必於是得之。」

其實，《論語》中就有說明《詩》的重要性：〈為政2〉說明《詩》都是「思無邪」；〈季氏13〉說「不學《詩》，無以言」；〈子路5〉強調讀《詩》可以幫助從政順遂，也可以出使四方；〈陽貨9〉則強調《詩》可以「興、觀、群、怨」，對於齊家治國，甚至學習「鳥獸草木之名」都有助益。總之，《詩》具有「言－知－行」的三重效用。

「立於禮」就是「以禮立身」，皇侃的解釋是：「人無禮則死，有禮則生，故學禮以自立身。」朱子說：「禮以恭敬辭遜為本，而有節文度數之詳，可以固人肌膚之會，筋骸之束，故學者之中，所以能卓然自立而不為事物之所搖奪者，必於此而得之。」其實「依經解經」來看，內涵就很豐富。〈堯曰3〉就說過：「不知禮，無以立也。」《論語》中也三次強調「約禮」的重要性（〈雍也27〉、〈子罕11〉和〈顏淵15〉）。孔子也提醒顏淵「克己復禮」（〈顏淵1〉），他也強調「恭、慎、勇、直」四種良好的德性也要有「禮」加以「約制」，才不會惹出「勞、葸、亂、絞」的意外（〈泰伯2〉）。除了禮以修身之外，齊家要有禮（〈為政5〉），治國更要有禮（〈為政3〉），甚至強調「以禮讓國」（〈里仁13〉和〈泰伯1〉）。他也強調君臣之間彼此都要以禮相待（〈八佾18〉、〈八佾19〉、〈子路4〉和〈憲問41〉），雖然會被認為是「諂媚」（〈八佾18〉）。總之，禮是節制個人的行為，是一種具體的中庸之道，勿使太過，也不要不及。

「成於樂」，皇侃的解釋是：「禮之用和為貴，行禮必須學樂，以和成己性也。」朱子講得更詳細：「樂有五聲十二律，更唱迭和，以為歌舞。八音之節，可以養人之情性，而蕩滌其邪穢，消融其查滓，故學者之終，所以至於義精仁熟而自和順於道德者，必於此而得之，是學之成也。」《論語》中談論音樂的篇章不多，有談論樂曲的結構（〈八佾23〉），有談論音樂的「忘肉味」效果（〈述而14〉），也有孔子自述「校正音樂」的工作（〈子罕13〉），以及以韶舞配樂的為邦理想（〈衛靈公11〉），最後還有提醒過於濫情的「鄭聲」會亂「雅樂」（〈陽貨18〉）。這些都沒提到「音樂」和「成人」的關係。

此章是孔子唯一一次「《詩》、禮、樂」並舉。孔子其實有時候是「《詩》、書、禮」並舉（〈述而18〉），有時「詩和禮」並舉（〈學而15〉、〈八佾8〉和〈季氏13〉），有時「禮和樂」並舉（〈八佾3〉、〈先進1〉、〈先進26〉、〈子路3〉、〈憲問12〉、〈季氏2〉、〈季氏5〉和〈陽貨21〉）。有時還會提到此章沒有提到的《書》（〈為政21〉和〈憲問40〉）。

總之，這裡是講作為一個人要能完成《詩》、禮和樂的訓練，使這些都成為自己修己安人的利器。

在《禮記·經解》〈1〉中，孔子提到了教習「六經」的利弊：「入其國，其教可知也。其為人也：溫柔敦厚，《詩》教也；疏通知遠，《書》教也；廣博易良，《樂》教也；潔靜精微，《易》教也；恭儉莊敬，《禮》教也；屬辭比事，《春秋》教也。故《詩》之失，愚；《書》之失，誣；《樂》之失，奢；《易》之失，賊；《禮》之失，煩；《春秋》之失，亂。」這段話讓我們再思教習六經是參雜著利弊得失，不是萬無一失，有百利而無一害的事。如果我們不能了解關鍵所在，就算是一味提倡「國學」，恐怕「欲益反損」。一窩蜂不反省的「國學熱」或「傳統文化熱」往往都會「熱」昏頭，出現「愚、失、誣、奢、賊、煩、亂」的症候群。

我看過很多人會說自己家是「詩禮傳家」，都省掉了最後畫龍點睛的「樂」。現在人恐怕都是「『失』禮傳家」。

怎樣才是現代人傳家該有的「基本功」呢？傳統的《詩》禮還能用得上嗎？又該怎樣「與時俱進」呢？恐怕要把握的精神在於「興」、「立」和「成」吧！

附錄

《禮記・經解》〈2〉其為人也：溫柔敦厚而不愚，則深於《詩》者也；疏通知遠而不誣，則深於《書》者也；廣博易良而不奢，則深於《樂》者也；潔靜精微而不賊，則深於《易》者也；恭儉莊敬而不煩，則深於《禮》者也；屬辭比事而不亂，則深於《春秋》者也。

9

子曰：「民可使由之，不可使知之。」

1.（不特別斷句的話，本章是）孔子說：「人民可以加以利用或讓他們順從，別讓他知道太多。」

2.（以「可」字為斷）孔子說：「人民的知識程度可以的時候，就讓他們自行發展，知識程度還不行的時候，要讓他們知道為什麼他們不可以自行發展。」

3.（以「使」字斷句）孔子說：「人民可以徵用的時候，就讓他們自由發展，不可徵用的時候，要知道原因。」

這章是《論語》中很具爭議性的一章，有的人嘗試從不同的斷句法來解決紛爭，但好像也沒達成共識。

先不管斷句的問題，這章的關鍵字就是「由」，或解作「用」（何晏、皇侃、邢昺）或解作「從」（鄭玄和戴望）。如果「依經解經」著手，好像《論語》中也找不到其他「由」字（撇開提到子路的字「由」）和此處相似的意義（〈學而12〉、〈為政10〉、〈雍也17〉、〈子罕11〉和〈顏淵1〉）。《老子》也有著「國之利器，不可以示人」的說法。傳統都是從上對下的統治之術來看待這個字，多少也符合帝王專制的歷史，可是對於民主時代的人來看，孔子這話聽起來就像是在替專制君王找統治的藉口，所以在這樣的藉口上，就加上了「討厭替專制帝王壓迫人民的孔子」，或「不必讀不符合時代的《論語》」的藉口。

就算在專制時代的古注，也都盡量淡化這樣的「帝王術」的色彩。何晏的注解就說過「可使用而不可使知者，百姓能日用而不能知」，這是民智未開的辦法。朱子引用程子想辯解，也說得不清不楚：「聖人設教，非不欲人家喻而戶曉也。然不能使之知，但能使之由之爾。若曰聖人不使民知，則是後世朝四暮三之術也，豈聖人之心乎？」

劉寶楠引用凌鳴喈的《論語解義》認為，此章乃承上章《詩》、禮、樂言，應該是「《詩》、禮、樂，可使民由之，不可使知之」。劉氏自己認為這裡的「民」是指「弟子」，非泛言「萬民」。戴望沒想辯護，就直說：「王者設教皆於經隱權，故可使民從，不可使民知。老子說：『國之利器，不可以示人』。」

楊樹達也認為：「孔子此語似有輕視教育之病，若能盡心教育，民無不可知者。」

其實，被忽略的關鍵是「民」這個主詞和「可」這個字。如果「可」不當成「可以」，而當成「知識程度夠」或甚至是「認可」，而且又把「民」當成主詞，這樣就有了「當君上的尊重民意」的時代意義，也符合「天視自我民視，天聽自我民聽」的古訓（《尚書．周書》〈泰誓中2〉和《孟子．萬章上》

〈5〉)。不管當時孔子的真義如何，至少這是比較接近現代人能接受的合情合理的解釋。對《論語》的解釋也要「依經驗解經」。

這章的解釋其實在專制時代沒有什麼大問題。君王的「愚民政策」並不是新鮮的事，而正是人民反抗這樣的不人道的待遇，所以才有後來法國大革命之後一直延續到今天不間斷的，到處蔓延的種種革命運動。

只是身在現代資訊發達的「後帝制時期」，還硬是不將政治決策過程更透明化，還是會有要求「知的權利」及「參與決策權力」的運動相繼而起。治理者和被治理者權力的失衡，對雙方都沒好處。

國家如此，企業如此，學校如此，家庭如此，甚至戀愛中的兩人關係也如此。

所以我對戀愛中的人的建議也應該可以推廣到各個不同領域：

平等對待

共同奮鬥

附錄

《老子》〈36〉將欲歙之，必固張之；將欲弱之，必固強之；將欲廢之，必固興之；將欲奪之，必固與之。是謂微明。柔弱勝剛強。魚不可脫於淵，**國之利器不可以示人**。

10

子曰：「好勇疾貧，亂也。人而不仁，疾之已甚，亂也。」

孔子說：「有人自以為勇猛，卻厭惡貧窮的生活，這樣容易出亂子。有人不把人當人看，你卻把他當洪水猛獸看待，這樣（把人逼上梁山）也容易出亂子。」

這章孔子講兩種「亂」。沒有難字，重點在於這章背後的道理。

何晏引用包賢（或說是「孔安國」）對前段的說法：「好勇之人而患疾已貧賤者，必將為亂。」孔安國對後段的解釋是：「疾惡太甚，亦使其為亂。」皇侃的解釋清楚一些：「好勇之人若能樂道自居，此乃為可耳。若不能樂道，而憎疾己之貧賤，則此人必為亂也……夫不仁之人當以理將養，或冀其感悟，若復憎疾之太甚，則此不仁者近無所在，必為逆亂也。」朱子的說法也差不多：「好勇而不安分，則必作亂。惡不仁之人而使之無所容，則必致亂。二者之心善惡雖殊，然其生亂一也。」劉寶楠也有大同小異的說法：「好勇者，逞血氣之強，又不知安於義命，則放辟邪侈，無不為已，故為亂也。不仁之人，未有勢位以懲禁之，而疾之已甚，或為所侮賊，亦致亂也。」

這裡的「亂」是和「治」相對的狀態；「治」就是「禮樂燦然大備」，「亂」則是「失禮」、「無禮」或「脫序」，沒有該有的樣子。《禮記・經解》〈7〉就說「夫禮，禁亂之所由生」。《禮記・仲尼燕居》〈9〉有更進一步的闡述。《荀子・不苟》〈7〉也說：「禮義之謂治，非禮義之謂亂也。」

孔子說過幾次「勇而無禮」（〈泰伯2〉）或「好勇不好學」（〈陽貨8〉）或「有勇無義」（〈陽貨23〉）則「亂」。但這章最特別是除了「好勇」之外還提出了「疾貧」，也就是以「脫貧」作為人生最重要，甚至是唯一的目標。這樣就會為了「脫貧」而不擇手段，不顧別人死活。這些人往往會「道義擺兩旁，利字擺中間」，甚至會理直氣壯地認為：「人家都不管我死活，我為什麼要在乎人家的死活？」這些人的「亂」未必是對於社會秩序的破壞，而是人生意義的崩壞。換句話說，是「心亂」。

這樣的人就是後半段說的「人而不仁」，如果「我們還棄絕這樣的人」，那麼他就不可能回到「一個人該有的人樣」，然後整個社會也會因為這樣「心亂」的人沒有改過遷善，而從「一人心亂」蔓延成「人人心亂」。

孔子要強調的重點應該不要對這樣的人「疾之已甚」，「舉直錯諸枉，能使枉者直」，也就是要發揮社會上的正能量，讓這些人也能發現自己內心的善根，大家一起發心向善，「己利」（己立）不忘「利人」（立人），「己達」不忘「達人」，這樣才會有光明的未來。

「獨善」不如「兼善」，「我好」也要「我們好」。

附錄

《禮記．仲尼燕居》〈9〉子張問政，子曰：「師乎！前，吾語汝乎？君子明於禮樂，舉而錯之而已。」子張復問。子曰：「師，爾以為必鋪幾筵，升降酌獻酬酢，然後謂之禮乎？爾以為必行綴兆。興羽籥，作鐘鼓，然後謂之樂乎？言而履之，禮也。行而樂之，樂也。君子力此二者以南面而立，夫是以天下太平也。諸侯朝，萬物服體，而百官莫敢不承事矣。禮之所興，眾之所治也；禮之所廢，眾之所亂也。目巧之室，則有奧阼，席則有上下，車則有左右，行則有隨，立則有序，古之義也。室而無奧阼，則亂於堂室也。席而無上下，則亂於席上也。車而無左右，則亂於車也。行而無隨，則亂於塗也。立而無序，則亂於位也。昔聖帝明王諸侯，辨貴賤、長幼、遠近、男女、外內，莫敢相逾越，皆由此塗出也。」三子者，既得聞此言也於夫子，昭然若發矇矣。

11

子曰：「如有周公之才之美，使驕且吝，其餘不足觀也已。」

孔子說：「一個人就算是有周公的才能和美政，如果他驕氣凌人，而且又吝於賞功，這樣的人就算還有其他善行，也是無濟於事，沒什麼值得觀察和稱頌之處。」

這章是繼〈述而5〉「不夢周公」之後，第二次提到孔子的偶像周公。之後，我們這位「周粉」還有兩次不忘這位偶像（〈先進17〉和〈微子10〉）。

朱子解「才美」是「智能技藝之美」；「驕」是「矜夸」；「吝」是「鄙吝」。王夫之解釋「驕吝」特別清楚：「驕」是以其才而傲人，「吝」是不盡其才以濟事。劉寶楠說：「驕是自矜其才，吝是靳己所有，不以告人。」我覺得這裡說的是「驕且吝」，所以如果是「自矜其才」，就不可能「靳己所有，不可告人」。所以我認為驕的解釋沒問題，「吝」應該是「積多不能分人，而厚自養，謂之吝」（《晏子春秋・問下》〈叔向問嗇吝愛之于行何如晏子對以嗇者君子之道4〉）。比起《說文解字》說：「吝，恨惜也。」要來得適合本章。換句話說，就是沒有根據下屬的表現給予獎賞，把所有功勞都攬在自己身上。這樣自私的主管，往往在公開場合被稱為「英明」，但私下的惡名昭彰就不用說了。「驕且吝」要合起來解釋，才能明白孔子的警語。

周公的長才在〈述而5〉時已經大致說過：制禮作樂、素位而行、求賢若渴，以及親親為先。周公在告誡成王時，也特別提醒「不驕不吝，時乃無敵」（《逸周書・寤儆解》〈1〉）。也正因為周公「不驕不吝」才能招來天下賢士，一起為天下蒼生更好的生活條件而奮鬥（《說苑・尊賢》〈10〉）。所以，嚴格來說，孔子只是重複周公告誡成王的話而已。

還有應該注意的是「美」。古注多半沒有著墨在這個字上，好像都認為是「身形上的美」。這樣的解釋恐怕有誤。我覺得「依經解經」可以提供更好的解釋：也就是要從〈堯曰2〉提到的「尊五美」來看：「君子惠而不費，勞而不怨，欲而不貪，泰而不驕，威而不猛。」這裡其實已經說到「泰而不驕」。雖然沒有明說到「吝」，但是「惠而不費」和「欲而不貪」應該也有「不吝」的意思，也就是「與民共享」。所以這裡的「美」，有「美政」，也蘊含著「美心」的意思在內。「美心在內，美政在外」，「內聖」而「外王」。

「觀」也就是「觀政」，「觀政知心」這才是「大觀」，也就是這樣才能讓人「觀美政」而「嘆為觀止」。

當然「最美的美政」是「禮運大同的世界」。這也是要讓人嘆為觀止的。問題是：還要等多久？孫悟空被壓在五指山下等唐僧，也不過五百年而已啊！

附錄

《逸周書・寤儆解》〈1〉維四月朔王告儆，召周公旦曰：「嗚呼！謀泄哉！今朕寤有商驚予，欲與無□*則，欲攻無庸，以王不足，戒乃不興，憂其深矣！」周公曰：「天下不虞周，驚以寤王，王其敬命，奉若稽古維王，克明三德維則，戚和遠人維庸，致王禱，赦有罪，懷庶有，茲封福，監戒善敗，護守勿失，無為虎傅翼，將飛入邑，擇人而食，不驕不吝，時乃無敵。」王拜曰：「允哉！余聞曰：維乃予謀，謀時用臧。不泄不竭，維天而已。余維與汝，監舊之葆。咸祗曰：戒戒維宿。」

《說苑・尊賢》〈10〉周公攝天子位七年，布衣之士，執贄所師見者十二人，窮巷白屋所見者四十九人，時進善者百人，教士者千人，官朝者萬人。當此之時，誠使周公驕而且吝，則天下賢士至者寡矣，苟有至者，則必貪而尸祿者也，尸祿之臣，不能存君矣。

*編注：此為原典闕文。

12

子曰：「三年學，不至於穀，不易得也。」

1. 孔子說：「學了三年，還沒想到要做官，這是不容易（或不可能）的事。」
2. 孔子說：「學了三年，還沒學到要守死善道，這不可能。」

這章講的是「學」和「穀」的關係。這章雖然短，解釋起來可以天差地別。一種解釋把「穀」當「祿」解（《爾雅．釋言》〈69〉、鄭玄、孫綽和朱子），就是「當官」；一種解釋把「穀」當成「善」（孔安國、皇侃、邢昺和戴望），就是「善道」。

從《論語》中出現的「穀」來看，有時作「祿」是有道理的，如〈憲問1〉，有時就是講糧食，如〈陽貨21〉和〈微子7〉，沒有當成是「善」解的。雖然這和下一章〈泰伯13〉的「守死善道」可以有上下文的關聯，但是如果根據下一章的後段「邦有道，貧且賤焉，恥也；邦無道，富且貴焉，恥也」，也可以更理直氣壯將「穀」解釋成「富且貴焉」。古注解成「善」大概有著注釋家希望後代讀書人讀書是為了精神上的「守死善道」，而不是物質利益上的「升官發財」。後來，科舉盛行，鼓勵讀書人「當官」，能「為人民服務」又能「升官發財」，不正是「兩全其美」之道？難道孔子教弟子，不是希望能學以致用？如果能為朝廷所用，修己安人才不會落空。所以將「穀」解成「祿」，而且還是「因義得祿」而不是「不義而富且貴」，似乎也理所當然，而不必扭扭捏捏、故作姿態。

「至」是「到」。可是朱子曾經懷疑這裡的「至」應該是「志」，這樣「學了三年才立志於功名利祿」，似乎又晚了些。不是應該一開始就立志於此嗎？孔子的「自行束脩以上」，應該包含著「志於穀」吧？

最後的「不易也」，古注都解成「不易得」，也就是「不容易找到這樣的人」，或者說的誇張些：「根本就不可能」。

我們讀這章，恐怕也要回到這個基本問題，捫心自問：我們學那麼多，又是為了什麼？

13

子曰：「篤信好學，守死善道。危邦不入，亂邦不居。天下有道則見，無道則隱。邦有道，貧且賤焉，恥也；邦無道，富且貴焉，恥也。」

孔子說：「（君子）要先能努力向學，充實自己的智能，才能守護自己相信的正道，而且必要時也可以為道而犧牲性命。（可是，君子）不會去一個即將崩解的邦國行道，也不會久留在一個已經禮樂崩壞的邦國中。天下如果能行正道，就出來替天行道；天下如果沒有行道的條件，就藏道於民（，等待更好的時機再來學以致用）。如果邦國能行正道，（君子）還不為君上所用，落得沒有錢財又地位低賤，這實在是恥辱；如果邦國不能行正道，自己卻錢財滿屋而且地位高貴，這也是恥辱。」

這章是孔子提醒弟子要先「好學」才能「善道」。而且為了要行「善道」，也得看清楚大環境的情況再做調整。

這裡的「篤」，《爾雅》說是「固」，朱子說是「厚而力」，其實就是「堅定」。「篤信好學」就是「堅定的相信自己所學的東西」，「信」在此不是「誠信」而接近「信仰」。「守死善道」也是「堅定到寧可為自己的善道犧牲性命」，「死」就是「朝聞道夕死可矣」（〈里仁8〉）的同樣意思。這章的「篤信好學」要一起看，而且也要當成「守死善道」的前提。有了前者，才會有後者。也才會有判斷能否行道的知能，也才能決定是要「用行」還是「舍藏」（〈述而11〉）。這裡的「好學」，皇侃說是「好學先王之道」，配合「守死善道」的「善道」，比邢昺說的「好學問」要能前後一致。

這章的正文有一層一層的漸進關係。「危邦不入」和「亂邦不居」是假定兩種情況：為了行道，看到將亂而未亂的邦國，就別去浪費氣力；如果身處的邦國已經禮樂崩壞、大勢已去，君子也就應該走人。從這句話來看，「守死善道」並不是要弟子「為君上效忠到犧牲性命的地步」。接著「天下有道則見，無道則隱」是因為「人能弘道」（〈衛靈公29〉），所以要保全自己的性命和所相信的善道，不可輕言犧牲。等待能行道的機會出現，再來一顯身手。在這樣的機會沒到來之前，當然就將善道隱身和廣播民間，耕耘「善道的後備軍」，而不是做個「離群索居的隱士」。最後的「邦有道和邦無道」說的是「有朝一日」，因為準備好自己和能用事的團隊，有朝一日，還是能將善道行遍天下。如果只是為了個人的富貴貧賤考量，而且好學了半天卻沒有用事的智能，那真是君子的最大恥辱。

這就讓我想到毓老師的感嘆：「讀書讀這麼多，一本都用不上，又有什麼用？」

14

子曰：「不在其位，不謀其政。」

孔子說：「如果不是在那個職位上，就不應該管到那個職位上的事務。」

這章是孔子強調「位」和「政」的「最適配置」。

同樣的話出現在〈憲問26〉，只是又加了一段曾子補充的「君子思不出其位」。這和《易經・艮卦》〈1〉的象辭是一樣的。「艮」有「止」的意思，「思不出其位」就是強調「不要越權」，要「知止」。這也是孔子所說的「禮」，現在大概就算是「做好自己份內工作」的「職業倫理」或「工作倫理」。

古注都沒有難字的解釋，說明的理由也基本上都一樣。孔安國認為這樣的主張：「欲各專一於其職也。」朱子則引用程子的話說：「不在其位則不任其事也。若君大夫問而告者，則有矣！」這裡強調的是「不主動」給君上提意見，除非君上主動諮詢，才會「被動」告知。

《禮記·中庸》〈14〉有「君子素其位而行，不愿乎其外」的說法。和「思不出其位」的關聯性比較強，但從上下行文來看，並沒有此章「謀政」的說法。所以，〈中庸〉的說法比較是從「修己」或「內聖」的立場來看，本章則從「君臣上下」的立場出發，層次上有不同。

《論語》裡面說過「為人謀」（〈學而4〉）、「謀道」和「謀食」（〈衛靈公32〉），本章則講「謀政」。這裡的應該還有個最基本的前提：「道不同，不相為謀」（〈衛靈公40〉）如果配合上一章來看，會更清楚上下文脈絡（語境）關係：君子間訂定守護自己的政治理想（守死善道），也會為了有同樣政治理想的君上提供謀策；如果政治理想不同，當然就果斷離去，危邦不入，亂邦不居。

從這章再回頭看，「不患無位，患所以立」（〈里仁14〉）這裡的「所以立」恐怕也是君上是否有和自己相同的「善道」，才決定要不要「求位」，也就是「君子謀道不謀食」。這樣，才不會落入「邦有道，貧且賤焉，恥也；邦無道，富且貴焉，恥也」（〈泰伯13〉）的「雙恥困境」。

總之，「不在其位，不謀其政」已經是決定「上下道同」的第一步棋之後，才要決定去「謀位」（第二步棋）並在「謀得位」之後的「為人忠謀」的最後一著。

15

子曰：「師摯之始，〈關雎〉之亂，洋洋乎！盈耳哉。」

孔子說：「從魯國的樂師摯開始整理幾乎失傳的雅樂，像〈關雎〉這樣合奏的音樂，也讓人聽起來更加好聽。」

這章也是孔子讚美音樂的好聽，大體上意思還清楚，某些辭語則有解釋不清的困擾。

「師」指的是「當時的宮廷樂師」；「摯」是樂師的名字。「始」是「首」。只有戴望說是「四始」，就是四個首篇：「〈關雎〉為〈風〉始，〈鹿鳴〉為〈小雅〉始，〈文王〉為〈大雅〉始，〈清廟〉為〈頌〉始，皆周公歌詠文王之德。」「風、雅（小雅和大雅）、頌」是指題材。《詩經》的六種題材是「風、雅、頌、賦、比和興」，這是最有學問的說法。

比較歧異的是「亂」的解釋，真的有點「亂」。朱子之前的古注都跳過不解，朱子率先說是「樂之卒章也」，還引用了《史記》的說法「〈關雎〉之亂，以為〈風〉始」為證。劉寶楠也引證《爾雅》

說：「亂，治也。」又解釋說：「凡樂之終，咸就條理，故曰『亂』。」另一說是「理」，黃式三引用了很多人的解釋為證，也因而質疑朱子之說：「亂既曲終之名，〈關雎〉自成一曲，何以總名曰亂？」第三說是指「合樂時也」。戴望這麼說，就是各項樂器的「大合奏」。

「洋洋乎」是正面的讚美，表示「美好盛大的樣子」，《論語》中只出現這一次，〈中庸〉卻有兩次（《禮記・中庸》〈16〉、〈28〉）。

孔子最擔心的是禮樂崩壞，他認為「樂」是作為一個人應有的修養（〈泰伯8〉）。所以，能聽到太師摯振興雅樂（〈子罕15〉和〈陽貨18〉），並且能和魯太師討論音樂（〈八佾23〉），是孔子最快樂的事情之一。

附錄

《禮記・中庸》〈16〉子曰：鬼神之為德，其盛矣乎！視之而弗見，聽之而弗聞，體物而不可遺。使天下之人齊明盛服，以承祭祀，洋洋乎如在其上，如在其左右。《詩》曰：「神之格思，不可度思！矧可射思！」夫微之顯，誠之不可掩如此夫。

——〈28〉大哉，聖人之道！洋洋乎發育萬物，峻極於天。優優大哉！禮儀三百，威儀三千，待其人然後行。故曰：苟不至德，至道不凝焉。故君子尊德性而道問學，致廣大而盡精微，極高明而中庸。溫故而知新，敦厚以崇禮。是故居上不驕，為下不倍；國有道，其言足以興，國無道，其默足以容。《詩》曰：「既明且哲，以保其身。」其此之謂與！

16

子曰：「狂而不直，侗而不愿，悾悾而不信，吾不知之矣！」

孔子感嘆地說：「狂妄自大而不正直，還未成器就已經沒有志向，自己無能還不相信別人，我真搞不懂這些人想要怎樣！」

這章是孔子感嘆當時的人已經落入不正常的狀態，實在要不得。

這章的第一句「狂而不直」在其他章節都有類似的討論，所以問題不大。「侗而不愿」及「悾悾而不信」則都只在此處出現，其他先秦兩漢文獻也都沒這樣的用語，所以需要解釋。

「侗而不愿，悾悾而不信」這些關鍵字的解釋呈現一種「解釋上的斷裂」：「侗」是「未成器之人」（孔安國、皇侃和邢昺），朱子的解釋不同，說是「無知貌」。「愿」則都是「謹愿」（孔安國、皇侃和邢昺）或「謹厚」（朱子）或「善」（鄭玄），也就是「忠厚老實」。「悾悾」，是「愨（音雀）」（孔安國、皇侃、邢昺），就是「誠愨」，朱子卻說是「無能貌」。

孔子經常拿「狂」和「簡」或「狷」對舉（〈公治長22〉和〈子路21〉），這些人雖然「斐然成章」（耀人的表現），但是兩者都不是「中庸之道」，「狂」者「太過」，「簡」者或「狷」者「有所不及」。如果單舉「狂」一字，則是因為「好剛不好學」的流弊所造成的（〈陽貨8〉）。孔子也比較過古今的「狂」：「古之狂也肆，今之狂也蕩。」（〈陽貨16〉）簡單說，都是過激、沒有以禮節制的行為。孔子這裡隱含著「狂」而且「直」是比較好的狀況，雖然這也不是最上乘，因為「直」還是要有「禮」節制才是「中庸之道」，否則「直而無禮則絞」，常會讓人受傷（〈泰伯2〉）。孔安國的解釋是：「狂者進取，宜直也。」

「侗而不愿」——皇侃承繼孔安國的解釋說：「人幼未成人者情性宜謹愿，而當時幼者亦不謹愿也。」我覺得如果「侗」是「未成年之人」或「無知」，則「愿」恐怕可以從「誠懇」或「無知」引申到「志於學」（〈為政4〉）。孔子一定是感嘆：「少不學，老何為？」

「悾悾而不信」——皇侃承繼孔安國的解釋說：「野愨之人宜可信，而於時野愨者皆詐詭，不復宜可信。」這裡把「信」講成是別人對這些「悾悾者」的信任和信賴。可是我覺得應該是反過來解釋：「這些悾悾者誠懇或無能，還不能相信別人。」這才是孔子感嘆之處。

「吾不知之矣」——解成「我不能知測」（皇侃），劉寶楠說「夫子於失常度之人，不能知之」，似乎不妥。朱子解成「甚絕之之辭，亦不屑之教誨也」，這樣的解釋不就打臉孔子自己說的「有教無類」？黃懷信認為是「不知其故，無奈之辭」，似乎也不妥適，孔子當然希望這樣的人能走「中道」來矯正這些狀況，怎麼會不知道原因或不知道該怎麼辦呢？我覺得應該是孔子認為這些人自滿於現狀，不願意改變，不願意學，又不相信別人，這樣是行不通的。

也許，這章該配合「互鄉難與言」（〈述而29〉）來看，這章所說也許就是「互鄉」的狀況。「里仁為美」（〈里仁1〉），老少安懷，朋友互信，才能創造「美仁之里」。住在「互鄉」而不「互相」學習和「互相」信賴，是沒法長進的。

17

子曰：「學如不及，猶恐失之。」

孔子說：「為學〔在沒學之前〕要注意到及時趕上，〔學到之後〕要擔心忘掉所學。」

這章講的是學習的態度，沒有難字，只是恐怕有漏字，造成整句的意思不夠完整。文字很短，句意大體也清楚，只是句法有點特別。

何晏集解沒幫上什麼忙：「學自外入，至熟乃可長久。如不及，有恐失之。」皇侃的解釋清楚些：「言學之為法，急務取得，恆如追前人，欲取必及，故云『如不及』也。又學若有所得，則戰戰持之，由如人執物，恆恐去失，當錄之以為意也。」朱子的集注也還可以：「言人之為學，既如有所不及矣，而其心猶悚然，為恐其或失之。警學者當如是也。」但是劉寶楠的解釋區分了「剛開始學」和「學了以後」兩個階段，讓整句的意思更加清楚：「『如不及者』，方學而如不及學也。『猶恐矣』者，既學有得於己，恐復失之野。如不及，故日知所亡。恐失，故月無忘所能。」劉寶楠引用的是子夏「日知其所亡，月無忘其所能」的說法（〈子張5〉）。

孔子說過「溫故而知新，可以為師矣」（〈為政11〉），《禮記．中庸》〈28〉更強調「君子尊德性而道問學，致廣大而盡精微，極高明而中庸。溫故而知新，敦厚以崇禮」，這兩段話同樣都有「溫故而知新」，其實就是此章的最佳佐證。「學如不及」所以才要「知新」，這樣才能「與時俱進」而不只是為了趕時髦；「猶恐失之」所以才要「溫故」，新故互相參照，更能彰顯歷久彌新的有用知識。這也是孔子「悠遊於古今之學」及「與時俱進」的「不守舊」的實踐。

後人竟然認為孔子思想保守落後，錯在誰呢？

另外，學的目的在於行，這呼應了〈公冶長14〉的「子路有聞，未之能行，唯恐有聞」。

附錄

《禮記．中庸》〈28〉大哉，聖人之道！洋洋乎發育萬物，峻極於天。優優大哉！禮儀三百，威儀三千，待其人然後行。故曰：苟不至德，至道不凝焉。故君子尊德性而道問學，致廣大而盡精微，極高明而中庸。**溫故**而**知新**，敦厚以崇禮。是故居上不驕，為下不倍；國有道，其言足以與，國無道，其默足以容。《詩》曰：「既明且哲，以保其身。」其此之謂與！

18

子曰：「巍巍乎！舜、禹之有天下也，而不與焉。」

孔子說：「真是偉大啊！舜和禹之所以能治理天下，並不是自己事必躬親（，而是委任賢能）。」

接下來四章都是讚美堯、舜、禹這三位古代聖王。這段話很簡單，意思也好懂，「與」的解釋是了解整篇的關鍵。

「巍巍」是形容「高大」或「偉大」。「有天下」是「具有治理天下的合法性」。「不與焉」是比較有歧解的部分：何晏的解釋都是著眼於「不與求天下而得之」。皇侃認為有兩解：一是「舜受堯禪而有天下，禹受舜禪而有天下，此二聖得時有天下，竝非身所欲求而君自禪之也」；一是指出孔子的潛台詞「孔子嘆己不預見舜、禹之時也。若逢其時，則己宣道當用也」。朱子的解釋略有不同於前輩：「不與，猶言不相關，言其不以位為樂。」毛奇齡的解釋比較貼近：「言任人致治，不必身預，所謂無為而治是也。」這裡的「與」應該有「親身參與」的意思，也就是說舜和禹治理天下都能任賢使能，不必事必躬親，也就是「恭己、正南面而已」（〈衛靈公5〉）。

《論語》中特別提到「舜有臣五人而天下治」（〈泰伯20〉），〈顏淵22〉還特別舉出「皐陶」為例。不過似乎提到「禹」的時候，並沒有特別指出同樣的治理貢獻，只說他對自己的食、衣、住各方面都不講究，全心全意在疏導水患，想的是為民除害（〈泰伯21〉）。〈憲問5〉南宮适認為「禹、稷躬稼而有天下」，雖然也有天下，卻沒提到是因為「任賢使能」。所以這章將兩人並提就有點奇怪，和以上引用的其他各章不合。

舜的故事在《書經・虞書》〈舜典〉和《史記・五帝本紀》〈18—26〉都有記載：「舜任用禹、稷、契、皐陶和伯益（或作「伯夷」）分別主管國家不同的部門。後來堯過世後，三年之喪完畢，舜讓位給堯的兒子丹朱，可是大家還是擁護舜。於是舜有了天下。後來舜到南方巡狩之時過世，大家也沒擁護他的兒子商均而擁護禹，於是禹就這樣有了天下。再後來禹在巡狩會稽時過世，三年之喪完畢後，大家擁護禹的兒子啟，而沒有擁護益。」萬萬沒想到，這樣就開啟了後來中國帝制「傳子不傳賢」的「家天下」傳統。可是這畢竟也是人民的一次性決定，就被當成定制留傳下來。孔子嚮往的「公天下」就得等到幾千年後才得以再現神州大地。

孔門「祖述堯、舜」，沒特別把禹放在同一個層次，應該隱含著這種「公天下」和「選賢與能」的大同理想。後來毓老師常常提醒的「一個『私』字害盡天下蒼生」，也是延續同樣的法脈。

附錄

《史記・五帝本紀》〈24〉舜入於大麓，烈風雷雨不迷，堯乃知舜之足授天下。堯老，使舜攝行天子政，巡狩。舜得舉用事二十年，而堯使攝政。攝政八年而堯崩。三年喪畢，讓丹朱，天下歸舜。而禹、皋陶、契、后稷、伯夷、夔、龍、倕、益、彭祖自堯時而皆舉用，未有分職。於是舜乃至於文祖，謀於四嶽，辟四門，明通四方耳目，命十二牧論帝德，行厚德，遠佞人，則蠻夷率服。舜謂四嶽曰：「有能奮庸美堯之事者，使居官相事？」皆曰：「伯禹為司空，可美帝功。」舜曰：「嗟，然！禹，汝平水土，維是勉哉。」禹拜稽首，讓於稷、契與皋陶。舜曰：「然，往矣。」舜曰：「棄，黎民始饑，汝后稷播時百穀。」舜曰：「契，百姓不親，五品不馴，汝為司徒，而敬敷五教，在寬。」舜曰：「皋陶，蠻夷猾夏，寇賊姦軌，汝作士，五刑有服，五服三就；五流有度，五度三居：維明能信。」舜曰：「誰能馴予工？」皆曰垂可。於是以垂為共工。舜曰：「誰能馴予上下草木鳥獸？」皆曰益可。於是以益為朕虞。益拜稽首，讓於諸臣朱虎、熊羆。舜曰：「往矣，汝諧。」遂以朱虎、熊羆為佐。舜曰：「嗟！四嶽，有能典朕三禮？」皆曰伯夷可。舜曰：「嗟！伯夷，以汝為秩宗，夙夜維敬，直哉維靜絜。」伯夷讓夔、龍。舜曰：「然。以夔為典樂，教稚子，直而溫，寬而栗，剛而毋虐，簡而毋傲；詩言意，歌長言，聲依永，律和聲，八音能諧，毋相奪倫，神人以和。」夔曰：「於！予擊石拊石，百獸率舞。」舜曰：「龍，朕畏忌讒說殄偽，振驚朕眾，命汝為納言，夙夜出入朕命，惟信。」舜曰：「嗟！女二十有二人，敬哉，惟時相天事。」三歲一考功，三考絀陟，遠近眾功咸興。分北三苗。

19

子曰：「大哉，堯之為君也！巍巍乎！唯天為大，唯堯則之。蕩蕩乎！民無能名焉。巍巍乎！其有成功也；煥乎，其有文章！」

孔子〔讚嘆地〕說：「真是偉大啊！堯這個人君！真是偉大啊！老天爺最大公無私，堯也效法老天爺的大公無私。真是深遠啊！人民沒法列舉他的貢獻。真是偉大啊！他對人民的貢獻。輝煌燦爛啊！他所設立的典章制度。」

上章孔子將舜和禹並舉，這章只講堯。全章都是偉大的讚詞。

這章是孔子唯一一次單舉堯的功績，其他章節往往是和舜並提，或是再加上禹。堯的功績雖然偉大，但也不是無所不能的。在〈雍也30〉他說「博施於民而能濟眾」，在〈憲問42〉他就說「修己以安百姓」，這樣的事情孔子認為就算是堯和舜都做不到。孟子進一步說堯和舜這樣的人，跟我們一般人都一樣是人（《孟子．離婁下》〈60〉），這是鼓勵我們：「他們做得到，我們也一定做得到。」縱使如此，大家還都是認為他們是和我們這種「俗人」大不同的「聖人」。孟子後來在很多章節中都還提到堯、舜和禹的故事，立下了「儒家三聖」的傳統。

《論語》最後一篇是〈堯曰〉，這章就記載著堯交代舜的話：「允執其中」（〈堯曰1〉）。一般都說為政要走「中道」，其實「中」還有「上下通」的意思，所以也是要能「上下溝通」，「知道人民的需要」，才能「滿足人民的需要」，這就是「安民」，也就是「允執其中」的結果。這應該就是堯的治理心法。

《史記・五帝本紀》〈11—17〉記載堯的事跡，先誇他：「其仁如天，其知如神。就之如日，望之如雲。富而不驕，貴而不舒。黃收純衣，彤車乘白馬。能明馴德，以親九族。九族既睦，便章百姓。百姓昭明，合和萬國。」這也就是他能「修己」也能「安人」。孔子認為堯舜都做不到，司馬遷顯然持不同意見。

接著他任賢使能，使人民可以根據曆法耕種，也派人治理洪水（雖然不成功），最後還把兩個女兒嫁給舜，近距離考察了舜的品德和為人，最後成就了「堯舜禪讓」的歷史美名（〈五帝本紀11—17〉和《尚書・虞書》〈堯典〉）。

孔子強調「唯天為大，唯堯則之」應該不是說「堯和天一樣偉大」，而是強調「天道尚公」，堯也效法這種「尚公」的精神，一心為人民謀幸福，而不是圖謀個人的享受而已。可是孔子也知道，堯雖然「尚公」，但也有做不到的事情，如治理洪水。

堯顯然不是萬能，但是沒有堯顯然也是萬萬不能的。

附錄

《孟子・離婁下》〈60〉孟子曰：「何以異於人哉？堯、舜與人同耳。」

20

舜有臣五人而天下治。武王曰：「予有亂臣十人。」孔子曰：「才難，不其然乎？唐虞之際，於斯為盛。有婦人焉，九人而已。三分天下有其二，以服事殷。周之德，其可謂至德也已矣。」

舜任用了五位大臣，他們分工治理，天下太平。周武王說：「我有十位幫助我治理國政的大臣。」孔子〔感嘆〕說：「要找到好的治世人才可真不容易啊！從唐堯虞舜到今天，〔根據舜和武王的說法〕人才顯然隨著歲月而增多〔，這是一種進步〕。〔武王所說的十位，〕其中有一位婦女，所以應該是有九位男性。周文王當初具有天下三分之二的人服從周，可是周文王還是沒有違背君臣之義，繼續以殷朝為天下共主。周文王這樣的美德，真是最高無上的德行啊！」

這章的主題有二：先是說君王難求治國人才，再說周的「至德」。舜的五位臣子，據孔安國說是「禹、稷、契、皋陶、伯益」。《孟子．滕文公上》〈4〉列舉了四個人，漏掉了皋陶。《史記．五帝本紀》〈24〉則列舉了十個人，而且說這些人在堯的時代就被聘用，只是沒有分工。到了舜的時候才根據這些人的專長來將這些人分工；禹管治水、〔后〕稷管農耕、契管教化、皋陶管司法、伯益管山林和動植物。其實還有垂管工藝、夔管音樂、龍管諫言〔納言〕。這就是舜「恭己正南面」的「責任政治」或官僚體制的分工。

這裡的「亂臣」不是字面上的意思，其實是「治臣」。一說是因為古代的「治」字和「亂」字在字形上很相似，才被誤用。周武王的「亂臣十人」，馬融最早列名了「周公旦、召公奭、太公望、畢公、榮公、太顛、閎夭、散宜生、南宮适、文母」，其中「文母」是周文王的正室，武王的母親。從六朝隋唐以後就有人〔朱注引用「劉侗讀」（劉敞）〕覺得怎麼可以錯亂人倫把母親當成「臣」，所以認為這個婦女應是武王的妻子婁氏，也就是「邑姜」。

前面這兩句，朱子說是《尚書．泰誓》之辭，這是武王伐殷時的誓眾之辭，可是今本的《尚書》並沒有收錄這段話。戴望認為這是已經亡佚的「古文尚書」內容。

接下來是孔子的感嘆。從舜的五人，到了武王才有十人，真是治國人才難得。不過至少是個進步。接著說「有婦人焉，九人而已」，九個男人中有一位女性，可以當成進步的跡象來看。有些人認為這樣的說法是特別歧視女性，不把女人當「人」，才有「九人」的說法。如果從上下文來看，應該不是這樣的意思。女人也是「亂臣」，對治國也有貢獻，只是人數太少，應該加以改善。這是從現代觀點可以產生的正能量解讀。「女人撐起半邊天」就比周武王的「十分之一」更進步。

最後從「亂臣」轉到周文王天下有三分之二的土地和人心，卻仍然服事殷，因而讚美周文王的「至德」。包咸的解釋說了等於沒說：「殷紂淫亂，文王為西伯而有聖德，天下歸周三分有二，而猶以服事殷，故謂之至德。」邢昺說出關鍵：「文王不忍誅伐，猶服事之，故謂之至德。」戴望解釋得更清楚些：「文王……初無受命改正之志，明武王之伐非得已也。」劉寶楠認為：「周得群才，故能三分有二，其時實有得天下之勢，而猶以服事殷，與泰伯之以天下讓無以異，故夫子均嘆為至德也。」

這種「惡君亦君」「以忍讓為至德」的評論在專制時代是很可以理解的。對於近代的人來講，這種「至德」絕對是可議之事。

我聽過一種說法，文王不「翦商」是因為以天下蒼生為念，因為「翦商」要死很多人。武王「伐紂」，也同樣是以天下蒼生為念，考量的則是紂王的治理已經「天怒人怨」，為了「人民的願望，替天行道」(「有民有命」) 所以要伐紂（可以參考《尚書・泰誓》）。這兩種說法都是以「天下蒼生」為由，只是最後的選擇不同。

這章沒有彰顯孔子認為「至德」的具體實踐，所以也變成一個歷來政治上的「孔門難題」，不管選擇怎樣的路線，好像都是遵從孔子的教誨。我覺得孔子在此應該是強調「治（經）理人才」的重要性。孔子就曾經說過，雖然衛靈公不是個好君王，可是他任用賢能，所以政治還能夠運行不墜（〈憲問19〉）。孔子自己應該也相信，如果有人可以聘用他來治理國政，就算君上不像堯舜那樣賢明，他也一樣可以在一定時間內將國家治理得妥妥當當（〈子路10〉）。這也許也是後來帝制時代千千萬萬儒生同樣的期待。

附錄

《史記・五帝本紀》〈24〉堯老，使舜攝行天子政，巡狩。舜得舉用事二十年，而堯使攝政。攝政八年而堯崩。三年喪畢，讓丹朱，天下歸舜。而禹、皋陶、契、后稷、伯夷、夔、龍、倕、益、彭祖自堯時而皆舉用，未有分職。於是舜乃至於文祖，謀於四嶽，辟四門，明通四方耳目，命十二牧論帝德，行厚德，遠佞人，則蠻夷率服。舜謂四嶽曰：「有能奮庸美堯之事者，使居官相事？」皆曰：「伯禹為司空，可美帝功。」舜曰：「嗟，然！禹，汝平水土，維是勉哉。」禹拜稽首，讓於稷、契與皋陶。舜曰：「然，往矣。」舜曰：「棄，黎民始饑，汝后稷播時百穀。」舜曰：「契，百姓不親，五品不馴，汝為司徒，而敬敷五教，在寬。」舜曰：「皋陶，蠻夷猾夏，寇賊姦軌，汝作士，五刑有服，五服三就；五流有度，五度三居：維明能信。」舜曰：「誰能馴予工？」皆曰垂可。於是以垂為共工。舜曰：「誰能馴予上下草木鳥獸？」皆曰益可。於是以益為朕虞。益拜稽首，讓於諸臣朱虎、熊羆。舜曰：「往矣，汝諧。」遂以朱虎、熊羆為佐。舜曰：「嗟！四嶽，有能典朕三禮？」皆曰伯夷可。舜曰：「嗟！伯夷，以汝為秩宗，夙夜維敬，直哉維靜絜。」伯夷讓夔、龍。舜曰：「然。以夔為典樂，教稚子，直而溫，寬而栗，剛而毋虐，簡而毋傲；詩言意，歌長言，聲依永，律和聲，八音能諧，毋相奪倫，神人以和。」夔曰：「於！予擊石拊石，百獸率舞。」舜曰：「龍，朕畏忌讒說殄偽，振驚朕眾，命汝為納言，夙夜出入朕命，惟信。」舜曰：「嗟！女二十有二人，敬哉，惟時相天事。」三歲一考功，三考絀陟，遠近眾功咸興。分北三苗。

21

子曰：「禹，吾無間然矣。菲飲食，而致孝乎鬼神；惡衣服，而致美乎黻冕；卑宮室，而盡力乎溝洫。禹，吾無間然矣。」

> 孔子說：「對於大禹，我實在沒什麼要批評的啊！他自己吃得很簡單，可是對於鬼神的奉獻犧牲卻很豐富周到；他自己平時穿著很隨便，可是對於正式場合的儀容卻很講究合禮；他自己住居很一般，可是卻致力於疏通洪水讓大家住居安心。對於大禹，我實在沒什麼要批評的啊！」

繼前面幾章誇獎了堯、舜和禹之後，這章專門誇獎禹。

「間」的古注都說是「間廁」（孔安國和邢昺）、「非覷」（皇侃）或「罅隙也，謂指其罅隙而非議之」（朱子），換現代話說，就是「雞蛋裡挑骨頭」或「苛責」。只有戴望說是「加」，就是「好到無以復加」的意思。「菲」是「薄」。「黻冕」，邢昺說都是「祭服」，劉寶楠引用《說文》：「冕，大夫以上冠也」，如此就是「正式場合穿戴的衣冠」。「溝洫」，古注都說是田間灌溉的溝渠，清朝的何焯（一六六一—一七二二）的《義門讀書記》說是治洪水所開通的水道，似乎比較貼近大禹治水的情況。

總之，孔子誇獎的是大禹的「公而忘私」。這裡雖然沒說到「三過家門而不入」，但是從食、衣、住三方面來說，也比較周全。

《論語》對於禹的記載不多，另一次是講到禹和稷親自務農，才有天下（〈憲問5〉）。孟子提到禹時，除了說他治水之外（《孟子．告子下》〈31〉），還提到他「聞善言則拜」（〈公孫丑上8〉）。有一次，弟子萬章請教孟子一個「至於禹而德衰，不傳賢而傳子」的「歷史傳言」。孟子也特別為此辯駁過，他認為：「匹夫而有天下者，德必若舜禹，而又有天子薦之者，故仲尼不有天下。繼世以有天下，天之所廢，必若桀紂者也，故益、伊尹、周公不有天下。」（〈公孫丑上6〉）孟子在此特別舉出匹夫得天下的兩個因素：自身內在的德行以及外在天子的推薦，缺一不可。可是就算有了天下，也可能因為德衰而廢。所以大禹的兒子啟之所以有天下，不是因為大禹要傳衣缽給他，而是他有德於天下，才被天下推舉。

諷刺的是，後來的政和商兩界的繼承者，都不管自己有德沒德，而都是「靠爸一族」，「王二代」、「官二代」、「富二代」就應運而生，也終將因「德衰」而亡。

靠著血緣的傳承，真不如靠著德行的傳承。我們應該跨出血緣的框架，好好思索、培養自己成為「德一代」，然後才會有「德二代」的傳承接力。

附錄

《孟子》〈告子下31〉白圭曰：「丹之治水也愈於禹。」孟子曰：「子過矣。禹之治水，水之道也。是故禹以四海為壑，今吾子以鄰國為壑。水逆行，謂之洚水。洚水者，洪水也，仁人之所惡也。吾子過矣。」

——〈公孫丑上8〉孟子曰：「子路，人告之以有過則喜。禹聞善言則拜。大舜有大焉，善與人同。舍己從人，樂取於人以為善。自耕、稼、陶、漁以至為帝，無非取於人者。取諸人以為善，是與人為善者也。故君子莫大乎與人為善。」

子罕・第九

1

子罕言利，與命，與仁。

孔子很少提到利方面的事情，但是卻很讚賞地談論命和仁的事情。

〈子罕〉篇是《論語》的第九篇，有三十章和三十一章兩種分法，我們根據第二種。

這章是弟子記載孔子平常「言」的範圍，不是孔子自己講的話。此章雖短，爭議卻不少，關鍵在於怎麼理解這個「與」字。

最常見的是將「與」當成連接詞，就是「及」或「和」。如此，此章就是：孔子很少談論利、和命、和仁（三者）。邢昺和朱子都是這樣解釋的。可是，如果細查《論語》中的章節，談論「仁」的特別多（有人說過出現一百零四次，我沒敢算），其次是「命」（共二十一章），最少的是「利」（共九章），怎麼說也不能說是「罕言」啊！所以這種解釋和事實不符。

另外一種是皇侃的解釋，將「與」當成「言語許與之也」。如此，此章就是：孔子很少談論利，可是卻常常讚許地談論命和仁。這比較接近《論語》中的實情。孔子主張行仁，也要君子知命，就是談利之時，特別強調「見利思義」。

程樹德認為真正的關鍵是大家都忽略了「言」的解釋。他主張「言者，自言也」。如此，這章的解釋就是：孔子很少自己提到「利、命和仁」三者，都是別人問起，他才回答的。如果是這樣，孔子「罕言」的應該就不只這三項才對吧！

今人黃懷信用「增字解經」，主張本章的「子罕言」之後漏了一個「其」字，也就是「子罕言其利，與命與仁」，白話就是「孔子很少談說自己的利益、命運和仁德。」這種解釋可以表現出孔子的謙德，和孔子的形象也比較接近，不無道理。

我覺得皇侃和黃懷信的解釋，都比較貼近孔子的整體思想體系。

孔子對於「利」的態度，不僅罕言，生活上也不把利當成追求的目標。對於「命」，他強調自己「五十而知天命」（〈為政4〉），以及「不知命，無以為君子也」（〈堯曰3〉），特別是他處處關心的「仁」，恐怕也不只於「知」或「言」的層次，而是落實在他的日常生活行為之中。

用「身教」而不是「言教」體現自己的「修己」，也希望可以借此「安人」。這是孔子的一貫教學之道吧！

2

達巷黨人曰：「大哉孔子！博學而無所成名。」子聞之，謂門弟子曰：「吾何執？執御乎？執射乎？吾執御矣。」

達巷這個地方的人（稱讚）孔子說：「孔子真是個了不起的人啊！他無所不知，不專精在一件技藝。」孔子聽到這樣的傳聞，就跟弟子們說：「我要專精哪一項技藝呢？駕馬車呢？還是射箭呢？我乾脆學駕馬車好了！」

這章表現出孔子幽默地回應別人對他的稱讚。

古代五百家稱為「黨」，「達巷」是這個「黨」的名稱。這裡沒特別說出誇獎孔子的人是誰。可是有古人就說是「項橐」（或作「項櫜」或「項託」）。其實，《戰國策・秦策》、《淮南子・修務訓》、《論衡・實知》〈6〉、《新序・雜事五》〈140〉和《史記・樗里子甘茂列傳》〈17〉都提到「項橐七歲就成為孔子的老師」的事。可是都沒說他就是這裡的「達巷黨人」。把這兩件事情硬湊在一起，實在證據不足服人。

這裡誇獎孔子的「大哉」，在〈泰伯19〉孔子也用來讚嘆過堯的偉大。所以劉寶楠引用焦循的說法，認為這裡說的「大哉孔子」就是「大哉堯之為君」，這裡的「博學而無所成名」就是那裡的「蕩蕩乎民無能名焉」。除此之外，《論語》沒有再出現過「大哉」來誇獎其他人。所以孔子聽到別人把自己誇成可以跟堯媲美的「孔則堯」，當然要謙虛一下。

「博學而無所成名」中的「博學」是「博學於文」(〈雍也27〉和〈顏淵15〉)，「無所成名」則有兩種解釋：除了上面焦循說的是「蕩蕩乎民無能名焉」之外，古注都偏向說孔子「不成一名」(鄭玄)，或是「廣學道藝，周遍不可一一而稱」(皇侃)，或是「惜其不成一藝之名」(朱子)。這樣解釋起來，原來誇獎的話就變成了諷刺：「樣樣都學，沒一樣精通」。孔子應該是故意用這樣的理解來回答別人的誇獎，這是幽默手法中的「轉移方向」。所以孔子的回答才執著在「選擇一項可以成名的技藝」的方向。所以他就從「禮、樂、射、御、書、數」這「六藝」中選了「射」和「御」來解嘲。他也許真是隨便說說的。可是「崇拜聖人」的後人堅信「聖人的一言一行都有深意」。從這立場出發，孔子選擇「御」而不選擇「射」就不是隨便說說。這裡的「御」不能簡單當成「駕馬車」來解釋，而要以用《易經》的「時乘六龍以御天」(《易經・乾卦》〈1〉和《易經・乾卦》〈19〉)的「治理天下」的宏願來理解。所以，孔子被稱為「素王」也不是沒道理。他雖然沒有政治上的君王之位，可是在文化上的地位卻是歷代統治者難望其項背。這種「一語雙關」正是幽默常見的手法，可以或隱或現地表達「孔子之志」。

如果是這樣，我們又怎麼能不再度讚嘆「大哉孔子」(或其實是「大哉孔粉」)呢！

3

子曰：「麻冕，禮也；今也純，儉。吾從眾。拜下，禮也；今拜乎上，泰也。雖違眾，吾從下。」

孔子說：「根據周朝的禮制，帽子要用三十升麻布，布衣也有固定的顏色。可是現在都用絲，這樣比較簡約。這方面我遵從眾人的做法。根據周朝的禮制，在臣與君行禮時，兩人要下堂再拜才算成禮。可是現在都在堂上拜完就了事，這樣是當臣子的太過驕傲，我的做法跟眾人不同，我下堂後還是會向君上行禮。」

這章孔子講到他自己守禮，有時他「從眾」，有時他「違眾」，展現出他的「無可無不可」（〈微子8〉）。別忘了，前提還在於「守禮」。

這裡有著繁瑣的禮節背景。沒有古注的輔助，我們現代人是無法理解的。前段的部分，皇侃說：「時既人人從易用絲，故孔子云吾亦從眾也。所以從之者，周末每事奢華，孔子寧抑奢就儉，今幸得眾共用儉，故孔子從之也。」朱子的解釋有詳細的數字佐證：「緇布冠以三十升布為之，升八十縷，則其經二千四百縷矣。細密難成，不如用絲之省約。」

「拜上拜下」的部分，皇侃的解釋也很清楚：「禮，君與臣燕〔宴會〕，君賜酒，接下堂而再拜，故云『拜下，禮也』……當於時周末君臣燕飲，臣得君賜酒不復下堂，但於堂上而拜，故云：『今拜乎上，泰也。』拜不下堂，是由臣驕泰，故云泰也。」朱子對此沒有異議，不過他很正確地引用了程子的話：「君子處世，事之無害於義者，從俗可也。害於義則不可從也。」這段話的根據就是〈里仁10〉的「君子之於天下也，無適也，無莫也，義之與比」。「義」是底線，不能逾越。

這章要表達的重點並不是禮節的細節，而是守禮要考慮其背後代表的精神，不是一定要拘泥不變的。冕的材質不同，但還是守禮，而且不奢反儉，所以從眾。拜上不拜下，因為表現了驕泰，違反了禮的精神，所以就「違眾」。孔子不是跟著群眾轉向的人，他在乎的是人們對待禮的態度：是「儉」，就可以；是「泰」，就別談。所以他絕不是個以民粹為導向的人，他在乎的是禮。

子貢曾經因為告朔之禮久廢，所以想省掉祭禮中的羊。不過，孔子堅持這樣的禮是很重要的，寧可選擇犧牲一隻羊（〈八佾17〉）。甜嘴的子貢為什麼沒有想過從「儉」的立場來想個不同的說法或是提出「愛羊」的替代方案呢？只要守住禮，用羊或不用羊就不是問題了。問題在「禮」不在「羊」。子貢顯然沒懂。這裡孔子強調的是「禮」，特別是禮背後的誠意，而不是表面看到的繁文縟節。不幸的是，許多人都把「禮」當成「繁文縟節」的同意字。

一切都是為了「禮」。有禮運行天下，才能見到大同世界。否則我們看到的都只是「大同電鍋」〔台灣人生活中的必需品〕。

4

子絕四：毋意，毋必，毋固，毋我。

孔子禁絕走四種極端：不事先臆測、不期待必行、不固陋執拗、不自我中心。

這章是弟子記載孔子平常的行事。文本短，古注對於四個關鍵字的解釋不一。這四件事好像也有可以合併之處。或者這四件事情其實都是極端，應該看情況而定。

「絕」——皇侃說是「無」，而且還解釋說：「不云毋而曰絕者，據世人以言之也。四事世人未能絕，而孔子絕之，故云絕也。」朱子解釋得有點奇怪：「無之盡者」。其實就是下面出現四次的「毋」。「毋」都作「不」解。

「意」——何晏說是「任意」，皇侃說是「無意」，朱子說是「私意」，王夫之說得長一點：「不從根心之義理發出，偶有所感而起一念，即欲為之，曰『意』。」王引之說是「意（臆）度」。劉寶楠跟王引之的看法相同，還說明此章的「意」就是「不億不信」和「億則屢中」的「億」，其實也還是「猜測」的意思。

「必」——何晏說是「專必」，皇侃說是「抑比」，朱子說「期必」，王夫之的解釋是：「為之而必欲其成，不因時之可否以行止，曰『必』。」白話說，就是死守著一個目標，絕不改變。

「固」——何晏說是「固行」，皇侃說是「執守堅固」，朱子說是「執滯」，王夫之說是「守定一理，不會通以盡理之大全，曰『固』」，俞樾說「固」應該作「故」，「不故」，就是「不泥其故」，又說「彼一時，此一時，是為毋故」。這樣的解釋和「必」好像沒有什麼不同。

「我」——何晏說是「有其身」，皇侃說成是「功成身退」，邢昺說是「身」，朱子說是「私己」，王夫之說是：「惟己所見，不取善於人，功必自己而成，曰『我』。」白話講就是把所有功勞都攬在自己身上。

韓愈率先提出這章明說「絕四」，其實只有「絕二」，因為「毋意」就是「毋必」，「毋固」即是「毋我」。

莊存與獨具慧眼，看出四者分別指涉「智」、「義」、「禮」和「仁」：「智毋意，先覺也；義毋必，義之與比也；禮毋固，時中也；仁毋我，與人為善也。善則稱親，讓善於天下。」莊存與也說這四項也得看情況才對：「以億逆為意而去之，是也；以擬議為意而去之，非也。已適莫為必而去之，是也；以果斷為必而去之，非也。以窮固為固而去之，是也；以貞固為固而去之，非也。以足已為我而去之，是也；以修己為我而去之，非也。」

程樹德引用並贊同宋朝鄭汝諧的說法，認為孔子要「絕」的不是「意、必、固、我」這四項，而是要「絕其毋」，也就是讓人不要一味地「毋意、毋必、毋固、毋我」，這樣其實也是走極端，而不是走中道。如果要走中道的話，這四項都要看情況而定，就像前面所引莊存與的說法那樣。這樣的說法符合〈里仁10〉的「義之與比」，也就是要看符不符合當下的狀況，甚至更重要的是合不合正道。這其實也符合〈微子8〉中孔子自述自己和前輩不一樣的「無可無不可」。不過還要補充下面一句話才完整：「其唯聖人乎！知進退存亡而不失其正者，其唯聖人乎！」（《易經・乾卦》〈24〉）守正才讓「權變聖人」和「投機小人」有別。

這應該是孔子對自己和弟子的要求：篤守中道，不走極端。

5

子畏於匡。曰：「文王既沒，文不在茲乎？天之將喪斯文也，後死者不得與於斯文也；天之未喪斯文也，匡人其如予何？」

孔子到了匡這個地方，因為被錯認為陽虎〔或稱陽貨〕，所以被追捕。孔子〔安慰弟子〕說：「自從周王文過世之後，傳播文化的責任難道不就落在我身上了嗎？如果老天爺要斷絕文化傳承，後代人就無法承接前人的文化；老天爺如果不想讓文化傳承斷裂，那麼匡這地方的人又怎麼能傷害到我呢？」

這章是孔子在危難時對自己負有文化傳承使命的肯認。

這章主旨很清楚，可是古注在解釋單字時，卻有點隱晦。「畏」——皇侃說是「心服」，朱子說是「有戒心之謂」，戴望說是「拘」，劉寶楠引用《說文》解作「惡」，又引《廣雅》說：「懼也，恐也。」崔述說得比較清楚：「此必孔子聞匡人之將殺己而有戒心，或改道而行，或易服而去，倉促避難，故與顏淵相失，故不曰『圍於匡』，而曰『畏於匡』。」這裡古注不明說是孔子或弟子感到害怕（「畏」就是這個意思），但是不害怕的話講下面的話幹嘛？不就是壯膽嗎？

「文」——古注都闕如，唯有朱子的可供參考：「道之顯著者謂之文，蓋禮樂制度之謂。不曰道而曰文，亦謙詞也。」孔子強調的應該不是天下的學問，而是文化傳承。所以，毓老師常說的「經緯天地謂之文」在這裡似乎不太適用。

「後死者」——皇侃和朱子都認為是孔子的自稱，我覺得應該不是指孔子個人而已，而是包括孔子弟子在內的「孔門」或「孔門（文化）集團」，至少是當初一群跟在孔子旁邊的弟子。

「子畏於匡」是孔子生平中的一個重要故事，《荀子》兩度提及「孔子拘匡」（〈賦11〉和〈堯問7〉）可是卻沒說細節。很多古書都愛提這個故事。根據《史記．孔子世家》〈22〉結合了本章和〈先進23〉說法：孔子到匡這個地方的時候，弟子顏刻隨侍在旁，就指著城牆的缺口說：「當初我們就是從這進去的。」這一說讓匡人想到當初不堪的往事，以為他是當時的侵略者陽虎，於是就要找孔子這群人算帳。孔子被拘捕通緝的第五天，顏淵在當初和大家逃難走散了以後，再度和孔子相見。兩人都很激動。孔子說：「我還以為你在動亂中死了呢？」顏淵回答說：「老師您還在呢，我這個當弟子的怎麼敢就先死呢！」這時匡人拘捕越發積極，弟子都開始覺得性命不保。孔子為了安慰弟子就說了這章的話。後來因為讓弟子去當甯武子的臣，才解圍。

《說苑．雜言》〈18〉的故事多了子路的情節。匡人將孔子圍在房子裡，子路氣到要衝出重圍，卻被孔子阻攔。孔子說：「我們平常《詩》、《書》、禮、樂都沒學好，這是我的過錯。至於長得像陽虎，那就不是我自己的問題，而是命。由啊！你來唱首歌，我來和。」師生唱完三遍，就感化匡人放下武器。(《孔子家語・困誓》〈5〉基本上和這段是一樣的)用「弦歌之聲」化解誤會，這大概正是我的遠祖孫子說的「不戰而屈人之兵」吧？從這個例子來看，我們好像不能小看現在的各種歌唱比賽節目。這是音樂鼓舞人心和抵抗敵人的力量。

愛開孔門玩笑的莊子，對這個故事又有一個略微不同的版本：宋人將孔子圍在匡這個地方，可是孔子卻一直彈著樂器唱著歌，子路看了不解，就質問孔子為什麼這種時候了還在這樣弦歌自娛？孔子回答說：「我這大半輩子都不被人重用，這是命；我長久以來希望能為人所用，可是都沒用，這就是不逢時。」孔子後來還舉了很多例子來證明「時勢比人強」，不過他很有自信地跟子路說：「我知道窮通都要看命和看時，我的命還不該絕。」後來果然圍兵自己承認認錯人，就解圍了(《莊子・秋水》〈9〉)。莊子在這裡藉著孔子之口明白說出本章沒有說的「命」、「時」、「勢」的重要性，弦歌不絕當然也是重要的。

《韓非子・難言》〈2〉提到這個故事，重點在於說明就算像孔子這麼會說話的人，一樣會碰到被圍的「坎」。沒音樂的力量。

《淮南子・主術訓》〈32〉則稱讚孔子的智和勇過人，可是卻不以此兩者見長，卻「專行教道，以成素王」，不過他在匡地被圍時，「顏色不變，弦歌不輟，臨死亡之地，犯患難之危，據義行禮而志不攝」。也提到音樂的力量。

這章的另外一個關鍵詞是「斯文」，「斯」是「此」，「斯文」在此是指「這種文化傳承的工作」。後來山東曲阜的孔廟中就有「斯文在茲」的匾。我年輕的時候青年男性戴眼鏡會被說成「斯文」，現在套用日本人的說法則是「草食男」。這是另一種「斯文在茲」。

孔子這裡安慰學生和自己的話，以及後來被桓魋圍困（〈述而23〉），後來結果都逢凶化吉，其實就是社會學中所說的「自我應驗的預言」，也就是因自己的行動造成的後果。

如果不是在這種生死存亡關頭，這樣的說法就會讓人覺得有點自大，不像是以謙虛自持的孔子形象。難道除了孔子之外，堂堂神州大地就沒有別的人或學派傳承文化了嗎？真會像後人（上網查了也說不清到底是誰）所說的「天不生仲尼，萬古如長夜」？尊敬一個人和神化一個人是有差別的。所以，尊敬孔子是應該的，搞「孔子個人崇拜」大可不必吧！

最後要再多提一下，孔子在此自稱上承「文王」之餘緒，跟後來韓愈在〈原道〉說的「堯、舜、禹、湯、文、武、周公、孔子、孟子」的道統一脈相傳說比起來，被偷塞進去了幾個人：「禹、湯、武」，這幾位（還得加上文王、周公兩位）在孔子的大同標準看來都不夠格（《禮記．禮運》）。

「人人皆可為堯舜」，時時提醒自己「斯文在茲」。順便奉勸大家：就別製造或相信這種「道統說」的精英神話。尊敬一個人是必須的，但是我們還是保持自己頭腦的清醒。

附錄

《史記．孔子世家》〈22〉將適陳，過匡，顏刻為僕，以其策指之曰：「昔吾入此，由彼缺也。」匡人聞之，以為魯之陽虎。陽虎嘗暴匡人，匡人於是遂止孔子。孔子狀類陽虎，拘焉五日，顏淵後，子曰：「吾以汝為死矣。」顏淵曰：「子在，回何敢死！」匡人拘孔子益急，弟子懼。孔子曰：「**文王既沒，文不在茲乎？天之將喪斯文也，後死者不得與於斯文也。天之未**

喪斯文也，匡人其如予何！」孔子使從者為甯武子臣於衛，然後得去。

《孔子家語．七十二弟子解》〈29〉顏刻，魯人，字子驕。少孔子五十歲，孔子適衛，子驕為僕。衛靈公與夫人南子同車出，而令宦者雍渠參乘，使孔子為次乘，遊過市，孔子恥之。顏刻曰：「夫子何恥之？」孔子曰：「《詩》云：『覯爾新婚，以慰我心。』」乃歎曰：「吾未見好德如好色者也。」

《說苑．雜言》〈18〉**孔子之宋，匡簡子將殺陽虎，孔子似之**。甲士以圍孔子之舍，子路怒，奮戟將下鬥。孔子止之，曰：「何仁義之不免俗也？夫《詩》、《書》之不習，禮、樂之不修也，是丘之過也。若似陽虎，則非丘之罪也，命也夫。由，歌予和汝。」子路歌，孔子和之，三終而甲罷。

《莊子．秋水》〈9〉**孔子遊於匡**，宋人圍之數匝，而絃歌不惙。子路入見，曰：「何夫子之娛也？」孔子曰：「來！吾語汝。我諱窮久矣，而不免，命也；求通久矣，而不得，時也。當堯、舜而天下無窮人，非知得也，當桀、紂而天下無通人，非知失也，時勢適然。夫水行不避蛟龍者，漁父之勇也；陸行不避兕虎者，獵夫之勇也；白刃交於前，視死若生者，烈士之勇也；知窮之有命，知通之有時，臨大難而不懼者，聖人之勇也。由處矣！吾命有所制矣。」無幾何，將甲者進，辭曰：「以為陽虎也，故圍之；今非也，請辭而退。」

《韓非子．難言》〈2〉故度量雖正，未必聽也；義理雖全，未必用也。大王若以此不信，則小者以為毀訾誹謗，大者患禍災害死亡及其身。故子胥善謀而吳戮之，**仲尼善說而匡圍之**，管夷吾實賢而魯囚之。故此三大夫豈不賢哉？而三君不明也。

《淮南子．主術訓》〈32〉孔子之通，智過於萇弘，勇服於孟賁，足躡效菟，力招城關，能亦多矣。然而勇力不聞，伎巧不知，專行教道，以成素王，事亦鮮矣。《春秋》二百四十二年，亡國五十二，弒君三十六，采善鉏醜，以成王道，論亦博矣。然而圍於匡，顏色不變，弦歌不輟，臨死亡之地，犯患難之危，據義行理而志不懾，分亦明矣。然為魯司寇，聽獄必為斷，作為《春秋》，不道鬼神，不敢專己。夫聖人之智，固已多矣。其所守者約，故舉而必榮。愚人之智，固已少矣，其所事者多，故動而必窮矣。

《禮記・禮運》〈2〉今大道既隱，天下為家，各親其親，各子其子，貨力為己，大人世及以為禮。城郭溝池以為固，禮義以為紀；以正君臣，以篤父子，以睦兄弟，以和夫婦，以設制度，以立田里，以賢勇知，以功為己。故謀用是作，而兵由此起。禹、湯、文、武、成王、周公，由此其選也。此六君子者，未有不謹於禮者也。以著其義，以考其信，著有過，刑仁講讓，示民有常。如有不由此者，在勢者去，眾以為殃，是謂小康。

6

大宰問於子貢曰：「夫子聖者與？何其多能也？」子貢曰：「固天縱之將聖，又多能也。」子聞之，曰：「大宰知我乎！吾少也賤，故多能鄙事。君子多乎哉？不多也。」

有一位當太宰的人請問子貢：「你們老師是不是個聖人？他怎麼什麼都會？」子貢回答說：「這是因為老天爺賞賜他作為聖人，而且又什麼都會。」孔子聽到了這樣的對話之後，就說：「太宰哪裡了解我呢！我因為年少的時候，家境貧苦無依，所以什麼小事雜事都要親自動手做。君子需要會做很多事嗎？不需要〔會做很多事〕。」

這章是別人稱讚孔子，孔子聽到後的謙虛辯駁之辭。孔子的回答除了回憶起自己不堪回首的少年往事之外，大概也有著因為「多能」所引發對於當政君子的諷刺。

「大宰」或作「太宰」，是官名。當時吳、宋、魯、陳四國都有這樣的官，這裡並沒有說明是哪一國的太宰。但是古注卻有說是吳太宰（鄭玄和毛奇齡），有的以為是魯太宰（程樹德）。

「固」是「故」，這是解釋的開頭。「縱」，朱子說是「肆也，言不為限量也」，戴望說是「生」。「將」，王充說是：「且也……言且聖者，以為孔子聖未就也。」皇侃說是「大」，朱子說是「殆也，謙若不敢知之辭」。

太宰問子貢的話，有兩種解釋：一種認為「聖者務大，不應細碎多能」，所以太宰才有這樣的懷疑，孔安國和皇侃都是這麼主張的。邢昺則認為「太宰蓋以多能為聖也」，朱子也是同樣的看法。從子貢的回答來看，顯然他的理解也應該是第一種解釋，也就是「聖者不該多能」。子貢的說法是把孔子當例外，而這個例外又是老天爺的意旨，也就是「天縱」，也是「受到老天爺特別喜愛的」，所以才又「聖」又「多能」，比起一般的「聖」要更「多」些。如果像邢昺說的「多能為聖」，子貢說「天縱之將聖」就行了，不必再多說「又多能也」。

子貢是在別人面前誇獎老師，原本就沒想讓老師聽到。孔子聽到了「聖」字的「大帽子」，當然很不以為然。他認為「堯、舜」這樣等級的才算是「聖人」，雖然如此，有時候堯、舜還不能完全達到「既聖且仁」的境界（〈雍也30〉），自己何德何能？戴不上這頂「大帽子」（〈述而34〉）。在〈述而34〉時，孔子謙虛地說自己只不過是「為之不厭，誨人不倦」而已。本章則針對「多能」一事辯駁。

孔子在回答中順便提及少年時代不堪的往事，順便諷刺了當政的「君子」的「不能」或「無能」或是「不知民間疾苦」。「貧賤」兩字通常都是並稱的，孔子卻只提到沒社會地位、不被重視的「賤」，而沒說到沒錢的「貧」，這點不知道有沒有深義。許多家世良好的「君子〔官〕二代」是不用學「鄙事」，和「多少」也沒任何關係。

孔子這裡沒說年少時候做過什麼「鄙事」。他的「私淑弟子」孟子有說，是他當過幫有錢人管帳的「委吏」，以及幫有錢人管理放牧牛羊的「乘田」（《孟子・萬章下》〈14〉）。這裡的「多能鄙事」，除了表現出他的不得已，也透露出他的適應力強。他自承的「為之不厭，好學不倦」，未嘗不是和他「多能鄙事」息息相關。可是，在另一個場合，孔子也不承認自己是「多學而識之」（〈衛靈公3〉），他認為自己在外人眼中的「多學」或本章的「多能」其實骨子裡都還是「一以貫之」。

縱使孔子不是「聖者」，他卻也是苦學出身的楷模。不過，他一貫安貧樂道，這點是很多人沒法理解的事。千百年後，他依然是隻孤鳥。

附錄

《孟子・萬章下》〈14〉孔子嘗為委吏矣，曰：「會計當而已矣。」嘗為乘田矣，曰：「牛羊茁壯，長而已矣。」

7

牢曰：「子云：『吾不試，故藝。』」

琴牢說：「〔我聽〕老師說過：『我不見用，所以學會很多技藝。』」

這章應該和上一章孔子的少年時代有關聯。

「試」——是「用」（《說文解字》、鄭玄、皇侃和邢昺）。「藝」——鄭玄說是「技藝」也沒人有異議，應該就是上章所說的「鄙事」。

這裡的「牢」，一說是孔子的弟子「琴牢」。琴牢是衛人，字子開，一字張（《孔子家語・七十二弟子解》〈33〉）。可是《史記・仲尼弟子列傳》卻沒記載這個人。所以有些人就認為這裡應該是指「顓孫師」，也就是「子張」。在《論語》中，「牢」也出現這麼一次。所以也很難判斷誰是誰非。

「藝」這個字，孔子用來說過兩次冉求（〈雍也8〉和〈憲問12〉），而且他也說過「游於藝」，和「志於道、據於德、依於仁」等等德行並列，看來也不應該是被孔子鄙視的不重要的東西。他主張

「博學於文」，這些「藝」應該也不會是他「鄙視」的「鄙事」。

上一章講「鄙事」，那是諷刺上位君子的狹隘觀點，這一章就是他從人民的立場來看的「藝」。不同社會地位，不同的看法，用詞也不同。

8

子曰：「吾有知乎哉？無知也。有鄙夫問於我，空空如也，我叩其兩端而竭焉。」

孔子說：「我無所不知嗎（或：我是個有智慧的人嗎）？不是這樣的。有些文化水平不高的人來問我（一些事），我如果一無所知，我會竭盡所能，把握住問題的兩端，然後（經過反覆的詰問）尋求答案。」

這章的主旨，古人多半認為是孔子教人的方法。劉寶楠就說：「夫子應問不窮，當時之人遂謂夫子無所不知，故此謙言『無知也』。」我覺得應該是孔子碰到有人問到自己不懂的事情時的態度。

這裡的「知」，何晏說得讓人覺得莫名其妙：「知意之知。」皇侃的解釋好些：「知謂有私意於其間之知也。」這種解釋也表明孔子對學生或陌生的請教者都不藏私，無隱瞞（〈述而24〉），知無不言、言無不盡。朱子把這裡的「知」當成「知識」，說是「孔子謙已無知識」，如果真是這樣，孔子也太虛偽了。

我覺得，如果要從上下文和自身教學經驗來看，老師對於教學內容當然知道得比較多，但不至於到無所不知的地步。這章說的，應該是孔子自述碰到自己無知時的對應方法。他教誨過子路「知之為知之，不知為不知，是知也」（〈為政17〉），而在這裡他並沒有因為自己「無知」就跳過「誨人不倦」的機會。

「鄙夫」應該不是用來罵有心求教人的話。如果學生問到老師不會的問題，老師就這樣罵將開來，這樣誰還敢跟孔子求教？〈陽貨15〉提到過「患得患失」的「鄙夫」，恐怕是那種不走中庸之道，而心中無定見的人。這樣的人才容易向人求教（當然這樣的人往往在找人諮詢之外，還會求神問卜）。至少這樣的人還願意學，不像〈泰伯16〉說的那些「狂而不直，侗而不愿，悾悾而不信」，讓孔子也拿他沒辦法的那種人。

「空空如也」，古注都認為「無知的狀態」是「鄙夫」的狀態，可是我認為「鄙夫」是「好走極端而無定見的人」，並非一無所知，是有所知，但因為「患得患失」，所以無法下決定，絕不是「空空如也」。「空空如也」恐怕是孔子自己對所問問題的「無知」狀態。

孔子並沒有因為自己對問題的「無知」就拒絕回答。「扣」，朱子說是「發動」，我覺得解成「執」，就是「抓住」比較好。他還是「扣其兩端而竭焉」。這「兩端」是「鄙夫」所持的不能下決定的「兩端」，例如〈陽貨15〉中所說的「得」和「失」就是最好的例子。在《禮記・中庸》〈6〉裡，孔子就誇獎過：「舜其大知也與！舜好問而好察邇言，隱惡而揚善，執其兩端，用其中於民，其斯以為舜乎！」孔子祖述「堯舜」，本章的「扣其兩端而竭焉」就是效法舜的「執兩用中」。至於荀子也說過「榮辱」的「兩端」，恐怕也有點關係；其他的「兩端」應該也可以「舉一反三」加以類推。從兩個極端的不斷討論，不斷換位思考，最後得到一個合乎中道的答案和決定。

這種「執兩用中」的教學方法，也是印證孔子的：「不憤不啟，不悱不發，舉一隅不以三隅反，則不復也。」(〈述而8〉) 自己有心求通，自己也願意發憤學習，有這樣的準備，才容易學得好。

孔子針對子路和冉有問「問斯行諸」時，給了兩個不同的答案(兩端)，公西華不明白老師的立場，孔子才告訴他這是「因材施教」。這可能可以算是個接近本章的例子。

希臘的哲人蘇格拉底，常常用正反兩面的追問法來回應別人問的問題，似乎比較像孔子這裡的說法。

9

子曰：「鳳鳥不至，河不出圖，吾已矣夫！」

孔子〔感嘆地〕說：「鳳鳥不出現、黃河裡也不出現圖籍，我看我是碰不到聖王的聘用可以行道了！」

這章是孔子感嘆沒有聖王可以聘用自己行道，背景是「河出圖，洛出書，聖人則之」（《易經・繫辭上》〈11〉），除了「河圖洛書」之外，麒麟的出現也都是聖人出世的祥瑞之兆。《史記・孔子世家》〈71〉記載這是魯哀公十四年（西元前四八一年，孔子七十一歲）春的事情。那年打死了一隻麒麟，這樣的祥瑞之獸竟然出世，沒被珍惜，反而被打死。孔子認為這隻被打死的麒麟和自己的命運一樣，都是生不逢時，所以感嘆說了「河不出圖，雒不出書，吾已矣夫」的話，沒有此章的「鳳鳥不至」一辭。

孔子的感嘆到底是為了什麼？一種說法認為是孔子感嘆沒有聖王出，所以不受重用，也就是「傷己不得見」（孔安國和皇侃），或「傷時無明君也」（邢昺和戴望），王充在《論衡》中的諸多章節也持這樣的立場（《論衡》〈書虛39〉、〈問孔36〉、〈指瑞8〉、〈問孔37〉和〈感虛58〉）。另一種說法是孔子自己身分卑賤，沒有受命出現鳳鳥和河圖洛書（見《漢書．董仲舒傳》〈13〉）。

我覺得董仲舒的解釋和孔子自認為「天生德與予」（〈述而23〉）以及「斯文在茲」（〈子罕5〉）的「超級自信」不太一致。當然孔子不是沒有嘆息氣餒的可能。只是從正能量的觀點讀來，恐怕還是孔子感嘆自己徒有滿腹經綸卻乏人問津的可能性似乎更高些。這也彰顯了他的「知其不可而為」（〈憲問38〉）的一貫精神。

更何況，根據朱子的注釋：「鳳，靈鳥，舜時來儀，文王時鳴於歧山。河圖，河中龍馬負圖，伏羲時出。皆聖王之瑞也。」我很難想像謙虛自持的孔子會自比為聖王。

也許韓愈說的有點道理：「世有伯樂然後有千里馬。」孔子在這裡是以千里馬自居而感嘆沒有伯樂。是吧？孔老夫子？

附錄

《史記．孔子世家》〈71〉魯哀公十四年春，狩大野。叔孫氏車子鉏商獲獸，以為不祥。仲尼視之，曰：「麟也。」取之。曰：「**河不出圖，雒不出書，吾已矣夫！**」顏淵死，孔子曰：「天喪予！」及西狩見麟，曰：「吾道窮矣！」喟然嘆曰：「莫知我夫！」子貢曰：「何為莫知子？」子曰：「不怨天，不尤人，下學而上達，知我者其天乎！」

10

子見齊衰者、冕衣裳者與瞽者，見之，雖少必作；過之，必趨。

孔子看待穿喪服的人、穿戴官服的人和盲人，如果碰到了，就算這個人年紀比自己小，也會從坐姿站起來；如果自己經過這些人身邊，一定快步通過。

這是弟子描述孔子平日對三種人的尊重行為。因為沒有孔子說的話，其實好像放在〈鄉黨〉篇更恰當。而且，〈鄉黨16〉也有和本章極為類似的記載：「寢不尸，居不容。見齊衰者，雖狎，必變。見冕者與瞽者，雖褻，必以貌。凶服者式之。式負版者。有盛饌，必變色而作。迅雷風烈，必變。」司馬遷引用此章時，文字略有不同，可能是因為參考的版本不同（《史記・孔子世家》〈67〉）。

「齊衰」要念成「資崔」，是傳統喪服之一。根據自己和喪者的親疏遠近關係，有「五服」的規定：斬衰、齊衰、大功、小功、緦麻。這五種喪服，不僅在形制上不同，服喪的時間也不同。「五服」的喪服制也傳到朝鮮和越南。

「冕衣裳」中的「冕」是「冠」，也就是帽子，這是大夫才能有的服制；「衣」是上服；「裳」是下服。總體而言，能穿這樣的盛重的服制就是大夫以上的貴者。「瞽者」皇侃說是「盲人」，朱子說是「無目者」，現在叫做「視障人士」。只有戴望說是「樂官」。當時樂官多為視障人士，但視障人士並非都是樂官。戴望這麼說，似乎太過狹隘。以上三種人從外表就可以一眼看出，不表示孔子只對他們表達尊敬，更不是表示孔子有差別待遇。例如：孔子碰到耳聾或其他非一眼可以辨識出其殘障的人士，知道以後都會有一樣的表現，並不是厚此薄彼。「作」，是「起」，就是從原先的坐姿起身站起來。「趨」，是「疾行」，就是快步通過，劉寶楠特別解釋是：「其過之，謂行出其前也。」包咸最早就解釋孔子這樣做的原因：「此夫子哀有喪，尊在位，恤不成人也。」黃懷信更簡化說是「哀喪、敬禮、憫殘」。這些都是孔子日常生活中守禮的表現。這也是文明社會對不同人的尊重。這個傳統現在還一直延續。

附錄

《史記·孔子世家》〈67〉是日哭，則不歌。見齊衰、瞽者，雖童子必變。

《禮記·王制》〈65〉凡三王養老皆引年。八十者一子不從政，九十者其家不從政，廢疾非人不養者一人不從政。父母之喪，三年不從政。齊衰大功之喪，三月不從政。將徙於諸侯，三月不從政。自諸侯來徙家，期不從政。

11

顏淵喟然歎曰：「仰之彌高，鑽之彌堅；瞻之在前，忽焉在後。夫子循循然善誘人，博我以文，約我以禮。欲罷不能，既竭吾才，如有所立卓爾。雖欲從之，末由也已。」

顏淵讚嘆地說：「（我老師的學問啊）真是越看越高，越鑽越難進入；看起來有時在我前面，忽然又跑到我的後面。老師教誨我們真是一步一步慢慢來，用廣博的經典教育我們，又用禮來約束我們（讓我們篤守中道）。想要停下來都沒辦法。就算是我使盡全力，老師的學問還是層層轉新，遙不可及的。就算要追趕，也找不到路。」

這章是顏淵讚嘆老師對自己的教誨。東漢王充就主張本章：「言顏淵學於孔子，積累歲月，見道彌深也。」（《論衡・恢國》〈1〉）；邢昺說是「此章美夫子之道」。我的理解略有不同。「喟然」是「嘆息的樣子」，有時是正向的「讚嘆」，有時則是負向的「悲嘆」（特別是《禮記・禮運》〈1〉的開頭），古人都認為是「讚嘆」，我不同意。因為關鍵在怎麼解釋下面這一大段話。

何晏解釋說：「彌高彌堅，言不可窮盡也；在前在後，言恍惚不可為形象也。」皇侃進一步解釋：「夫物雖高者，若仰瞻則可覩也；物雖堅者，若鑽錐則可入也。言於孔子道愈瞻愈高、彌鑽彌堅，非己厝力之能得也。」總之，顏淵認為孔子的學問是「仰之」、「鑽之」和「瞻之」都無法窮盡的。顏淵這麼說，是讚嘆老師的學問大，這種尊師的行為值得誇獎。可是從外人的角度來看，學生學不到老師的學問的精華，而盡學些糟粕，這師門的問題就大了。

接著「循循然」是「很有秩序的樣子」。「誘」，是「進」，有「引導」和「鼓勵」的意思。「博」和「約」是相對的，前者指教學內容廣泛，後者指的是以「禮」為依歸，謹守勿失。「欲罷不能」一直延續到今天還是一樣的意思。「既竭吾才」的「既」，皇侃說是「盡」，「才」是「才力」，劉寶楠認為「才」是「能」。

「如有所立卓爾」這六個字的斷句有歧義，但意思無太大差別：一說六字連讀，何晏就認為是：「其有所立，則又卓然不可及，言己雖蒙夫子之善誘，猶不能及夫子之所立也。」一說前四字連讀，「卓爾」獨立。不管怎麼斷句，「卓爾」都是指孔子的學問「高超卓越」，也還是「非弟子所及」的意思。「雖欲從之，末由也已」的「末」是「無」，「末由」古注都不解釋，大概有著「找不到遵循的道路」的意思。

顏淵這麼說，《論語》中也有著兩章孔子循循善誘顏淵的章節：〈顏淵1〉顏淵問仁，孔子回答「克己復禮為仁」。顏淵再追問時，孔子回答：「視聽言動都要合禮。」〈衛靈公11〉顏淵問怎樣治國。《莊子・田子方》〈3〉有個和此章呼應的故事，可以算是莊子對這件事的評斷。顏淵請教孔子說：「我走路、快走、奔跑、說話、講道，什麼都學您，怎麼還趕不上您呢？」孔子就說了一番他自己是「順應外物的變化與時俱往」的大道理，最後感嘆地說：「您跟了大半輩子卻沒了解這樣的道理，真是悲哀啊！」（「吾終身與女交一臂而失之」）不過，他也鼓勵顏淵：「不要學他過去的陳跡，而要學那還沒有過去的。」最後這句話，我沒懂，顏淵懂就好。這種解釋當然是莊子開師徒兩人的玩笑，不要太嚴肅對待。

說來說去，這是顏淵讚嘆老師學問大，弟子遙不可及。如果真是這樣，問題就來了：孔門第一的傳人都無法企及，其他根器更差者更是一代不如一代，孔門怎能不淡薄？其次，這句話前後也是矛盾的：如果孔子循循然善誘人，怎麼孔門第一的弟子會覺得跟不上？就好像說：「老師很會教，可是學生總是學不會。」這不是很矛盾的話嗎？如果是這樣，學生誇獎老師反而成了老師不會教書的鐵證。真是萬萬沒想到啊！

顏淵是孔門最勤奮的學生，加上吃住都不在乎，所以短命。孔子在他死後感嘆地說：「真是可惜啊！我每天都看到他在努力，沒見他停過。」（〈子罕21〉）

子貢有一次覺得每天都要這樣努力，實在太累了，就跟孔子說自己要在生活中實行「減法」：他先後說過想「息事君」、「息事親」、「息妻子」、「息朋友」，和「息耕」，都被孔子反駁，最後才了解到：「君子到死才息」的「自強不息」之道（《荀子・大略》〈87〉）。

顏淵不必老師教就知道「行健不息」，子貢得老師循循善誘才了解。孔門弟子境界高下於此可見一斑。莊子也開過這師徒仨的玩笑（《莊子・仲尼》〈1〉）。

我自己當學生的時候總和顏淵有同樣的感觸，但是當老師後，總希望「青出於藍而勝於藍」，希望學生能在自己教學的基礎之上更上一層樓，這樣才能日新又新。學生的學問不會被老師的鎖死，他們的學問才能與時俱進，也才能解決當代的問題。如果我教出的學生不能超越我，甚至不懂我所教的，我還有臉繼續教書嗎？

老師真讓學生跟不上，這不是好事。

附錄

《禮記．禮運》〈1〉昔者仲尼與於蜡賓，事畢，出游於觀之上，喟然而嘆。仲尼之嘆，蓋嘆魯也。言偃在側曰：「君子何嘆？」孔子曰：「大道之行也，與三代之英，丘未之逮也，而有志焉。」大道之行也，天下為公。選賢與能，講信修睦，故人不獨親其親，不獨子其子，使老有所終，壯有所用，幼有所長，矜寡孤獨廢疾者，皆有所養。男有分，女有歸。貨惡其棄於地也，不必藏於己；力惡其不出於身也，不必為己。是故謀閉而不興，盜竊亂賊而不作，故外戶而不閉，是謂大同。

《莊子．田子方》〈3〉顏淵問於仲尼曰：「夫子步亦步，夫子趨亦趨，夫子馳亦馳，夫子奔逸絕塵，而回瞠若乎後矣。」夫子曰：「回，何謂邪？」曰：「夫子步亦步也，夫子言亦言也，夫子趨亦趨也，夫子辯亦辯也，夫子馳亦馳也，夫子言道，回亦言道也。及奔逸絕塵，而回瞠若乎後者，夫子不言而信，不比而周，無器而民滔乎前，而不知所以然而已矣。」仲尼曰：「惡！可不察與！夫哀莫大於心死，而人死亦次之。日出東方而入於西極，萬物莫不比方。有目有趾者，待是而後成功，待是而作。是出則存，是入則亡。萬物亦然，有待也而死，有待也而生。吾一受其成形，而不化以待盡，效物而動，日夜無隙，而不知其所終，薰然其成形，知命不能規乎其前，丘以是日徂。吾終身與汝交一臂而失之，可不哀與！汝殆著乎吾所以著也。彼已盡矣，而汝求之以為有，是求馬於唐肆也。吾服汝也甚忘，汝服吾也亦甚忘。雖然，汝奚患焉！雖忘乎故吾，吾有不忘者存。」

《荀子·大略》〈87〉**子貢**問於孔子曰：「賜倦於學矣，願息事君。」孔子曰：「《詩》云：『溫恭朝夕，執事有恪。』事君難，事君焉可息哉！」「然則，賜願息事親。」孔子曰：「《詩》云：『孝子不匱，永錫爾類。』事親難，事親焉可息哉！」「然則賜願息於妻子。」孔子曰：「《詩》云：『刑於寡妻，至於兄弟，以御於家邦。』妻子難，妻子焉可息哉！」「然則賜願息於朋友。」孔子曰：「《詩》云：『朋友攸攝，攝以威儀。』朋友難，朋友焉可息哉！」「然則賜願息耕。」孔子曰：「《詩》云：『晝爾於茅，宵爾索綯，亟其乘屋，其始播百穀。』耕難，耕焉可息哉！」「然則賜無息者乎？」孔子曰：「望其壙，皐如也，顛如也，鬲如也，此則知所息矣。」**子貢**曰：「大哉！死乎！君子息焉，小人休焉。」

《莊子·仲尼》〈1〉仲尼閒居，子貢入侍，而有憂色。子貢不敢問，出告顏**回**。**顏回**援琴而歌。孔子聞之，果召**回**入，問曰：「若奚獨樂？」**回**曰：「夫子奚獨憂？」孔子曰：「先言爾志。」曰：「吾昔聞之夫子曰：『樂天知命故不憂』，**回**所以樂也。」孔子愀然有閒曰：「有是言哉？汝之意失矣。此吾昔日之言爾，請以今言為正也。汝徒知樂天知命之無憂，未知樂天知命有憂之大也。今告若其實。修一身，任窮達，知去來之非我，止變亂於心慮，爾之所謂樂天知命之無憂也。曩吾修《詩》、《書》，正禮、樂，將以治天下，遺來世；非但修一身治魯國而已。而魯之君臣日失其序，仁義益衰，情性益薄。此道不行一國與當年，其如天下與來世矣？吾始知《詩》、《書》、禮、樂無救於治亂，而未知所以革之之方：此樂天知命者之所憂。雖然，吾得之矣。夫樂而知者，非古人之所謂樂知也。無樂無知，是真樂真知；故無所不樂，無所不知，無所不憂，無所不為。《詩》、《書》、禮、樂，何棄之有？革之何為？」顏回北面拜手曰：「回亦得之矣。」出告子貢。子貢茫然自失，歸家淫思七日，不寢不食，以至骨立。顏回重往喻之，乃反丘門，絃歌誦書，終身不輟。

12

子疾病，子路使門人為臣。病閒，曰：「久矣哉！由之行詐也，無臣而為有臣。吾誰欺？欺天乎？且予與其死於臣之手也，無寧死於二三子之手乎？且予縱不得大葬，予死於道路乎？」

孔子生了重病。子路就號召眾弟子行家臣之禮。孔子病情稍微好些後，〔知道了這件事〕就斥責子路說：「怎麼老是搞這樣的事呢！子路的做法是一種欺騙。〔我的身分〕本來就不該有家臣的，卻讓弟子充當我的家臣。我要騙誰啊？騙老天爺嗎？何況我與其死在這種僭越禮法的行為下，還不如死在各位弟子手中嗎？再說，就算我死後不得隆重的葬禮，難道我會死在路旁沒人管嗎？」

這章是孔子斥責子路，在自己生重病時請門人弟子擔任了僭越禮法的家臣工作，顯現出他在這樣的時刻也不忘記守禮守份。

「疾病」是指「病重」。「閒」就是「病情稍為好轉」。「久矣哉」——孔安國說是指「子路久有是心，非今日也」，可是戴望說「久矣」是說「病久」，而不是「詐久」。我覺得是子路勇而無謀，孔子才會責怪他老是不知禮。「詐」——《爾雅》說是「偽也」，《說文》說是「欺」，其他古注都略過不提；戴望說是「疑」，也就是子路這樣使門人為臣「使人疑也」。「大葬」——孔安國說是「君臣禮葬」，戴望說是「大夫禮葬也」，總之就是隆重的葬禮。

子路為什麼讓弟子作家臣呢？鄭玄說是因為：「孔子嘗為大夫，故子路欲使弟子行其臣之禮。」朱子進一步解釋說：「夫子時已去位，無家臣。子路欲以家臣治其喪，其意實尊聖人，而未知所以尊也。」

孔子認為自己以知禮守禮著稱，弟子卻做出這些非禮的行為，讓他這個當老師的十分氣憤。守了一世的英名就這樣毀在弟子之手！所以才氣得罵子路「詐」！「欺天」！〈泰伯2〉說的「勇而無禮則亂」大概就是指這樣的事。

我身為毓老師的眾多學生之一，雖然絕不是任何意義的代言人，常常擔心自己在稱引毓老師的言行時或提到「奉元」和「夏學」這些招牌概念時，是否玷汙了老師守了一輩子的「清譽」。我認識的許多同門也都在這方面戰戰兢兢。大家擔心的都是怕被人認為有人假毓老師或奉元或夏學之名而行「詐」和「欺天」之實。

13

子貢曰：「有美玉於斯，韞匵而藏諸？求善賈而沽諸？」子曰：「沽之哉！沽之哉！我待賈者也。」

子貢〔請教老師〕說：「假如有一塊美好的玉，是藏在小盒子收起來好呢？還是拿去賣個好價錢（或：找個老實的商人賣了）？」孔子回答說：「那就拿出來賣了吧！拿出來賣了吧！〔如果是〕我這就等商人出價來買囉。」

這章是子貢和孔子用美玉或藏或沽的比喻，來談論孔子「用行舍藏」的取捨。「韞」（音運）一說是「藏」（馬融），一說是「裹之」（皇侃）。「匵」（音賭）是「匱」，就是「小盒子」。「諸」是「之」，指的是「匵」。「賈」，若讀作「古」，解作「商人」。若讀作「價」，就是「價錢」。劉寶楠從《白虎通》引《論語》的話，證明最早用的是商人意義的「賈」，不是後來有些版本用的是「價錢」的「價」。「沽」是「賣」。

比喻的說法有兩條線：一條是明說的例子，一條是真正想要說的要旨。子貢把孔子比作「美玉」，是讚美老師，算是「美哉孔子」。只可惜這塊「美玉」是藏在收藏盒裡，只能孤芳自賞，這樣就可惜了，還不如拿出來賣個好價錢。這是子貢商人性格的思考，他了解「美玉」的「價值」，希望能轉換成一個好「價格」。

孔子之所以在這裡沒有任何辯駁，而直接順著子貢的比喻回答，我覺得是因為他並沒有認真，不過死板的人就會因此把孔子當成是「急售」的人，也就會認為他是有人出好價錢就會賣的人。但我們參考其他章節來看，應該不是這樣的，這章應該只是孔子應付子貢的「場面話」。特別是對照他回答顏淵「用行舍藏」，以及他談論過的「邦有道和邦無道」的章節來看，孔子的「待賈而沽」看重的應該不是「價錢」而是「出價者」本身的賢明與否。

用「價格」看孔子，不如用「價值」看孔子。我覺得朱子引用范氏（范祖禹）的說法很得我心：「君子未嘗不欲仕也，又惡不由其道。士之待禮，猶玉之待賈也。若伊尹之耕於野，伯夷、太公之居於海濱，世無成湯、文王，則終焉而已。必不枉道以從人，衒玉而求售也。」

這章呼應著〈學而10〉子禽問子貢：夫子聞政是「求之」或「予之」。孔子這裡這裡的「待善賈」的「待」，顯然不是「求之」，而是傾向「知其才而後予之」。孔子這裡的心情大概也就是希望有「伯樂」能聘用他這匹「千里馬」，而這匹千里馬是絕不願意「祇辱於奴隸人之手，駢死於槽櫪之間」（《昌黎先生集．雜說四》）。他對顏淵說「用行舍藏，只有你和我做得到」（〈述而11〉）時，大概也是同樣的心情，可是子貢是不會懂的。

楊樹達在《論語疏證》中認為子貢這裡用比喻的說法來問孔子的意向，而不直接問，就像他用伯夷和叔齊的問題來問孔子是否會「為衛君」（〈述而15〉）一樣，都展現了子貢「善於言語」的才幹。這可能就是子貢擅長的「商用社交語言」的典範。

直接問難道不好嗎？

附錄

《昌黎先生集・雜說四》世有伯樂，然後有千里馬。千里馬常有，而伯樂不常有。故雖有名馬，祇辱於奴隸人之手，駢死於槽櫪之間，不以千里稱也。馬之千里者，一食或盡粟一石，食馬者不知其能千里而食也。是馬也，雖有千里之能，食不飽，力不足，才美不外見，且欲與常馬等不可得，安求其能千里也？策之不以其道，食之不能盡其材，鳴之而不能通其意，執策而臨之曰：「天下無馬！」嗚呼！其真無馬耶？其真不知馬也！

14

子欲居九夷。或曰：「陋，如之何！」子曰：「君子居之，何陋之有？」

孔子想要移居到東方的偏遠地區。有人說：「那裡的文化程度太低，不合適吧？」孔子回答說：「有君子去住的地方，文化程度不會太低的。」

這是孔子藏道於民的想法。

「九夷」是九種東方的民族，詳細名單可參考《後漢書・東夷列傳》〈1〉。古注很多解釋，戴望和劉寶楠認為是朝鮮。孔子「欲居之」，朱子認為這是「乘桴浮於海」（〈公冶長7〉）是同樣的意思。《說文解字》在解釋「羌」字時，就將兩句合成一句。

「陋」，皇侃說是「鄙陋」，邢昺說是「鄙陋無禮」，戴望也說是「無禮義」，劉寶楠說法也類似：「其地僻陋，人不知禮儀也。」這些解釋都從文化的角度著眼，而不是物質的角度來看，很能抓住孔子「食無求飽，居無求安」（〈學而14〉）、「謀道不謀食」、「憂道不憂貧」（〈衛靈公32〉）的真精神。

東漢的王充很早就指出：正因為「九夷」沒有文化，而孔子之道又不見重用，所以才想到九夷去傳播君子之道（《論衡・問孔》〈39〉）這當然是呼應了「風行草偃」的君子設教的效果（〈顏淵19〉）。

其實更深層的原因就在於文化。以前人習慣以血緣來區分華夏和夷狄。孔子認為區分的標準應該是文化，有文化就是華夏，沒文化就是夷狄，他提倡的修己安人的禮義制度就是具體的文化；如果當時的國君不認同這樣的主張，不在文化上著力，那就是自甘淪落為夷狄。也許，被認為夷狄的民族還有機會接觸孔子傳授的君子之道，因而可以成為華夏。

孔子應該是抱著這樣的期待的。我們現在學習古代經典，不也是抱著這樣的期待？就是因為「陋」，才需要文化。哪裡需要文化，孔子就去哪裡。所以唐朝劉禹錫的〈陋室銘〉一文的結尾就說了：「君子居之，何陋之有？」

附錄

《後漢書・東夷列傳》〈1〉 王制云：「東方曰夷。」夷者，柢也，言仁而好生，萬物柢地而出。故天性柔順，易以道御，至有君子、不死之國焉。夷有九種，曰畎夷，於夷，方夷，黃夷，白夷，赤夷，玄夷，風夷，陽夷。故**孔子欲居九夷**也。

《論衡・問孔》〈39〉 **子欲居九夷，或曰：「陋，如之何？」子曰：「君子居之，何陋之有？」**孔子疾道不行於中國，志恨失意，故欲之**九夷**也。或人難之曰：「夷狄之鄙陋無禮義，如之何？」孔子曰：「君子居之，何陋之有？」言以君子之道，居而教之，何為陋乎？

劉禹錫〈陋室銘〉山不在高，有仙則名。水不在深，有龍則靈。斯是陋室，惟吾德馨。苔痕上階綠，草色入簾青。談笑有鴻儒，往來無白丁。可以調素琴，閱金經。無絲竹之亂耳，無案牘之勞形。南陽諸葛廬，西蜀子雲亭。孔子云：「**何陋之有？**」

15

子曰：「吾自衛反魯，然後樂正，〈雅〉〈頌〉各得其所。」

孔子說：「我從衛國返回魯國後，開始訂正失去章法的樂，讓〈雅〉歸〈雅〉、〈頌〉歸〈頌〉，不至於亂了套。」

這章說的是孔子晚年返回魯國以後「校正音樂」的事。因為沒說明細節，《樂經》又失傳，所以很難得知詳情。

孔子在魯哀公十一年冬（西元前四八四年）從衛國返回魯國，那年他已經六十八歲了。距離他在魯定公十三年（西元前四九七年）五十五歲離開魯國，過了十三年。他沒像他說過的要「乘桴浮於海」（〈公治長7〉），也沒有「居九夷」（〈子罕15〉）。他把希望從當代轉向後代，就開始了「刪《詩》、《書》，訂《禮》、《樂》」的文化傳承工作。

孔子周遊列國，除了想尋找用世的機會之外，就是蒐羅流散在各地的周朝的典章制度。根據朱子的說法：「是時周禮在魯，然《詩》、《樂》亦頗殘缺失次。孔子周游四方，參互考訂，以知其說。晚知道終不行，故歸而正之。」

這裡的〈雅〉和〈頌〉就是《詩》的六種主要分類（〈風〉、〈雅〉、〈頌〉、〈賦〉、〈比〉、〈興〉）中的兩種。「所」，古注都略過，只有戴望認為指的是「三所」，是一種製作音樂內部的規則。恕我才疏學淺，沒看懂。毛奇齡認為「所」是指音樂應該出現的場合，像〈鹿鳴〉就該出現在「鄉飲酒禮」的場合。似乎比較合理。

程樹德在這章整理出幾種「正樂」之說：一種是「正樂章」，就是什麼場和該用什麼音樂，例如：不是天子，就不能用到〈雍〉詩中的「相維辟公，天子穆穆」（〈八佾2〉）；因為「鄭聲淫」（〈衛靈公11〉）所以「惡鄭聲」以正〈雅〉樂（〈陽貨18〉）。一種是「正樂」，就是讓〈雅〉歸〈雅〉、〈頌〉歸〈頌〉，都可以配合上該有的音樂樂章，例如：孔子跟魯國的樂師談音樂的開始和結尾的結構（〈八佾23〉）。

孔子常常禮樂並稱，只可惜時過境遷，我們不太認識禮樂了。現在人再用古代的禮樂，似乎有點時代錯亂，真要用，大概也是有所損益。比方說台灣每年祭孔大典禮生的服制和小學生的八佾舞；在這種情況下，保持著尊敬的心情應該是比其他服裝或舞蹈方面的事情重要。

我常常想，現代生活中的禮樂和我們的日常生活又有怎樣的關係呢？自己身邊的情況恐怕已經很難察覺，到了別的地方，體會到差異，就開始思索這樣的問題。

現在人們身邊的音樂，大概就是「卡拉ＯＫ」了吧！我一直到近年才第一次被拉去唱，同行的人盛情鼓譟，結果點唱了〈禮運大同〉，讓伴奏樂師聽完傻眼。後來只得清唱，樂師也跟上了。最後，同行的人也都跟上了。

16

子曰：「出則事公卿，入則事父兄，喪事不敢不勉，不為酒困，何有於我哉？」

> 孔子說：「到外頭去服事王公大人，回到家族來侍奉父執輩和兄長，替人辦喪事盡心盡力，喝酒也不會喝到醉茫茫，這些事對我來說都不困難。」

這是孔子在說自己，我猜可能是酒後的話。這章沒有特別難的字，意思也很清楚。只是說話的場合可能是了解整句話關鍵。

這裡談「出」和「入」和〈學而6〉說的「入則孝」和「出則弟」是一樣的，孟子也說過「入以事其父兄，出以事其長上」（《孟子・梁惠王上》〈5〉），應該都是以「家族」為基準。皇侃說「公，君也；卿，長也」，是「邦國」範疇的事情。

至於「事父兄」，在解釋上恐怕要注意孔子自身的「父兄」狀況：孔子三歲喪父，不可能侍奉到父親，要說也只有廣義的「父執輩」；他確實有一位不良於行的哥哥孟皮，但是古籍很少記載兩人的關係，《論語》中更沒提到這位「師伯」。所以這裡的「事父兄」應該是廣義的。

接著提「喪事不敢不勉」。和前兩句比起來，乍看是有點奇怪的轉折。其實，前兩句講的是「生，事之以禮」（〈為政5〉），這句講的就是「死，葬之以禮、祭之以禮」（〈為政5〉）。孔子和弟子都重視喪禮，這在許多古籍（特別是《禮記》）中都可以看到，不足為奇。孔子甚至替那位被他戲稱為「老而不死是為賊」（〈憲問43〉）的原壤的母親辦過喪事（《禮記．檀弓下》〈207〉和《孔子家語．屈節解》〈4〉）。這是孔門「慎終追遠」的具體實踐，將孝道延伸到後代的一種制度安排，恐怕也是一種心照不宣的生財之道。

「不為酒困」一語更是奇絕。「困」就是「亂」。弟子認為孔子的酒量深不見底，但是怎麼喝都不會喝到亂性的地步（「惟酒無量，不及亂」〈鄉黨8〉）。聖人能這麼喝，我們現代人可要小心，特別是「酒駕」，後果之嚴重不是一個「亂」字可以涵蓋的。

最後點出「不為酒困」一句，皇侃認為：「時多沉酗，故戒之也。」不過，似乎古往今來中國人的應酬難免要喝酒。我聽過許多愛喝酒的人都宣稱自己能喝、不會醉。有些人已經喝到連走路都不穩了，還這麼嘴硬。從這樣的經驗，我才合理懷疑孔子是在酒後說這些話。聖人也是人，喝多了，難免有酒困，就別再嘴硬了。真要喝酒，也要遵守中庸之道吧！

劉寶楠從孔子的「出則事公卿」這句話，推論這是孔子在魯國當官時說的話，這是把這章當描述事實，而不是當成一種願望或理想，更不是酒後話。

附錄

《孟子・梁惠王上》〈5〉孟子對曰：「地方百里而可以王。王如施仁政於民，省刑罰，薄稅斂，深耕易耨。壯者以暇日修其孝悌忠信，入以事其父兄，出以事其長上，可使制梃以撻秦楚之堅甲利兵矣。彼奪其民時，使不得耕耨以養其父母，父母凍餓，兄弟妻子離散。彼陷溺其民，王往而征之，夫誰與王敵？故曰：『仁者無敵。』王請勿疑！」

《禮記・檀弓下》〈207〉**孔子**之故人曰**原壤**，其母死，夫子助之沐槨。

《孔子家語・屈節解》〈4〉**孔子**之舊曰**原壤**，其母死，夫子將助之以木槨。

17

子在川上，曰：「逝者如斯夫！不舍晝夜。」

> 孔子在大水邊上（，看著河水）感嘆地說：「過去的事就像河水一去不復返啊！（河水）真是一刻都不停息。」

這章的主旨，邢昺說是：「記孔子感嘆時事既往，不可追復也。」劉寶楠說是：「明君子進德修業孜孜不已，與水相似也。」兩人各抓一句來說。朱子提醒從這章開始到結束，都是要勉勵人「進學不已」。

「逝」是「往」（鄭玄和邢昺）或「往去」（皇侃）。「斯」是「此」，指的是「水」。「舍」是「止」。

這章是孔子望「逝者如斯」的「川流不息」而興嘆。把握前句，強調把握現在的重要性；強調後句，則要自強不息。跟現在人常說的「活在當下」是一樣的意思。

《易經・乾卦》〈1〉中說的「天行健，君子以自強不息」，是指「天」而言，孔子這裡又舉了

「水」也是如此。孟子的時候有一位叫徐子的人請教孟子孔子盛讚水的原因，孟子也強調「不舍晝夜」（《孟子・離婁下》〈46〉）。

許多古籍都大同小異地記載下面的故事：孔子愛看東流之水，子貢曾經請教過孔子其中的原因。孔子說了水的幾種德行：凡有生命的，水都無私照顧，好像有德；水流向下，有理可循，好像是義；水源源不絕，好像道一樣；水一旦潰決往一定的方向流，往萬丈深谷流去都不畏懼，好像有勇；而且水面是平的，好像法律；滿了也不再求更多，好像正道；大小地方都不放過，好像考察。水經過的地方都會乾淨，就像教化一樣（《荀子・宥坐》〈5〉、《說苑・雜言》〈46〉、《大戴禮記・勸學》〈14〉、《孔子家語・三恕》〈5〉、《春秋繁露・山川頌》〈2〉、《說苑・雜言》〈47〉和《韓詩外傳・卷三》〈25〉）。

《揚子法言・學行卷第一》〈14〉提到「進」時，也以「水」當成例子。還提到「鴻漸」〔錢鍾書《圍城》中男主角的名字〕和「木漸」也都和水有關。

《老子》提到水的其他德行：「上善若水。水善利萬物而不爭，處眾人之所惡，故幾於道。」綜合來看，水之德提醒我們：把握當下、自強不息、無私照顧、有理可循、源源不絕、無畏向前、公平、不多求、大小均霑、潔淨、善利萬物、不爭。

這樣看來，古人都愛水之德，應該不會只有「知（智）者樂水」（〈雍也23〉）吧！當然，我們都知道：水太多會有水患，水太少會乾旱。可見連水，都得守中庸之道。

下次我們再說台語「水啦」（做得好！漂亮！）時，恐怕也要多想想其他的「水德」。

附錄

《孟子．離婁下》〈46〉徐子曰：「仲尼亟稱於水，曰：『水哉，水哉！』何取於水也？」孟子曰：「原泉混混，不舍晝夜。盈科而後進，放乎四海，有本者如是，是之取爾。苟為無本，七八月之閒雨集，溝澮皆盈；其涸也，可立而待也。故聲聞過情，君子恥之。」

《揚子法言．學行卷第一》〈14〉**或問**「進」。曰：「水。」或曰：「為其不舍晝夜與？」曰：「有是哉！滿而後漸者，其水乎？」或問「鴻漸」。曰：「非其往不往，非其居不居，漸猶水乎！」「請問木漸。」曰：「止於下而漸於上者，其木也哉！亦猶水而已矣！」

18

子曰：「吾未見好德如好色者也。」

孔子（感嘆地）說：「我沒見過愛好美德像愛好美色一樣的人（或統治者）。」

這章後來多加了「已矣哉」三個字，再度出現在〈衛靈公13〉。

孔子感嘆世人好德者不如好色者多見。司馬遷將這句話放在孔子在衛國，感嘆衛靈公看重夫人南子，而冷落自己所發出的感嘆（《史記・孔子世家》〈23〉和《孔子家語・七十二弟子解》〈29〉）。朱子和劉寶楠的注解也都這麼認為。如果是這樣，這就是發生在魯定公十四年（西元前四九六年）的事，孔子那年五十六歲。

古注都點出這是孔子感嘆「時人薄於德而厚於色，故發此言」（何晏）。沒有人進一步探討這「千古一嘆」背後的原因。

我覺得這是感嘆「統治者」的行為，而不是指一般人。孔子在回答曾子問「七教」時，就提出過

「上好德則下不隱」（《大戴禮記．主言》〈6〉和《孔子家語．王言解》〈6〉），這是提醒統治者「風行草偃」的效應。他對於一般人道德的評價應該是比統治者高的，他說過：「十室之邑，必有忠信如丘者焉，不如丘之好學也。」（〈公治長28〉）這裡他提到「好學」，沒提到「好色」。

這一章也經常拿來和「賢賢易色」（〈學而7〉）呼應。不過，那段話是子夏說的，而且也不是針對統治者來說的。意思儘管大同小異，但是和這章的場合不同。

所以，孔子這話得小心看待。除了一般人民之外，孔子的學生應該是「好德者多過好色者」，例如顏淵。孔子總不會說一天到晚都見到的學生都是「好色勝過好德」吧！

其次，孔子本身就是好德的人。他一天到晚周旋在這些好色之徒中間，如果沒辦法以身教感化周遭的人，那他的傳道不就是白搭？這也許是孔子最深的感嘆。

再來，「好色」和「好德」兩者與「性」和「習」的關係如何？從「性相近，習相遠」（〈陽貨2〉）的原則看來，「好色」人多，恐怕是「性相近」的緣故，「好德」人少，似乎是「習相遠」。孔子應該不像後人那樣視「好色」為洪水猛獸（《禮記．坊記》〈38〉），甚至走到「男女授受不親」的死路上去。「君子之道造端乎夫婦」（《禮記．中庸》〈12〉），就算「好色」也應該像《詩經．關雎》說的那樣「窈窕淑女，君子好逑」，不過重點還是要以禮樂求之，也就是應該守禮，不逾越分際，視聽言動都該如此（〈顏淵1〉）。「好色」要「好德」加以節制，不能太過，也不能不及吧！

再說，「好德」其實應該也是「性」的一部分，這是為了大家共同的利益而設立的規範；如果所有人都「你爭我奪」，沒個秩序，整個社會是不可能永續存在的。

這樣看來，「性」顯然有著「利己」和「共利」的兩面，「習」（特別是「習禮」）的作用就是讓我們多發揮「共利」來抑制「私利」的過度膨脹。孔子說「克己復禮」而不說「復性」，跳開了千古爭論不休的「性善？性惡？性無善惡？性有善有惡？性可善可惡？人性向善？」泥淖，恐怕更簡單明瞭。

附錄

《史記．孔子世家》〈23〉去即過蒲。月餘，反乎衛，主蘧伯玉家。靈公夫人有南子者，使人謂孔子曰：「四方之君子不辱欲與寡君為兄弟者，必見寡小君。寡小君願見。」孔子辭謝，不得已而見之。夫人在絺帷中。孔子入門，北面稽首。夫人自帷中再拜，環珮玉聲璆然。孔子曰：「吾鄉為弗見，見之禮答焉。」子路不說。孔子矢之曰：「予所不者，天厭之！天厭之！」居衛月餘，靈公與夫人同車，宦者雍渠參乘，出，使孔子為次乘，招搖市過之。孔子曰：「**吾未見好德如好色者也**。」於是醜之，去衛，過曹。是歲，魯定公卒。

《孔子家語．七十二弟子解》〈29〉顏刻，魯人，字子驕。少孔子五十歲，孔子適衛，子驕為僕。衛靈公與夫人南子同車出，而令宦者雍渠參乘，使孔子為次乘，遊過市，孔子恥之。顏刻曰：「夫子何恥之？」孔子曰：「《詩》云：『覯爾新婚，以慰我心。』」乃歎曰：「**吾未見好德如好色者也**。」

《禮記》〈坊記38〉子云：「**好德**如好色。」諸侯不下漁色。故君子遠色以為民紀。故男女授受不親。御婦人則進左手。姑姊妹女子子已嫁而反，男子不與同席而坐。寡婦不夜哭。婦人疾，問之不問其疾。以此坊民，民猶淫泆而亂於族。

——〈中庸12〉君子之道費而隱。夫婦之愚，可以與知焉，及其至也，雖聖人亦有所不知焉；夫婦之不肖，可以能行焉，及其至也，雖聖人亦有所不能焉。天地之大也，人猶有所憾，故君子語大，天下莫能載焉；語小，天下莫能破焉。《詩》云：「鳶飛戾天，魚躍於淵。」言其上下察也。**君子之道，造端乎夫婦**，及其至也，察乎天地。

19

子曰：「譬如為山，未成一簣，止，吾止也；譬如平地，雖覆一簣，進，吾往也。」

孔子說：「就像要造山，如果只少了一籠土就大功告成，卻停了下來，這是我自己要停的；譬如拿土填平凹陷的地面，才開始倒了第一籠土，繼續努力往下倒，這也是我自己要繼續的。」

正如朱子所說，上一章和這一章以及到結尾的各章的主旨都是有關聯的。包賢說：「此勸人進於道德也」（邢昺也跟進這麼說），皇侃說：「此戒人為善、垂成而止者也」。我覺得這裡就是強調人的自主性是達成目標與否的關鍵。

這章沒有難懂的字。「簣」是裝土的竹籠子，從上下文很容易猜出其意義。「為山」和「平地」是相對的；前者拿土往上堆高，後者是拿土往下填平。方向不同，要一籠一籠拿土都是一樣的。這是目標。面對既定目標，要停止，或是要繼續，都掌握在自己手上。這也是冉求說「我不是不喜歡老師的教誨，可是實在沒能力做到」時，孔子說的：「說沒能力是藉口，你這樣是半途而廢，畫地自限。」（〈雍也12〉）

古籍有很多相似的比喻，朱子就引用到《尚書．周書》〈旅獒2〉的「為山九仞，功虧一簣」的說法。後面一句成語，流傳到今天還在使用。

劉寶楠認為：「如垤而進，吾與之；如丘而止，吾已矣。」（《荀子．宥坐》〈7〉）是此章的「異文」。上文的「垤」音跌，是小山丘。「積土成丘」（《荀子．勸學》〈9〉）也是同樣的比喻。〈雍也23〉說「仁者樂山」，「山」的比喻好像也未必是「仁者」的專利。

附錄

《尚書．周書》〈旅獒2〉曰：「嗚呼！明王慎德，西夷咸賓。無有遠邇，畢獻方物，惟服食器用。王乃昭德之致於異姓之邦，無替厥服；分寶玉於伯叔之國，時庸展親。人不易物，惟德其物！德盛不狎侮。狎侮君子，罔以盡人心；狎侮小人，罔以盡其力。不役耳目，百度惟貞。玩人喪德，玩物喪志。志以道寧，言以道接。不作無益害有益，功乃成；不貴異物賤用物，民乃足。犬馬非其土性不畜，珍禽奇獸不育於國，不寶遠物，則遠人格；所寶惟賢，則邇人安。嗚呼！夙夜罔或不勤，不矜細行，終累大德。**為山九仞，功虧一簣**。允迪茲，生民保厥居，惟乃世王。」

20

子曰：「語之而不惰者，其回也與！」

孔子說：「跟他說了他就會努力去實踐而不懈怠，我的學生裡大概只有顏淵是這樣的吧！」

這章和下一章都是孔子讚嘆顏淵這位「孔門第一」的學生。

「惰」，皇侃說是「疲懈」，朱子說是「懈怠」。「語之而不惰者」的主詞有點模糊。「語之」主詞應該是孔子，「不惰」的主詞應該是顏淵。從過去談過的孔顏師生關係來看（〈為政9〉、〈雍也7〉和〈子罕21〉），也確實如此。特別是顏淵在請問完「克己復禮」的「視聽言動」的細目之後，顏淵馬上就說：「回雖不敏，請事斯語矣。」（〈顏淵1〉）這也是他「不惰」的表現。孔子曾說過顏回「其心三月不違仁，其餘則日月至焉而已」（〈雍也7〉）更是此章的印證。這些都是孔子對顏淵「自強不息」的讚美。

子貢就不是這樣的學生。他曾經覺得要學要做的事情太多太累，想要停止「事君」、「事親」、「妻子」、「朋友」和「耕」等這五個方面的學習，被孔子引用《詩經》的相關內容一一反對。（《荀子．大略》〈87〉、《孔子家語．困誓》〈1〉和《列子．天瑞》〈9〉）子貢才恍然大悟「自強不息」的道理。

孔子用同一種方法教學生，可是顏淵和子貢這兩位弟子就有這種「不惰」和「惰」的差別。

子貢說顏淵聞一知十，自己聞一知一二（〈公冶長9〉）。我看他也沒抓著要領。問題是行健不息，不在於聞多聞少吧！

附錄

《荀子．大略》〈87〉子貢問於孔子曰：「賜倦於學矣，願息事君。」孔子曰：「《詩》云：『溫恭朝夕，執事有恪。』事君難，事君焉可息哉！」「然則，賜願息事親。」孔子曰：「《詩》云：『孝子不匱，永錫爾類。』事親難，事親焉可息哉！」「然則賜願息於妻子。」孔子曰：「《詩》云：『刑於寡妻，至於兄弟，以御於家邦。』妻子難，妻子焉可息哉！」「然則賜願息於朋友。」孔子曰：「《詩》云：『朋友攸攝，攝以威儀。』朋友難，朋友焉可息哉！」「然則賜願息耕。」孔子曰：「《詩》云：『晝爾於茅，宵爾索綯，亟其乘屋，其始播百穀。』耕難，耕焉可息哉！」「然則賜無息者乎？」孔子曰：「望其壙，皋如也，顛如也，鬲如也，此則知所息矣。」子貢曰：「大哉！死乎！君子息焉，小人休焉。」

《孔子家語．困誓》〈1〉子貢問於孔子曰：「賜倦於學，困於道矣。願息而事君，可乎？」孔子曰：「《詩》云：『溫恭朝夕，執事有恪。』事君之難也。焉可息哉？」曰：「然則賜願息而事親。」孔子曰：「《詩》云：『孝子不匱，永錫爾類。』事親之難也。焉可以息哉？」曰：「然則賜請願息於妻子。」孔子曰：「《詩》云：『刑於寡妻，至於兄弟，以御於家邦。』妻子之難也。焉可以息哉？」曰：「然則賜願息於朋友。」孔子曰：「《詩》云：『朋友攸攝，攝以威儀。』朋友之難也。焉可以息哉？」曰：「然則賜願息於耕矣。」孔子曰：「《詩》云：『晝爾於茅，宵爾索綯，亟其乘屋，其始播百穀。』耕之難也。焉可以息哉？」曰：「然則賜將無所息者也？」孔子曰：「有焉。自望其廣，則睪如也；視其高，則填如也；察其從，則隔如也。此其所以息也矣。」子貢曰：「大哉乎死也！君子息焉！小人休焉！大哉乎死也！」

《列子．天瑞》〈9〉子貢倦於學，告仲尼曰：「願有所息。」仲尼曰：「生無所息。」子貢曰：「然則賜息無所乎？」仲尼曰：「有焉耳，望其壙，睪如也，宰如也，墳如也，鬲如也，則知所息矣。」子貢曰：「大哉死乎！君子息焉，小人伏焉。」仲尼曰：「賜！汝知之矣。人胥知生之樂，未知生之苦；知老之憊，未知老之佚；知死之惡，未知死之息也。」

21

子謂顏淵，曰：「惜乎！吾見其進也，未見其止也。」

孔子嘆息地評論顏淵：「真是可惜啊！我看到他不斷的奮進，從來沒見他停過。」

這章和上一章都是孔子誇讚顏回（字子淵，因此又稱顏淵）。前章從消極面表述，強調他的「不惰」，這章從積極面表述，強調他的「進而不止」。皇侃和邢昺都認為這是顏淵死後，孔子對他的懷念和嘆息。

皇侃認為孔子的嘆息是「惜其神識猶不長也」，可是沒有進一步說明何處有「神識不長」之處。戴望認為孔子的嘆息是「視顏淵疾不可為而痛惜之」。我覺得就是痛惜他短命，無法承接孔門大業。根據《孟子．公孫丑上》〈2〉的說法，顏淵和冉有、閔子騫並列「具體而微」的弟子，這三人都列入孔門四科中的「德行」門，算是「小孔子」。孔子又特別看重顏淵，所以在他早死後，哀痛地說：「天喪予！天喪予！」（〈先進9〉）

司馬遷說顏回二十九歲（晚個十歲可能比較正確）就過世，當時頭髮全白了（《史記・仲尼弟子列傳》〈6〉），這恐怕和他沒好好照顧自己的身體，一心只管著「向前衝」有關。

根據〈雍也11〉的記載，顏回平日吃得不好（「一簞食、一瓢飲」）、住得不好（「居陋巷」），雖然心理健康沒問題（人不堪其憂，回也不改其樂），但是精進不懈（恐怕還「廢寢忘食」），生理、心理和生活都沒有相應的配合，才會如此短命。孔子的學問，顯然沒有「養生」的部分在內。這些都怪命，是不是也要怪自己或孔門不注意「養生」呢？

最近有外國作家提倡「漫活」，也許應該認真對待。別把自己操過頭，當然也別把別人操過頭。為了大道運行，大家都要先照顧好自己的身體。

附錄

《孟子・公孫丑上》〈2〉昔者竊聞之：子夏、子游、子張皆有聖人之一體，**冉牛、閔子、顏淵則具體而微**。敢問所安。

《史記・仲尼弟子列傳》〈6〉回年二十九，髮盡白，蚤死。孔子哭之慟，曰：「自吾有回，門人益親。」

22

子曰：「苗而不秀者有矣夫！秀而不實者有矣夫！」

孔子〔感嘆地〕說過：「穀子發了芽卻沒長好，這種情況是有的！穀子長好了卻沒有結果實，這種情況也是有的！」

這章表面看來是說明植物的情況，恐怕還是在悲嘆顏淵的早逝。朱子詳細注解關鍵字：「穀之始生曰苗，吐華曰秀，成穀曰實。」何晏引用孔安國：「言萬物有生而不育成者，喻人亦然也。」只當一般譬喻。朱子似乎也這麼解：「蓋學而不至於成有如此者，是以君子貴自勉也。」皇侃則認為本章「又為歎顏淵為譬也」，劉寶楠引用諸多說法，證明：「此章喻人早夭也。人早夭，故成德亦有未至。」得到比較多認同。

孔子這種對農作物的觀察，證明了他「少也賤，故多能鄙事」（〈子罕6〉）。他在回答樊遲請學農事時，回答說：「吾不如老農」（〈子路4〉），恐怕又是謙虛的說法。

23

子曰：「後生可畏，焉知來者之不如今也？四十、五十而無聞焉，斯亦不足畏也已。」

孔子說：「年紀輕的人是讓人敬畏的，怎麼知道他會不比現在的成年人的表現差呢？〔不過，〕到了四、五十歲還沒有什麼讓人稱道的成就，也就沒有什麼值得敬畏之處了。」

邢昺說：「此章勸學也。」我覺得更清楚一點說，是在講年齡和成就的關係。

「後生」是指「年少」，就是比孔子說話的對象要年輕的少年人。「可畏」，皇侃說是「有才學，可心服者也」；邢昺認為是「積學成德」，所以可畏；朱子認為是「年富力彊，足以積學而有待，其勢可畏」；劉寶楠認為是「生質獨美」，好像跟「積學」無關。「來者」，皇侃認為是「未來事也」。黃式三認為是「後日」。「今」則是孔子講話的當時，和「來者」是兩個對照的時間點。本章關鍵的「聞」卻沒人解釋。這裡應該就是〈顏淵20〉的「在邦必聞，在家必聞」，不只是聽過，或是出名，應該還有正面的對社會有貢獻而被人稱頌的意思，這樣才是孔子嘉許的。

孔子自己說自己是「四十而不惑，五十而知天命」（〈為政4〉），沒提到自己是「有聞」還是「無聞」。後來稱頌孔子的人，大概都是等到孔子五十歲以後。孔子這樣算是在政壇起步太晚了。根據《禮記・曲禮上》〈12〉，四十叫作「強」，當官正好，五十叫作「艾」，該升官。《大戴禮記・曾子立事》〈31〉也說：「三十、四十之閒而無藝，即無藝矣；五十而不以善聞矣；七十而無德，雖有微過，亦可以勉矣。」和本章的意思也相仿。四十歲還混不出個名堂，大概此生就不會有大成就了。古人平均壽命不長，再怎麼「大器晚成」大概也不能超過四十吧！〈陽貨26〉就說：「年四十而見惡焉，其終也已。」

孔子自己說：「五十以學易，可以無大過矣！」這是「有聞」或「無聞」都可以適用的道理。而且，五十歲已經開始要「養老」了。《禮記・內則》〈47〉就說了很多。

王充在《論衡・實知》〈6〉中提到七歲的項託（也作「項橐」）教孔子，二十一歲的尹方年沒有拜師也能精通六藝的後生可畏之事。不過，他也強調這些人雖無師友，但也非天縱，而是靠後天問學而得。

《新序・雜事》〈5〉記載年十八的齊國青年閭丘邛毛遂自薦做官的故事。當時齊宣王嫌他年紀小。他也舉了「顓頊行年十二而治天下，秦項橐七歲為聖人師」的前例，說明自己其實已經不年輕了。他還說明是因為讒人作梗，自己才不得見用。就這樣說服了齊宣王。記事者也在這個故事的最後引用了本章的話結尾。

但畢竟這些都是少數的特例。在一個強調尊卑長幼之序的社會，年輕人是要經過「磨練」的。孔子這裡的說法並不是拿不同年齡時期（四十、五十）的年輕人和成年人比較，而是拿同年齡時期的兩代人的成就比較。

在劇烈變化的時代，英雄出少年，後生當然可畏，但不是所有的後生都可畏。可怕的是「可畏」的後生到了老年是否還依然「可敬畏」，還是變得「更可怕」〔眷戀自己的年輕成就，只提自己年少往事的「好漢」〕。再者，如果一個社會產生不了「可畏」的後生，一代不如一代，這個社會恐怕也就會日趨崩壞。這些「可畏」恐怕就是孔子沒有想到的問題。

如果能對社會有貢獻，好像「後生」與否也不重要。姜太公就是「老生」，釣了一輩子的魚，四十、五十、六十，一直要等到七十才等到周文王這個伯樂。〔這個釣魚的故事可不是Fish story。〕所以，我們這些「老生」也不必懷憂喪志，多釣魚，總有願者上鉤。

附錄

《禮記》〈曲禮上12〉人生十年曰幼，學。二十曰弱，冠。三十曰壯，有室。**四十**曰強，而仕。**五十**曰艾，服官政。六十曰耆，指使。七十曰老，而傳。八十、九十曰耄，七年曰悼，悼與耄雖有罪，不加刑焉。百年曰期，頤。

——〈內則47〉凡養老：有虞氏以燕禮，夏后氏以饗禮，殷人以食禮，周人修而兼用之。凡**五十**養於鄉，六十養於國，七十養於學，達於諸侯。八十拜君命，一坐再至，瞽亦如之，九十者使人受。**五十**異粻，六十宿肉，七十二膳，八十常珍，九十飲食不違寢，膳飲從於游可也。六十歲制，七十時制，八十月制，九十日修，唯絞紟衾冒，死而後制。**五十**始衰，六十非肉不飽，七十非帛不暖，八十非人不暖，九十雖得人不暖矣。**五十**杖於家，六十杖於鄉，七十杖於國，八十杖於朝，九十者天子欲有問焉，則就其室以珍從。七十不俟朝，八十月告存，九十日有秩。**五十**不從力政，六十不與服戎，七十不與賓客之事，八十齊喪之事弗及也。**五十**而爵，六十不親學，七十致政；凡自七十以上，唯衰麻為喪。

《新序．雜事》〈5〉齊有閭丘邛年十八，道鞅宣王曰：「家貧親老，願得小仕。」宣王曰：「子年尚稚，未可也。」閭丘邛曰：「不然，昔有顓頊行年十二而治天下，秦項槖七歲為聖人師，由此觀之，邛不肖耳，年不稚矣。」宣王曰：「未有咫角驂駒而能服重致遠者也，由此觀之，夫士亦華髮墮顛而後可用耳。」閭丘邛曰：「不然。夫尺有所短，寸有所長，驊騮綠驥，天下之俊馬也，使之與貍鼬試於釜灶之間，其疾未必能過貍鼬也；黃鵠白鶴，一舉千里，使之與燕服翼，試之堂廡之下，廬室之間，其便未必能過燕服翼也。辟閭巨闕，天下之利器也，擊石不缺，刺石不銼，使之與管槁決目出眯，其便未必能過管槁也，由此觀之，華髮墮顛與邛，何以異哉？」宣王曰：「善。子有善言，何見寡人之晚也？」邛對曰：「夫雞處讙嗷，則奪鍾鼓之音；雲霞充咽則奪日月之明，讒人在側，是見晚也。《詩》曰：『聽言則對，譖言則退。』庸得進乎？」宣王拊軾曰：「寡人有過。」遂載與之俱歸而用焉。故孔子曰：「**後生可畏，安知來者之不如今？**」此之謂也。

24

子曰：「法語之言，能無從乎？改之為貴。巽與之言，能無說乎？繹之為貴。說而不繹，從而不改，吾末如之何也已矣。」

孔子說：「別人批評我們犯錯的話，能不聽從嗎？重要的是馬上改正自己的錯誤。別人委婉開導我們的話，能不高興嗎？重要的是要仔細想想話中的涵義。高興而不去思索，聽從卻不改正，這樣我也沒什麼辦法了！」

這章談到對別人給我們的建議，應該如何以行動因應。

「法語之言」和「巽語之言」是相對的。朱子說前者是「正言之」，後者是「婉而導之」。戴望說前者是「先王之法語」，用來諷諫當政者，後者是「順與之言」，意在「動其善心，故說（悅）」。「巽」，馬融說是「恭」，皇侃說是「恭遜」。「與」，黃懷信說是「助」。「說」，今作「悅」。「繹」，皇侃說是「尋續」，朱子說是「尋其緒也」，劉寶楠引用古代字書的說法，認為是「繹、懌通用」，就是「改」。

何晏引用孔安國的注解，皇侃和邢昺三人都認為這是在別人犯了錯時的情況。我覺得孔子這裡應該是教弟子自我反省才是。「法語之言」比較直白，聽來有時刺耳，但重點在於改過，但是往往聽到的人只會敷衍地說說「謝謝指教」，而沒有「改錯」的後續行動。「巽與之言」比較委婉，替犯錯的人留面子，所以聽來悅耳，但是話中有話，需要仔細尋思，然後付諸行動，馬上改正。這是兩種指正別人錯誤的方式，不管我們是站在糾正的一方或是犯錯的一方，不管指正的話好不好聽，都要知道重點在於改正。

古代君王有「優」這樣的職位，專門負責諷諫君王的過錯。《史記・滑稽列傳》就記載著淳于髡、優孟、優旃和東方朔等人的幽默故事，其中的諷諫就夾雜了「法語之言」和「巽與之言」。值得大家去探索翫味。

這章也和下章有關係。

25

子曰：「主忠信，毋友不如己者，過則勿憚改。」

> 孔子說：「（做人）要負責任、講信用，不要認為有人不如自己，（如果）犯了錯，知道了就要馬上改正。」

這章和〈學而8〉後段的文字一模一樣，缺了「君子不重則不威，學則不固」一句。程樹德認為這是因為《論語》不出於一人之手，所以才會有重複。還有一個用字的不同，本章的「毋」在那章作「無」。

這章講的是修己安人的具體實踐，也沒有難懂的字。

孔子強調「忠信」，也經常一起提到這兩種德行。分開說是：忠於事，信於人。「忠」是「盡己」，不是後代強調的「賣命」；「信」則是和人之間的雙向道德，被別人相信同時也相信別人。他認為到處都可以找到「忠信如他自己」的人（〈公冶長28〉）。他也提到「忠信和徙義（改過向善）」是崇德的表現（〈顏淵10〉）。他甚至認為，「言忠信」是可以放諸四海而皆準的（〈衛靈公6〉）。可是顯然「忠信」還是不夠，必須由禮來節制（《禮記．禮器》〈34〉），必須要好學（〈公冶長28〉）才能止於至善。在《禮記．儒行》（《孔子家語．儒行解》中的文字幾乎相同）中，他幾度提到「忠信」：「懷忠信以待舉」（〈儒行3〉和〈儒行解4〉）、「忠信以為寶」（〈儒行6〉和〈儒行解7〉）、「忠信以為甲冑」（〈儒行9〉和〈儒行解10〉）。在《禮記．大學》〈1〉中，他也提到：「君子有大道，必忠信以得之，驕泰以失之。」《易經．乾卦》〈文言12〉也提及「忠信」才能「進德」。以上所舉，都說明忠信是孔門的基礎德行。

忠信是對事也是對人的。不過，「毋有不如己者」進一步對於人際關係做出導引。一般都說是「不要跟不如自己的人交朋友」。我小時候，老師也一再告誡：「不要跟著壞同學學。」所謂的「壞同學」就是那些功課不好的同學。我跟了毓老師念書，才知道原來這裡說的是：「每個人都有特長，要跟人家學自己沒有的特長，不要看不起人，不要自以為自己偉大。」而且老師也進一步解釋：「如果大家都跟比自己好的人交朋友，那麼比我們好的人，為什麼要跟我們這些比他們差的人交朋友呢？」這種說法給了當時的我一記當頭棒喝。

最後一句是在「主忠信」和「毋有不如己者」之餘，提醒「假如萬一」有犯錯的情況，就要馬上改正。孔子在回憶到顏淵的好學時，只提到「不遷怒」和「不貳過」兩件事（〈雍也3〉），可見他對於改過的重視。孔門弟子對此也多所論述，都強調要改，要快改（〈衛靈公30〉、〈子張8〉和〈子張21〉）。

《孔子家語．屈節解》〈4〉有個有趣的故事：被孔子戲稱過「賊」的原壤的母親過世了，孔子打算幫忙葬禮的事。子路不太懂孔子為什麼要這麼做，就引用了「無友不如己者，過則勿憚改」的話，來質疑孔子好像有些「怕」，乾脆不要去做算了。孔子說：「幫人辦喪事是應該的。」更何況是老朋友的關係。後來原壤失禮地爬上棺材上唱歌。讓子路更是覺得孔子應該跟這樣失禮的人絕交，這樣才是「無友不如己者」。孔子卻替他的老友緩頰說：「既然是親人朋友，就不要因為這樣的小事而斷絕關係。」故事到此結束。沒說孔子有沒有勸勸原壤「過則勿憚改」。但是孔子為了鄉黨而「赦小過」的立場，子路大概是很不高興的。他也許認為孔子這樣做根本就是「知行不一」。這就是老師的變通和弟子的不知變通。這也讓我想回上一章的「法語之言」和「巽與之言」，重點都在「改之為貴」〔「繹」也解作「改」的話〕。

《論語》沒收這個故事，可惜了！

附錄

《禮記》〈禮器34〉君子曰：甘受和，白受采；忠信之人，可以學禮。苟無忠信之人，則禮不虛道。是以得其人之為貴也。

——〈儒行3〉孔子侍曰：「儒有席上之珍以待聘，夙夜強學以待問，懷忠信以待舉，力行以待取，其自立有如此者。」

《孔子家語·儒行解》〈4〉孔子侍坐，曰：「儒有席上之珍以待聘，夙夜強學以待問，**懷忠信以待舉**，力行以待取；其自立有如此者。」

《禮記·儒行》〈6〉儒有不寶金玉，而**忠信以為寶**；不祈土地，立義以為土地；不祈多積，多文以為富。難得而易祿也，易祿而難畜也，非時不見，不亦難得乎？非義不合，不亦難畜乎？先勞而後祿，不亦易祿乎？其近人有如此者。

《孔子家語·儒行解》〈7〉儒有不寶金玉；而**忠信以為寶**；不祈土地，而仁義以為土地；不求多積，而多文以為富；難得而易祿也，易祿而難畜也；非時不見，不亦難得乎？非義不合，不亦難畜乎？先勞而後祿，不亦易祿乎？其近人情有如此者。

《禮記·儒行》〈9〉儒有**忠信以為甲冑**，禮義以為干櫓；戴仁而行，抱義而處，雖有暴政，不更其所。其自立有如此者。

《孔子家語·儒行解》〈10〉儒有**忠信以為甲冑**，禮義為干櫓；戴仁而行，抱義而處；雖有暴政，不更其所；其自立有如此者。

《易經·乾卦》〈文言12〉九三曰：「君子終日乾乾、夕惕若、厲、無咎。」何謂也？子曰：「君子進德修業，**忠信**，所以進德也，修辭立其誠，所以居業也。知至至之，可與幾也，知終終之，可與存義也。是故居上位而不驕，在下位而不憂，故乾乾因其時而惕，雖危無咎矣。」

《孔子家語·屈節解》〈4〉孔子之舊曰原壤，其母死，夫子將助之以木槨。子路曰：「由也昔者聞諸夫子，無友不如己者，過則勿憚改。夫子憚矣。姑已，若何？」孔子曰：「凡民有喪，匍匐救之，況故舊乎？非友也，吾其往。」及為槨，原壤登木，曰：「久矣，予之不託於音也。」遂歌曰：「狸首之班然，執女手之卷然，夫子為之隱佯不聞以過之。」子路曰：「夫子屈節而極於此，失其與矣。豈未可以已乎？」孔子曰：「吾聞之，親者不失其為親也，故者不失其為故也。」

26

子曰：「三軍可奪帥也，匹夫不可奪志也。」

孔子說：「軍隊的領袖可以被搶走，可是一般人只要立了志，是誰也搶不走的。」

這章鼓勵弟子立志操之在自己，誰也奪不走。本章也沒有難懂的字。關鍵在於「志」，朱子在注解〈為政4〉的時候，指出「心之所之謂之志」。毓老師覺得王夫之的「心之所主」解釋得比較好。〔可惜我查了手邊《船山全書》中有關四書的相關章節部分，卻找不到這句話的出處，還在努力中。〕換句話說，「志」是一個人的信念、使命感和奮鬥的方向。孔子自己十五歲「志學」（〈為政4〉），他希望弟子「志仁」（〈里仁4〉）和「志道」（〈述而6〉），而不是只顧及著自己安好就好。有一次孔子和子路及顏淵談論各自的「志」，最後被問到自己的「志」，他就說了「老者安之、朋友信之、少者懷之」的禮運大同理想（〈公冶長26〉）。這不是他個人的問題，是從古到今都很重要的問題。

私淑孔子的孟子也常提到「志」。他特別提到「士尚志」（《孟子・盡心上》〈33〉），也兩次提到「得志」時要「安人」和「不得志」要「修身」時，士的作為都還是積極進取的（〈滕文公下7〉和〈盡心上9〉）。特別是看到現在的當政者如果有不行正道之時，士更應該立志將來如果「得志」就要走不一樣的道路（〈盡心上80〉），也就是要走嘉惠人民的正道。這是繼承了孔子「修己安人」的「尚志」思想。

前後兩句是對應，「三軍可奪帥也」是個引子，說明率領三軍的領袖威風八面，還是有被敵方搶走或殺死的可能，造成軍隊無人領導，陷入一片混亂。「匹夫不可奪志」則是因為「立志」的人是自己，自己不「失志」，誰也搶不走。

可是現代社會裡，大人要求小孩的「立志」全都是「自己將來想從事哪種行業」的這種「小我層次」的「職業生涯」考量，離孔子的「修己安人」的「大志」越來越遠。身為「學生」，要學的似乎只有自己「職業生涯」的這種「生」，而沒有對自己和整體人類「生態」、「生命」、「生活」的這種「生」的關注和學習。個人似乎早已經不知不覺被「奪了志」。

諷刺的是現代人的「無志」，或是「小志」，好像真被「奪志」也不是孔子要擔心的大事吧！「胸無大志」恐怕也不是一朝一夕的事情了吧！

對於從日文轉成中文的「小確幸」的耽溺，正是這種時代徵兆。

附錄

《孟子》〈盡心上33〉王子墊問曰：「士何事？」孟子曰：「尚志。」曰：「何謂尚志？」曰：

「仁義而已矣。殺一無罪，非仁也；非其有而取之，非義也。居惡在？仁是也；路惡在？義是也。居仁由義，大人之事備矣。」

——〈滕文公下7〉居天下之廣居，立天下之正位，行天下之大道。得志，與民由之；不得志，獨行其道。富貴不能淫，貧賤不能移，威武不能屈。此之謂大丈夫。

——〈盡心上9〉古之人，得志，澤加於民；不得志，修身見於世。窮則獨善其身，達則兼善天下。

——〈盡心下80〉孟子曰：「說大人，則藐之，勿視其巍巍然。堂高數仞，榱題數尺，我得志弗為也；食前方丈，侍妾數百人，我得志弗為也；般樂飲酒，驅騁田獵，後車千乘，我得志弗為也。在彼者，皆我所不為也；在我者，皆古之制也，吾何畏彼哉？」

27

子曰：「衣敝緼袍，與衣狐貉者立，而不恥者，其由也與？『不忮不求，何用不臧？』」子路終身誦之。子曰：「是道也，何足以臧？」

孔子說：「穿著破舊質量不好的衣服和穿著華麗的人站在一起而不會覺得可恥的，（我的學生裡）大概只有子路了吧？（他真像是《詩經．國風．邶風》〈雄雉〉中所說的）『不害人不貪財，還有什麼比這些更良善的呢？』」子路聽了（老師的誇獎，高興到）每天都（把這首詩）掛在嘴上，不斷念誦。孔子（看他這樣）就教誨他說：「這就像道一樣該去實踐，光是掛在嘴邊（而不去行）哪會有良善的事情發生？」

這章展示的孔子和子路倆師生之間有一種「開玩笑的關係」。

「敝」是「敗」（皇侃）或「壞」（朱子）。「緼」，古注都說是「枲（音喜）著」（孔安國、皇侃、邢昺和朱子），就是用麻製成的衣服，劉寶楠旁引各家說法，認為是「棉絮」。簡單說是質量不好的衣服，但劉寶楠說是休閒服（燕居之服）。「狐貉」是「輕裘」（皇侃）或「裘之貴者」（邢昺）或「以狐貉之皮為裘，衣之貴者」（朱子），就是高等華麗的衣服。劉寶楠認為「狐貉」是貴族公子的休閒服。

「忮」是「害」（馬融和皇侃）。「求」是「貪」（皇侃）。「臧」是「善」（馬融和皇侃）。這句話就是說「不忮不求就是善」。黃懷信認為，「忮」是自己沒有而忌妒人家有，「求」則是自己沒有而希望有。「終身」，劉寶楠說是「常誦之將終身也」，而不是「一輩子」。

古注大概都認為這是孔子誇獎子路之後，怕他太過沾沾自喜，知而不行，所以才特別說了最後一句警告的話。可是前輩們都沒看出前面用「何用不臧」，後面又接著說「何足以臧」，這看起來是前後矛盾的話：前面說「無所不善」，後面卻說：「這怎麼能算得上是善？」孔子這種用同一個「臧」字的「先褒後貶」的幽默手法，是希望子路別得意忘「行」。

同樣「先褒後貶」的情況也發生在「乘桴浮於海」時，子路以為孔子要帶他一人出海，結果被孔子幽了一默：「好勇過我，無所取材」（〈公冶長7〉）。在〈子罕12〉中孔子「還不知感恩地」把子路罵了一頓：「久矣！由之行也詐！」這應該是因為就事論事以子路「勇而無禮則亂」來教誨，整體來說，孔子並不是真認為子路「詐」。這師徒兩人有著一種西方人類學家所說的「開玩笑關係」（joking relationship），不能太貼緊字面來看兩人關係。

顏淵覺得孔子「瞻之在前，忽焉在後」，子路大概覺得孔子時常對他「褒之在前，戒之在後」。子路也許也習慣了被孔子「潑冷水」。反正老師都是為了學生好嘛！

最後我把《詩經·國風·邶風》〈雄雉〉簡單翻成白話如下：

雄的雉鳥在天上飛，振動著牠的翅膀。我懷念著遠方的親人，自己暗自悲傷。
雄的雉鳥在天上飛，鳴叫聲忽上忽下。正是因為你的緣故，所以讓我心煩意亂。
望著天上的太陽和月亮，我不斷地想念你。你在遙遠的地方，何時才能歸來？
你們這些當官的，到底有沒有點德行？不害人不貪財，還有什麼比這些更良善呢？

附錄

《詩經．國風．邶風》〈雄雉〉

雄雉于飛，泄泄其羽。我之懷矣，自詒伊阻。
雄雉于飛，下上其音。展矣君子，實勞我心。
瞻彼日月，悠悠我思。道之云遠，曷云能來。
百爾君子，不知德行。**不忮不求**，何用不臧。

28

子曰：「歲寒，然後知松柏之後彫也。」

孔子說：「到了寒冬季節，就可以發現松樹和柏樹是撐到最後才凋謝的。」

這章是藉著寒冬松柏不凋謝的情形，來勉勵人在困難時要堅守信念。

古注沒特別難的字，也都沒有字義的解釋。「彫」有些版本作「凋」，可是在《說文解字》中這兩個字的意思不同：「凋，半傷也」、「彫，琢文也」。大概也沒太多人留意其間的差別。

何晏和皇侃認為這是拿松柏比君子，對應拿這裡沒說的「眾木」比小人。邢昺沒有跟進，只說「此章喻君子」。

《論語》中另外一次提到「松柏」是在〈八佾21〉：魯哀公問宰我「社」的問題，宰我就說了歷史淵源：「夏朝在每個『社』都用松樹標記，商朝是用『柏』樹。」和本章的主旨無關。

荀子也用了類似的比喻來強調「君子臨難」的「不改其志」：「君子隘窮而不失，勞倦而不苟，臨患難而不忘細席之言。歲不寒無以知松柏，事不難無以知君子無日不在是。」（《荀子·大略》〈74〉）《說苑·談叢》〈16〉中也有「草木秋死，松柏獨在」的話。類似的比喻也被放在孔子「困於陳、蔡之間」的故事中，當作孔子教誨弟子的話：「天寒既至，霜露既降，吾是以知松柏之茂也。」（《莊子·讓王》〈13〉和《呂氏春秋·孝行覽》〈慎人4〉）

孔子死後葬在現在的孔林，就在其中種了松柏，現在去參拜，都走在參天松柏之中。曲阜的孔廟中現在也是松柏參天，目的是在提醒後人孔子對於禮運大同的堅持不墜。

可是，多少人看到只是「老樹」，而沒想到這是個歷久彌新的人類共同理想。

附錄

《說苑·談叢》〈16〉必貴以賤為本，必高以下為基。天將與之，必先苦之；天將毀之，必先累之。孝於父母，信於交友，十步之澤，必有香草；十室之邑，必有忠士。草木秋死，**松柏**獨在；水浮萬物，玉石留止。饑渴得食，誰能不喜？賑窮救急，何患無有？視其所以，觀其所使，斯可知已。乘輿馬不勞致千里，乘船楫不游絕江海；智莫大於闕疑，行莫大於無悔也。制宅名子，足以觀士。利不兼，賞不倍；忽忽之謀，不可為也，惕惕之心，不可長也。

29

子曰：「知者不惑，仁者不憂，勇者不懼。」

> 孔子說：「智者的情緒處理〔合乎禮〕，所以不會困惑；仁者的行事〔合乎禮〕，所以不會憂心；勇者的行事〔合乎禮〕，所以不會畏懼。」

這章和〈憲問28〉比起來，比較不完整。那章是孔子說這三項是君子之道，可是他沒能做到。三者出現的順序也和本章不同，但文字內容都一樣。

包咸解釋了「不惑，不惑亂也；不憂，不憂患也」，沒解釋「不懼」。皇侃的解釋更明確：「智以照了為用，故於事無疑惑也……仁人常救濟為務，不嘗侵物，故不憂物之間侵患也；勇以多力為用，故無怯懼於前敵也。」邢昺的說法簡要些：「知者明於事，故不惑亂；仁者知命，故無憂患；勇者果敢，故不恐懼。」朱子的解釋就加入宋明理學的「理」和「氣」和前輩迥然不同：「明足以燭理故不惑，理足以勝私故不憂，氣足以配道義故不懼，此學之序也。」戴望也有不同看法：「不惑，能立事；不憂，能推恩；不懼，能正眾。」這些都是根據自己的推斷來做解釋。

如果「依經解經」來看，《禮記．中庸》〈20〉稱呼「知」、「仁」、「勇」為三達德。《禮記．中庸》〈21〉還說：「好學近乎知，力行近乎仁，知恥近乎勇。知斯三者，則知所以修身；知所以修身，則知所以治人；知所以治人，則知所以治天下國家矣。」所以，這三者是「修己安人」的基礎德行。可是，孔子認為徒然具有「知（智）、仁、勇」三達德，還是要以「好學」來約束，否則就會產生「蕩」、「愚」和「亂」的弊端（〈陽貨8〉）。《禮記．禮運》〈16〉中也有三者相提並論的記載，特別是在用人方面：「用人之知去其詐，用人之勇去其怒，用人之仁去其貪」，這裡也可看出三者各自的流弊：知者有詐，勇者有怒，仁者有貪。這三者都應該「約之以禮」，所以我的翻譯才加上「合乎禮」的「潛台詞」。

《荀子．大略》〈95〉也辨明有些行為貌似「知、仁、勇」：「藍苴路作，似知而非。懦弱易奪，似仁而非。悍戇好鬥，似勇而非。」前面提到的《禮記．中庸》〈21〉的「好學」、「力行」和「知恥」三項都只是「近乎」三達德，而不是就是三達德。

另外，孔子自己說自己「四十而不惑」，如果參照此章，此時他應該已經達到智者的境界。〈憲問28〉說自己「無能」，顯然是謙辭，不可當真。「不惑」，古注的解釋已在上面提及，毓老師特別說是「不惑於欲」。如果從「依經解經」來看，孔子有兩處解釋過「惑」：「愛之欲其生，惡之欲其死。既欲其生，又欲其死，是惑也。」（〈顏淵10〉）；「一朝之忿，忘其身，以及其親，非惑與？」（〈顏淵21〉）其中的「愛」、「惡」和「忿」都和「情緒管理」有關。因此，「知者不惑」應該是已經學會情緒管理的高EQ狀態才是。

「仁者不憂」也不是通則，仁者有憂，只是內容不同：「德之不修，學之不講，聞義不能徙，不善不能改，是吾憂也。」（〈述而3〉）此外，孔子也「憂道不憂貧」（〈衛靈公32〉），這些都是「孔子的仁者之憂」。孔子的不憂，應該因為是「內省不疚」（〈顏淵4〉）。

「勇者不懼」也不是通則。孔子就告誡「孔門第一勇」的子路要「臨事而懼，好謀而成」（〈述而11〉），所以「勇者懼無謀」並非一無所懼。

荀子多事，將勇者分為三等：「上勇」搭配「仁」和「智」，並以天下為念；「禮恭而意儉，大齊信焉，而輕貨財；賢者敢推而尚之，不肖者敢援而廢之：是中勇也」；「輕身而重貨，恬禍而廣解苟免，不恤是非然不然之情，以期勝人為意：是下勇也。」（《荀子・性惡》〈23〉）。

三達德展現出「不惑」、「不憂」和「不懼」的行為表現。《申鑒・雜言下》〈7〉對此早有解釋：「君子樂天知命故不憂，審物明辨故不惑，定心致公故不懼。若乃所憂懼則有之，憂己不能成天性也，懼己惑之，憂不能免，天命無惑焉。」

前面朱熹說過這三者是「學之序」，可是古人卻把這三達德當成「戰之序」：「夫戰，智為始，仁次之，勇次之。不智，則不知民之極，無以銓度天下之眾寡；不仁，則不能與三軍共饑勞之殃；不勇，則不能斷疑以發大計。」（《國語・吳語》〈9〉）

其他先秦兩漢古籍中也提到這些德性。楚莊王就以打獵來鑑定「士」的二達德：他從「士」的刺殺虎豹行為可以看出「勇」；從他跟犀牛的搏鬥，可以看出他的「力」；從他分配賞賜的行為可以看出他的「仁」。（《說苑・君道》〈22〉）

我個人覺得有趣的是有古人認為「玉」的諸多德行中，就包含著這三達德：《管子・水地》〈4〉

列舉了「九德」：仁、知、義、行、潔、勇、精、容、辭；《荀子・法行》〈4〉減成「七德」：仁、知、義、行、勇、情、辭；《說文解字》減為「五德」：仁、義、智、勇、絜。

如果連塊玉石都至少有此三達德，人可以不如玉石嗎？

附錄

《荀子・性惡》〈23〉有上勇者，有中勇者，有下勇者。天下有中，敢直其身；先王有道，敢行其意；上不循於亂世之君，下不俗於亂世之民；仁之所在無貧窮，仁之所亡無富貴；天下知之，則欲與天下同苦樂之；天下不知之，則傀然獨立天地之間而不畏：是上勇也。禮恭而意儉，大齊信焉，而輕貨財；賢者敢推而尚之，不肖者敢援而廢之：是中勇也。輕身而重貨，恬禍而廣解苟免，不恤是非然不然之情，以期勝人為意：是下勇也。

《說苑・君道》〈22〉楚莊王好獵，大夫諫曰：「晉楚敵國也，楚不謀晉，晉必謀楚，今王無乃耽於樂乎？」王曰：「吾獵將以求士也，其榛藂刺虎豹者，吾是以知其勇也；其攫犀搏兕者，吾是以知其勁有力也；罷田而分所得，吾是以知其仁也。因是道也而得三士焉，楚國以安。」故曰：苟有志則無非事者，此之謂也。湯之時大旱七年，雒圻川竭，煎沙爛石，於是使人持三足鼎，祝山川，教之祝曰：政不節耶？使人疾耶？苞苴行耶？讒夫昌耶？宮室營耶？女謁盛耶？何不雨之極也，蓋言未已而天大雨，故天之應人，如影之隨形，響之效聲者也。《詩》云：「上下奠瘞，靡神不宗。」言疾旱也。

30

子曰：「可與共學，未可與適道；可與適道，未可與立；可與立，未可與權。」

> 孔子說：「(同師門的人)可以一起共同學習，但是未必懷抱同樣的理想；就算有同樣的理想，但是未必可以一起立身實踐自己的理想；就算是可以一起立身實踐自己的理想，可是未必可以相互理解對方的權變作為。」

皇侃說：「此章明權道之難。」邢昺說：「此章論權道也。」我認為這章應該就是談同師門的人學習的四個不同境界。許多師門最後分派，恐怕也和這裡說的有關。

這裡的四個境界或階段就是：「共學」、「適道」、「立」和「權」。一層比一層需要智慧和相互信賴，一層也比一層更需要篤守正道，止於至善。

戴望對四個境界的關鍵字解釋最完整：「適，之也；道，仁義之善道；立，謂立德、立功、立言；權者，因時制宜，權量輕重、無常形、勢能令醜反善，合於宜適。」

「共學」以外的三個境界都沒有「共」，劉寶楠的解釋是說：「學者，業之所同，講習切磋，彼此資益，故曰『共學』，至『適道』、『立』、『權』，各由人所自得，故不曰『共』也。」我覺得不然，一開始大家在一起學，在過程中慢慢地會因為志趣不同而形成不同的團體，可是到最後階段應該還是可以找到為了同一個理想而共同奮鬥的夥伴，只是未必是當初的同門。也可能大家走不同的道路，最後殊途同歸。「德不孤，必有鄰」（〈里仁25〉）。

「適道」應該就是共同學習實踐君子之道。「學」是「知」，「適道」是「行」，到這階段就該要「即知即行」或「知行合一」。

「立」就是「立於禮」（〈泰伯8〉和〈堯曰3〉），不僅自己立於禮，也要讓別人立於禮，這樣才做到「己立立人」（〈雍也30〉）。但是「禮」只能用在平常狀況，到了特殊狀況的應變，還需要「權」。

「權」最恰當的解釋在《春秋公羊傳．桓公十一年》〈3〉：「權者何？權者反於經，然後有善者也。權之所設，舍死亡無所設。行權有道，自貶損以行權，不害人以行權。殺人以自生，亡人以自存，君子不為也。」這裡的說法，和《易經．乾卦》〈文言24〉所說的：「進退存亡而不失其正。」是一樣的意思。前者強調「善」，後者強調「正」，這些其實就是前面三階段所學、所適道、所立的最後底線，絕不可以失守。這就是君子和小人的基本差別所在。

這裡的「權」就是孔子和孟子提過的「義」：「君子之於天下也，無適也，無莫也，義之與比。」（〈里仁10〉）「大人者，言不必信，行不必果，惟義所在。」（《孟子．離婁下》〈39〉）但是這些章節不像前面引用的《春秋公羊傳》和《易經》的話那麼明確地標舉出「善」和「正」，很容易讓人分不清楚君子、小人。

孟子特別提到「禮」和「權」的不同應用狀況：正常狀況下「男女授受不親」是禮，但是特別狀況下「嫂子溺水了要出手相救」，不必守這個禮，這就是「權」，目的當然是光明正大，而不是趁人之危而遂行自己的私慾。

「師父領進門，修行在個人」，老師會不會教到這四種境界，學生會不會學到這四種境界，師生之間對這四種境界有沒有共識，恐怕也都是問題。孔門弟子根器不同，成就也不同，老師能做的就是因材施教，最後還是看學生自己的努力精進。

這又回到毓老師常問的老問題：「學生學什麼呢？」潛台詞：「老師要教學生什麼呢？」更基本的問題就是：「『生』是什麼？」也許這一章可以提供一個思索的方向。

附錄

《易經・乾卦》〈文言24〉「亢」之為言也，知進而不知退，知存而不知亡，知得而不知喪。其唯聖人乎！知進退存亡而不失其正者，其唯聖人乎！

31

「唐棣之華，偏其反而。豈不爾思？室是遠而。」子曰：「未之思也，夫何遠之有？」

〔孔子引用了一句《詩經》裡沒有流傳下來的話說：〕「唐棣樹上的花，翩翩飛舞。我難道不思念你嗎？只是我住的地方離你太遠了。」孔子〔接著評論〕說：「這是因為沒有〔真正的〕思念吧？〔一思念就在腦海裡，如在眼前，〕怎麼還會遠呢？」

這章有些古代注釋家認為這和公羊學思想有關，有人認為根本無解，所以我也只能試解看看。

這四句詩，沒在現在的《詩經》正文中，所以被注釋家稱為「逸詩」。可是我覺得孔子既然引用了這四句話，應該不會在他晚年整理《詩經》的時候把它給刪了。現在在《詩經》裡還可以找到「唐棣之華」（〈何彼襛矣〉）和「豈不爾思」（〈竹竿〉、〈王風〉〈大車〉、〈鄭風〉〈東門之墠〉和〈檜風〉〈羔裘〉）兩句，不過不是在同一首詩中。孔子是從「唐棣之華，偏其反而」引出「豈不爾思，室是遠而」。

何晏率先指出：「賦此詩者，以言權道反而後至於大順。」也就是說「一開始因為權變而偏離正道，最後才走回正道來」。皇侃也因此把「偏其反而」的「偏」解釋成：「明唯其道偏與常反也。」這種解釋恐怕是受到公羊學家董仲舒的影響（《春秋繁露・竹林》〈1〉）。

朱子引用《晉書》的「偏」作「翩」，所以解釋成「花之動搖也」，也就是「花在空中飛舞的樣子」。這種解釋就和「權變」或「常道」脫了鉤。

「豈不爾思」，何晏還是解釋成：「思其人而不得見，以言思權而不得見者，其道遠也。」朱子則乾脆承認不知道「爾」是什麼意思。

我想前輩們都想多想遠了。我從「愛情社會學」的角度想，這不就簡單明瞭的是在想一個人，但總覺得相隔太遠。如果是戀情，那就是「遠距離的戀愛」或「異地戀」。

孔子覺得這種想法有點可笑，所以才幽默地說：「未之思也，夫何遠之有？」只要一思念，不就在腦海裡，不就在眼前，哪裡遠呢？只怕沒有用心在思念吧！孔子這種說法，可以稱之為「我思故你在」。

有一首我很喜歡的流行歌曲叫〈傳奇〉，其中就有一段歌詞很類似：「想你時，你在天邊；想你時，你在眼前；想你時，你在腦海；想你時，你在心田。」我特別喜歡王菲在二〇一〇年《春晚》上唱的版本。

現在有了各種即時通訊工具，讓思念可以不用等待。最後的關鍵問題就是有沒有那顆思念的心，距離都不再是藉口了

喜歡過人的人都懂這章。前輩們竟然大惑不解，真是令我大惑不解。

附錄

《春秋繁露．竹林》〈1〉《春秋》之常辭也，不予夷狄而予中國為禮，到之戰，偏然反之，何也？曰：《春秋》無通辭，從變而移。今晉變而為夷狄，楚變而為君子，故移其辭以從其事。夫莊王之舍鄭，有可貴之美，晉人不知其善，而欲擊之。所救已解，如挑與之戰，此無善善之心，而輕救民之意也，是以賤之。而不使得與賢者為禮。秦穆侮蹇叔而大敗。鄭文輕眾而喪師。《春秋》之敬賢重民如是。是故戰攻侵伐，雖數百起，必一二書，傷其害所重也。問者曰：其書戰伐甚謹。其惡戰伐無辭，何也？曰：會同之事，大者主小；戰伐之事，後者主先。苟不惡，何為使起之者居下。是其惡戰伐之且《春秋》之法，凶年不修舊，意在無苦民爾。苦民尚惡之。況傷民乎？傷民尚痛之，況殺民乎？故曰：凶年舊則譏。造邑則諱。是害民之小者，惡之小也；害民之大者，惡之大也。今戰伐之於民，其為害幾何？考意而觀指，則《春秋》之所惡者，不任德而任力，驅民而殘賊之。其所好者，設而勿用，仁義以服之也。詩云：「弛其文德，洽此四國。」《春秋》之所善也。夫德不足以親近，而文不足以來遠，而斷斷以戰伐為之者，此固《春秋》之所甚疾已，皆非義也。難者曰：《春秋》之書戰伐也，有惡有善也。惡詐擊而善偏戰，奈何以《春秋》為無義戰而盡惡之也？曰：凡《春秋》之記災異也，雖有數莖，猶謂之無麥苗也。今天下之大，三百年之久，戰攻侵攻不可勝數，而複者有二焉。是何以異於無麥苗之有數莖哉？不足以難之，故謂之無義戰也。以無義戰為不可，則無麥苗亦不可也；以無麥苗為可，則無義戰亦可矣。若《春秋》之於偏戰也，善其偏，不善其戰，有以效其然也。《春秋》愛人，而戰者殺人，君子奚說善殺其所愛哉？故《春秋》之於偏戰也，猶其於諸夏也。引之魯，則謂之外；引之夷狄，則謂之內。比之詐戰，則謂之義；比之不戰，則謂之不義。故盟不如不盟。然而有所謂善盟。戰不如不戰，然而有所謂善戰。不義之中有義，義之中有不義。辭不能及，皆在於指，非精心達思者，其孰能知之。《**詩**》云：「**棠棣之華，偏其反而。豈不爾思？室是遠而。**」**孔子曰：**「**未之思，夫何遠之有！**」由是觀之。見其指者，不任其辭。不任其辭，然後可與適道矣。

當代名家

論語365：越古而來的薰風，徐迎人生四季好修養——夏之卷

2019年2月初版　　定價：新臺幣450元

著者	孫中興
叢書編輯	黃淑真
校對	吳美滿
內文排版	極翔企業
封面設計	謝佳穎
編輯主任	陳逸華

出版者	聯經出版事業股份有限公司
地址	新北市汐止區大同路一段369號1樓
編輯部地址	新北市汐止區大同路一段369號1樓
叢書編輯電話	(02)86925588轉5322
台北聯經書房	台北市新生南路三段94號
電話	(02)23620308
台中分公司	台中市北區崇德路一段198號
暨門市電話	(04)22312023
台中電子信箱	e-mail：linking2@ms42.hinet.net
郵政劃撥	帳戶第0100559-3號
郵撥電話	(02)23620308
印刷者	世和印製企業有限公司
總經銷	聯合發行股份有限公司
發行所	新北市新店區寶橋路235巷6弄6號2樓
電話	(02)29178022

總編輯	胡金倫
總經理	陳芝宇
社長	羅國俊
發行人	林載爵

行政院新聞局出版事業登記證局版臺業字第0130號

本書如有缺頁，破損，倒裝請寄回台北聯經書房更換。　ISBN 978-957-08-5247-9 (平裝)
電子信箱：linking@udngroup.com

國家圖書館出版品預行編目資料

論語365：越古而來的薰風，徐迎人生四季好修養
——夏之卷/孫中興著．初版．新北市．聯經．2019年2月
（民108年）．496面．14.8×21公分（當代名家）
ISBN　978-957-08-5247-9（平裝）

1.論語　2.研究考訂

121.227　　　107022866